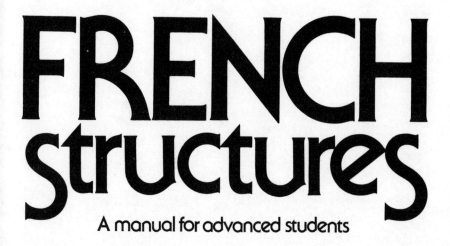

# FRENCH
## structures

A manual for advanced students

Systems and structures in contemporary French

### Eric Astington
M.A., M.Ed., Ph.D.

Collins
London & Glasgow

First Published 1980
© Eric Astington

**ISBN 0 00 433449 3**

Printed in Great Britain by
William Collins Sons & Company Ltd
London and Glasgow

# Contents

# Preface

This is a severely practical book, in that the material has been collected, tested and re-cast in the light of more than thirty years' experience in the class-room, teaching students wishing to proceed beyond the 'basic minimum' working command of the French language. It surveys the difficulties encountered at this level by English-speaking learners, paying particular attention to difficulties arising in oral comprehension and to those problems posed by the inconsistencies and incoherencies of the French phonological, morphological and syntactic systems.

Nearly all the illustrative examples are genuine samples of contemporary spoken and written French, which I have taken mainly from 'Le Monde', 'L'Express' and the news broadcasts of 'France-Inter'. They have not been concocted artificially to exemplify the point at issue. The number of examples of each structure collected over the years was taken as a rough index of the relative importance of the structure and as a guide as to what to include and what to leave out.

The first section, 'Phonological Features' is merely a brief reminder of the salient aspects of French phonology, without a firm knowledge of which aural comprehension is impossible.

The format of the major part of the book, the 'Grammatical Guidelines', is such as to encourage active learning. Whilst this section may be used in the first place as a reference book, it is strongly recommended that the student, having read the examples and compared the French with the English, should then cover over the French and attempt to re-construct it from the English. Much useful contemporary vocabulary and phraseology may be acquired in this way, as well as command of the structure studied.

The third section on sentence structure is a compendium of sentence-building devices compiled over many years and which, I hope, will be found useful both for comprehension and production, enabling the student to achieve variety, clarity and authenticity in speech and writing. Again, it is recommended that the learning procedure outlined in the previous paragraph should be adopted.

Finally I have set forth the results of my investigations into word-formation in French, an aspect of language-learning sometimes overlooked.

I hope that this personal survey of contemporary French may be found both interesting and useful.

E.A.

# PHONOLOGICAL FEATURES

*Oral comprehension is probably the most difficult language skill to acquire. In order to understand spoken French, there must be an awareness of the following features and a lively attention must be paid to them. Oral comprehension is not an entirely passive process.*

## 1. A minimal difference in sound involves a maximal difference in meaning

### 1.1. The opposition [ə] *vs* [e] and [ə] *vs* [ɛ]

#### 1.1.1. le *vs* les

Le détective cherche un indice *vs* les détectives cherchent un indice.
Je le vois *vs* je les vois.
Donne-le! *vs* donne-les!

#### 1.1.2. ce *vs* ces

Ce garçon *vs* ces garçons.

#### 1.1.3. je *vs* j'ai, se *vs* s'est

Je finis *vs* j'ai fini.
Le conseil se réunit *vs* le conseil s'est réuni.
(*i.e. all regular* -ir *verbs*)
Je dis *vs* j'ai dit.
Je fais *vs* j'ai fait.
Il se fait couper les cheveux *vs* il s'est fait couper les cheveux.

#### 1.1.4. monsieur *vs* messieurs

Monsieur, vous voulez prendre quelque chose? *vs* Messieurs, vous voulez prendre quelque chose?

### 1.2. The third person plural of the present indicative and the whole of the present subjunctive are marked by the addition of a consonantal sound in pronunciation in regular -ir, regular -dre verbs and 25 'irregular' verbs

Il finit *vs* ils finissent.
Elle descend *vs* elles descendent.
Je vois qu'il finit *vs* je veux qu'il finisse.
Je vois qu'il descend *vs* je veux qu'il descende.

*Hence, ambiguity in the oral forms :* Je veux qu'il(s) finisse(nt). Je veux qu'elle(s) descende(nt).

*This applies to :* battre, boire, conduire, connaître, coudre, descendre, détruire, dire, disparaître, dormir, écrire, lire, mentir, mettre, paraître, partir, permettre, promettre, reconnaître, servir, sentir, sortir, suivre, traduire, vivre.

*The addition of the sounded consonant differentiates the third person plural indicative from the third person singular also in* devoir, recevoir, pouvoir, vouloir:
Elle veut visiter le musée *vs* elles veulent visiter le musée.

## 1.3.  The addition of a pronounced consonant [n] or [ɲ] is accompanied by denasalisation in the third person plural of certain verbs

*a*)  Il prend l'ascenseur *vs* ils prennent l'ascenseur.
   (*Verbs of this type:* apprendre, comprendre, devenir, obtenir, prendre, tenir, venir)
*b*)  Elle craint les cambrioleurs *vs* elles craignent les cambrioleurs.
   (*Verbs of this type:* contraindre, craindre, feindre, joindre, peindre, rejoindre)

## 1.4.  The opposition [v] *vs* [l] in the first and second person plural of regular -er verbs

Vous avez téléphoné? *vs* vous allez téléphoner?
Nous allons réveillonner *vs* nous avons réveillonné.

## 1.5.  The opposition les *vs* des

Le Guide Michelin indique les hôtels confortables *vs* grâce au Guide Michelin, on trouve des hôtels de bon confort, à des prix raisonnables.

## 1.6.  The opposition leur *vs* le

Leur retour *vs* le retour.

## 1.7.  The opposition ce qu'il *vs* ce qui

Je sais ce qu'il fait *vs* je sais ce qui fait rire les enfants.

## 1.8.  The addition of a vowel sound changes the tense

Il nous écrit *vs* il nous a écrit.
Il y a une bagarre *vs* il y a eu une bagarre.

# 2.  Lack of oral marking for gender

## 2.1.  Nouns without a distinctive feminine form

L'aimable secrétaire professeur est arrivé(e).
Les aimables propriétaires domestiques sont arrivé(e)s.
Cet(te) employé(e).

## 2.2.  Nouns beginning with a vowel or 'h mute'

Mon/ton/son/notre/votre/leur ami(e).
Cet accident *vs* cette affiche.
Cet étage *vs* cette église.
Cet homme *vs* cette femme.

## 3. Lack of oral marking for number

### 3.1. In all regular -er verbs beginning with a consonant, there is no phonetic distinction between the third person singular form and the third plural

Il dessine *vs* ils dessinent.
Elle touche *vs* elles touchent.

### 3.2. In all verbs beginning with a consonant, there is no phonetic difference between the third person singular form and the third plural in the imperfect and conditional

Elle faisait le marché *vs* elles faisaient le marché.
Il dormait *vs* ils dormaient.
Il viendrait s'il pouvait *vs* ils viendraient s'ils pouvaient.

### 3.3. The sound [o] before a noun, as well as indicating masculine singular, can equally well be the mark of the plural before a noun which may be feminine

Je pense aux fêtes de Noël.
Le marchand lui montra une valise aux dimensions moyennes, sale mais solide.
Au café, on peut jouer aux cartes, aux dames, aux dominos.
La presse quotidienne consacre la plupart de ses colonnes aux faits divers.
C'est grâce aux découvertes de Pasteur que les médecins ont isolé les microbes.
Les psychologues et les linguistes arrivent aux mêmes conclusions.
La langue parlée se dégage des occasions d'équivoque grâce aux répétitions, aux paraphrases, aux parenthèses, aux périphrases.
Une saucisse de Toulouse aux lentilles.

### 3.4. The singular and plural forms of most nouns are phonetically identical

Un voyage sans histoire(s).
Il n'a pu avoir de billet(s).
Car c'est de chantier(s) qu'il s'agit.

### 3.5. Before nouns beginning with a consonant or 'h aspirate', 'leur' and 'leurs' are identical in sound

Leur photo *vs* leurs photos.

## 4. Elision

### 4.1. Elision of the article 'le/la' causes difficulties in segmentation and interpretation

*a)* L'avis *vs* la vie.
L'attention *vs* la tension.
L'avenue *vs* la venue.
L'affiche *vs* la fiche.
L'approche psychologique est rare.
Prendra-t-elle l'aéroglisseur?
L'accord pétrolier franco-algérien.

*b*) L'essence *vs* les sens.
L'effort *vs* les forts.
L'épreuve *vs* les preuves.
L'état *vs* les tas.
L'étoile *vs* les toiles.
Je pose l'échelle contre le mur.
Vous avez trouvé l'aiguille?
Quand a-t-il appris l'événement?
Ce que nous avons entendu est très différent de ce que l'émetteur voulait dire.

## 4.2. Elision of the pronoun 'le/la' causes similar difficulties

Je l'ai fait *vs* je les fais.
Je l'ai caressé *vs* je les caressai.
Elle n'a qu'une pensée: se venger de l'homme qui l'a trahie *vs* qui la trahit.
Sa pretention de l'avoir transformée *vs* de la voir transformée.

## 4.3. Elision of 'de'

Un homme d'allures suspectes.
C'est une école d'Etat.
Le shah d'Iran.

## 4.4. Elision before 'y'

Car on s'y sent chez soi.
Enfin il distingua une clairière et s'y dirigea.
Tu sais t'y prendre.
Vous avez retrouvé votre ami à l'aéroport?—Oui, je l'y ai retrouvé.

## 4.5. Elision before 'en'

Nous avons l'intention d'en louer un sur place.
Je m'en suis approché.
Ça pose des questions de conscience. Ça m'en pose quelquefois.
Il s'en désintéresse.
Qu'en dites-vous?

## 4.6. Elision of 'que'

Vous n'avez qu'à téléphoner.
Il n'y a qu'à le voir, pour comprendre.
Qu'en est-il sorti?

## 4.7. Elision of 'je'

Mais comment avais-je oublié un visage aussi charmant?

## 4.8. Elision of 'tu' in colloquial speech

T(u) es gentil.
T(u) as bien raison.

# 5. Liaison

## 5.1. Linking of vowels

Ça_a_été difficile. (*Easily confused with 'C'était difficile'*)
La chapelle a_été décorée par Picasso.
Lundi_à_une heure.
Il est sain et sauf. [ilɛsɛ̃esof]
Un an et demi. [œ̃nãedmi]
En haut. [ão]
C'est trop haut pour moi. [sɛtroopurmwa]
Les hasards. [leazar]
Il n'y a pas de quoi avoir peur. [ilnjapadkwaavwarpœr]
Pendant les vacances on s'est mis à en faire. [ɔ̃sɛmiaãfɛr]

## 5.2. Nasal vowel, followed by [n]

Aucun_idéal.
Aucun_ouvrage.
Bien_utile.
Bien_entendu.
En_effet.
En_insistant.
On_a dit.
Mon_idée.
Son_intelligence.

## 5.3. Denasalisation

Un certain âge. [œ̃sɛrtɛnaʒ]
En plein air. [ãplɛnɛr]
Un bon ami. [œ̃bɔnami]
Un bon ingénieur. [œ̃bɔnɛ̃ʒenjœr]

## 5.4. Liaison with [r]

Le premier homme. [ləprəmjɛrɔm]
Notre dernier espoir. [nɔtrədɛrnɛrɛspwar]
Un léger accident. [œ̃leʒɛraksidã]
Ce jour-là, j'ai été en retard au bureau. [ãrtarobyro]
Les jeunes Français de 18 ans sont maintenant des citoyens à part entière. [aparãtjɛr]

## 5.5. Liaison with voiced consonant

Un gros inconvénient. [œ̃grozɛ̃kɔ̃vepã]
Crois-y! [krwazi]
Tu dois écouter. [tydwazekute]

## 5.6. Liaison with unvoiced consonant

Un grand avantage. [œ̃grãtavãtaʒ]
Un long été. [œ̃lɔ̃kete]
J'ai un peu de sang écossais dans mes veines. [œ̃pødsãkekɔsɛ]

## 6. Segmentation: the recognition of word-boundaries

*As a result of elision and liaison, and because there is not normally a pause between words, the recognition of where one word ends and another begins is often difficult:*

[kabylanolak?]                     Qu'a bu l'âne au lac?
[dyruʒalɛvr]                       Du rouge à lèvres.
[asekødvwatyr!]                    Ah! ces queues de voitures!
[leprɛolɔʒmɑ̃]                     Les prêts au logement.
[ləʃofo]                           Le chauffe-eau.
[lakyltyrdybletɑ̃dr]               La culture du blé tendre.
[lətrwakarɛl]                      Le trois-quarts aile.
[ilpløleʒɛrmɑ̃]                    Il pleut légèrement.

## 7. Homophones

Un des astres *vs* un désastre.
Le libre air *vs* le libraire.
Les petits trous *vs* les petites roues.
Les six gares *vs* les cigares.
J'emmène les enfants *vs* Jean mène les enfants.
La D.S. noire *vs* la déesse noire.
Du vin *vs* (le journal) du vingt (septembre).
Cette semaine *vs* sept semaines.
(Si le gouvernement) s'entête . . . *vs* sans tête . . .
Les maires *vs* les mères.
*Ait* vs *est :* Je suis content qu'il ait le temps de passer me voir.
Il est juste que chacun ait voix au chapitre.
*Fût* vs *fut :* Observez-la, ne fût-ce qu'un instant.
*Eût* vs *eut :* On eût dit que Jeannine n'attendait que ce moment pour éclater.

## 8. The unstable 'e' [ə]

## 8.1. The consonant preceding the unpronounced [ə] is attached to the preceding vowel

Un | peu d' | viande pour le chien.
J'ai entendu un | bruit d' | pas dans la rue.
Quoi d' | neuf?
Il risque | de n' | pas m' | trouver.
Sans la photo, je n' | l'aurais | pas r' | connu.
Des bancs d' | poissons.
L'eau d' | Cologne.
Le camp d' | base.
Quand l' | niveau de vie était-il assez élevé?
Ce sont des questions qu'on s' | pose.

## 8.2. When the consonants on either side of the unpronounced [ə] are identical, there is a special difficulty of hearing and comprehension

Sous l' | lit.
Où as-tu trouvé c' | sapin?
Est-c' | suffisant aujourd'hui?
Vous venez de l' | laisser tomber.
Je pense que l' | latin, c'est très bon au point de vue formation de l'esprit.

## 8.3. The disappearance of the unstable [ə] produces a different rhythmic pattern in similar sequences

La s' | maine dernière *vs* la dernière s*e*maine.
Une leçon d' | français *vs* un devoir d*e* français.
Un étudiant d' | français *vs* un professeur d*e* français.

# 9. The silent final consonant

**b**   un bassin de radoub
**c**   un broc d'eau; des visiteurs de raccroc
**d**   l'accord sur la cession du feu; ce col est déconseillé aux poids-lourds; sourd et muet
**f**   un cerf-volant; dans chaque groupe il y en a toujours un qui me donne sur les nerfs
**l**   i(l) m'a pincé; i(ls) viennent; i(l) ne veut pas; i(ls) ne savent pas ce qu'i(ls) disent
**p**   coups et blessures; nous sommes dans de beaux draps; il est connu comme le loup blanc
**s**   un fracas à Calais; hors concours; envers eux; vers une heure; un temps affreux
**t**   à tort et à travers; de part et d'autre; mort aux traîtres!; pauvre et effrayé; vert et rouge; un résultat inattendu
**x**   le choix; la paix
**z**   le nez

# 10. Assimilation

## 10.1. A voiced consonant becomes unvoiced before an unvoiced consonant

Elle s'absorba [sapsɔrba] bientôt dans son livre.
Il a réussi à projeter [prɔʃte] le véhicule gênant à vingt mètres de là.
Le sauvetage. [softaʒ]
Je t'ai vu. [ʃtevy]
Décide-toi! [desittwa]

## 10.2. An unvoiced consonant becomes voiced before a voiced consonant

Je connais c' village. [zvilaʒ]
La place Vêndome. [plazvãdom]
Vous aimez not(re) vin? [nodvɛ̃]
Est-il permis de s'garer ici? [zgare]
Ça s'voit chez les vieux. [sazvwa]
C' jour-là. [zʒurla]
Dans les prochains jours, le temps va s'gâter. [zgɑte]
The 'pearl' of my collection is:
Le premier ministre indien. [ləbrəmje]

# 11. Abbreviations and acronyms ('les sigles')

l'O.T.A.N. [lotã]—Organisation du Traité de l'Atlantique du Nord
l'O.N.U. [lony]—Organisation des Nations Unies
l'U.R.S.S. [lyrs]—Union des Républiques Socialistes Soviétiques
la C.G.T. [laseʒete]—Confédération Générale du Travail
un P.D.G. [œ̃pedeʒe]—Président-Directeur-Général
un O.V.N.I. [œ̃nɔvni]—Objet Volant Non-Identifié
un H.L.M. [œnaʃɛlɛm]—Habitation à Loyer Modéré
La T.V.A. [latevea]—Taxe à la Valeur Ajoutée
un autobus de la R.A.T.P. [laɛratepe]—Régie Autonome des Transports Parisiens
une I.U.T. [yniyte]—Institut Universitaire de Technologie

Ce boxeur est grand spécialiste du K.O. [kao]
Les cégétistes (*membres de la C.G.T.*) ont immobilisé le trafic sur l'ensemble de la R.A.T.P.
Il n'a pas pris son imper. ( = *imperméable*)
Elle s'est acheté un pull.
La météo; la télé; un amphi(théâtre); le bac(calauréat); le bus

## 12. Intercalation of English words (often pronounced 'à la française')

L'attaché-case confère le chic de l'homme d'affaires britannique.
C'est un best-seller dans les milieux politiques.
Au début du boom sur les vins, Bordeaux n'a pas suivi.
Les députés poursuivent l'examen du budget.
Un automobiliste, rendu furieux par la presence d'une voiture garée en double file, l'a tamponnée à plusieurs reprises pour essayer de dégager la route, à la manière d'un bulldozer.
Il a fait un beau come-back.
Le crash aérien à Tanger.
Nombre d'étudiants recourent au doping au moment des examens.
Tous ces gadgets ont aidé la femme.
Il y a toute la radio périphérique qui à longueur de journée diffuse des chansons, des gags.
Le temps du happy few est révolu.
Autres gagnants de ce hit-parade électoral—mais est-ce une surprise?—les écologistes.
Le premier ministre a tenu à affirmer avec autorité son leadership.
Voyez ce living, il est assez spacieux.
Si les ouvriers sont lock-outés, ils occuperont l'usine.
C'est un championnat new-look.
Les skieurs autrichiens ont fourni une belle performance.
Sur les routes, le rush s'est calmé.
Un des garçons était parti faire un camp scout.
Les restaurants de luxe ont cédé aux self-service.
Nous allons faire notre shopping.
Alors, grand suspense sur la piste du vélodrome.
Il ne faut pas vendre tous les stocks.
Je dois passer des tests pour devenir programmeur.
Le comité a adopté une attitude prudente de wait and see.
Cette émission présentera un digest des réactions des hommes politiques.
L'élection, c'est le box-office de la démocratie.
C'est un véritable shake-up des relations sociales qu'envisage M. Ceyrac.
Le voyage du Pape a souvent pris l'aspect d'un grand show.
Les membres du staff de l'Ambassade des Etats-Unis.

## 13. Time-fillers, redundancies, 'prop'-words and hesitation words—to be disregarded

### 13.1. 'Alors'

Alors, je vous fais la réservation.

### 13.2. 'Enfin'

Je me suis un peu écarté de cette carrière enfin politique et je me suis contenté d'activités professionnelles et surtout sociales.

## 13.3. 'Ecoutez'

Ecoutez, pour les garçons les maths, parce que je pense que des carrières d'ingénieurs sont davantage dans la ligne d'un esprit masculin.

## 13.4. En effet

Il ne viendra pas aujourd'hui car en effet il est malade.

## 13.5. Effectivement

Effectivement, quand l'artiste crée, c'est d'après sa fantaisie qui est personnelle.

## 13.6. Eh bien, or, in informal speech, eh ben [bɛ̃]

Les femmes s'ennuient, elles restent dans leurs appartements, ben, elles ont envie d'en sortir un petit peu.

## 13.7. Ma foi

J'aimerais que les garçons soient forts en maths et pour les filles, ma foi, en langues peut-être.

## 13.8. Mon Dieu

La bibliothèque, mon Dieu, la bibliothèque est occupée le jeudi après-midi de deux heures à sept heures, les autres jours, c'est de quatre heures à sept heures.

## 13.9. Vous comprenez/Vous voyez

Mais je suis homme d'affaires vous comprenez et mes visites en Angleterre ont toujours été des plus rapides.

## 13.10. Dites

Dites, Monsieur, notre brochure, vous l'avez déjà?

## 13.11. Allons/Allez!

Allons! Acheter de bonnes actions, c'est juste le contraire de gaspiller de l'argent.
Allez! Vous avez la santé, c'est l'essentiel.

## 13.12. Je ne sais pas (moi)

Ici, c'est des enfants, je ne sais pas, de onze ans à dix-sept ans.
S'il était bon en mathématiques, il pourrait être je ne sais pas moi ingénieur, programmeur enfin.

## 13.13. Quoi

La halte d'enfants permet aux mamans qui ne travaillent pas d'aller chez le dentiste ou enfin de faire leurs courses simplement. Ça les soulage un petit peu, quoi.

## 13.14. N'est-ce pas

Il y a donc vingt et un membres titulaires qui sont élus pour six ans, n'est-ce pas.

## 13.15.  Disons

Au début du mois, j'ai participé à un . . . disons un congrès.

## 13.16.  Si vous voulez

La candidature de Jean Lecanuet avait si vous voulez déclenché la naissance d'un mouvement politique nouveau.

# GRAMMATICAL GUIDELINES

# THE NOUN GROUP

## Nouns

**14–18. Combination**  *English can create compound nouns by mere juxtaposition (petrol pump, energy crisis, reference book, machine tool). This type of formation is very rarely paralleled in French (*la machine-outil *is probably a direct imitation of the English) and, as will be seen in the following sections, the formation chosen in any one case is not predictable.*

### 14.  Compound nouns, noun + noun, but reverse order to the English

| | |
|---|---|
| une allocation-chômage | unemployment benefit |
| une allocation-logement | housing allowance |
| un appartement-modèle | a show flat |
| une assurance-vie | a life insurance |
| un camion-atelier | a repair van |
| un chariot-service | a supermarket trolley |
| un chèque-livre | a book token |
| la course-traversée de l'Atlantique | the trans-Atlantic race |
| une épreuve-témoin | a test case |
| l'Etat-providence | the Welfare state |
| une expérience-pilote | a pilot experiment |
| le film-annonce | the trailer |
| une génération-charnière | a watershed generation |
| la page-titre | the title page |
| un panneau-réclame | an advertisement hoarding |
| la pause-café | the coffee break |
| un portrait-robot | an identity-kit portrait |
| un prix-plafond | a ceiling price |
| le rôle-titre | the title rôle |
| une station-service | a service station |
| un tailleur-pantalon | a trouser suit |
| la télévision-couleur | colour television |
| un ticket-restaurant | a luncheon voucher |
| une vente-réclame | a promotion sale |
| la vignette-automobile | the vehicle licence disc |

## 14.1.  The compound noun is sometimes found without hyphen

| | |
|---|---|
| la bande son | the sound track |
| un crayon feutre | a felt-tip pen |

| | |
|---|---|
| le plan énergie | the energy plan |
| le rapport élève-professeur | the pupil-teacher relationship |
| un spectacle mastodonte | a mammoth show |
| un test crayon-papier | a paper and pencil test |

## 14.2.  The compound has sometimes been made into one word

| | |
|---|---|
| un abribus | a bus shelter |

## 14.3.  Sometimes, the equivalent of an English compound noun is 'explicitation' in French

| | |
|---|---|
| une femme faisant carrière | a career woman |
| un impôt sur les plus-values | a capital gains tax |
| une inversion du sens de la marche | a U-turn |
| l'émigration des cerveaux | the brain-drain |
| la mise en condition systématique des esprits | mind-bending |
| un tricheur sur l'indemnité de chômage | a dole scrounger |

## 15.  Combination: verb + noun, in reverse order to the English

| | |
|---|---|
| un allume-gaz | a gas-lighter |
| un chauffe-eau | a water-heater |
| un lance-flammes | a flame-thrower |
| un lave-vaisselle | a dish-washer |
| un lève-glace(s) | a window-winder |
| un ouvre-boîtes | a tin-opener |
| un ouvre-bouteille | a bottle-opener |

## 16.  Noun + adjective, corresponding to noun + noun in English

| | |
|---|---|
| un état policier | a police state |
| un agent immobilier | an estate agent |
| un blocage salarial | a wage-freeze |
| des accords salariaux | wage agreements |
| le réseau routier | the road network |
| le réseau ferroviaire | the railway network |
| l'affluence routière | road traffic congestion |
| la crise énergétique | the energy crisis |
| la marge bénéficiaire | the profit margin |
| une aide gouvernmentale | government help |
| une rue piétonnière | a pedestrian precinct |
| un flash publicitaire | a T.V. commercial |
| le champ visuel | the field of vision |
| le groupe sanguin | the blood group |
| l'année scolaire | the school year |
| un témoin oculaire | an eye witness |
| la fermeture dominicale | Sunday closing |
| l'enseignement alterné | sandwich course |
| la crise petrolière | the oil crisis |
| une voiture banalisée | an unmarked police car |
| un chien policier | a police dog |
| une enquête policière | a police enquiry |
| les régions frontalières | the frontier areas |
| le Salon Nautique | the Boat Show |

## 16.1. Noun + adjective (or adjective phrase), corresponding to the English hybrid: verb + preposition

| | |
|---|---|
| le 'rallye intellectuel' | the teach-in |
| l'agrandissement photographique | the blow-up |

## 17. Noun + de + noun, corresponding to noun + noun or adjective + noun in English

| | |
|---|---|
| des feux de ville | side-lights (on a car) |
| des réparations d'urgence | emergency repairs |
| la société de consommation | the consumer society |
| un programme de choc | a crash programme |
| l'économie de marché | the market economy |
| une auberge de jeunesse | a Youth Hostel |
| un rebondissement de dernière minute | a last minute surprise development |
| une sortie de secours | an emergency exit |
| les heures de pointe | the rush hours |
| une cinémathèque de prêt | a film lending library |
| un goulot d'étranglement | a bottle neck (in production, traffic) |
| un terrain d'aventures | an adventure playground |
| une voiture de fonction | a company car |
| un appartement de fonction | a company flat |
| les médias de masse | the mass media |
| des chercheurs de talent | talent scouts |
| des gens de métier | professionals |
| la société de tolérance | the permissive society |
| la société d'abondance | the affluent society |
| un groupe de travail | a working party |
| un déjeuner de travail | a working lunch |
| une industrie de pointe | a growth industry |
| un incident de parcours | a minor hitch |
| la voie de retour téléphonique | telephonic feed-back |
| un objecteur de conscience | a conscientious objector |
| le livret d'accompagnement | the accompanying booklet |
| la communauté de couleur | the coloured community |
| l'économie de suffisance | subsistence economy |
| un gouvernement de progrès | a progressive government |

**17.1.** *The apparent anomaly in the slogan* 'Côte D'Azur. Joies *de l'*Eté. Plaisirs d'Hiver', *where one would expect logically* 'Joies d'Eté. Plaisirs d'Hiver' *or, possibly,* 'Joies de l'Eté. Plaisirs de l'Hiver' *is perhaps explained by the slogan writer's desire for an equal number of syllables (four) in each phrase.*

## 18. Noun + à + noun, corresponding to noun + noun or noun phrase in English

| | |
|---|---|
| un poêle à pétrole | a paraffin stove |
| une règle à calcul | a slide-rule |
| une machine à sous | a fruit machine/one-armed bandit |
| un avion à décollage vertical | a vertical take-off 'plane |
| une mine à ciel ouvert | an open-cast mine |
| une entreprise à flot continu | a continuous production plant |
| l'achat à tempérament | hire-purchase |
| le travail à mi-temps | part-time work |
| un enfant à problèmes | a problem child |

| | |
|---|---|
| une voiture à boîte automatique | an automatic transmission car |
| le train à grande vitesse | the high-speed train |
| des freins à disques | disc brakes |
| des pneus à carcasse radiale | radial ply tyres |
| des ceintures à enrouleurs automatiques | inertia reel seat-belts |
| un ballon à air chaud | a hot-air balloon |
| des industries à haute technologie | high technology industries |
| une planche à roulettes | a skate-board |
| une planche à voile | a wind-surf board |
| un couteau à cran d'arrêt | a flick knife |

## 19.  Names of inhabitants of countries

### 19.1.  Ending in -ais (F. -aise)

Les Anglais, les Ecossais, les Français, les Finlandais, les Irlandais, les Islandais, les Hollandais, les Japonais, les Polonais, les Portugais.

### 19.2.  Ending in -ois (F. -oise)

Les Chinois, les Danois, les Gallois, les Hongrois, les Luxembourgeois, les Suédois.

### 19.3.  Ending in -ien (F. -ienne)

Les Algériens, les Argentiniens, les Australiens, les Autrichiens, les Brésiliens, les Canadiens, les Chiliens, les Egyptiens, les Indiens, les Israéliens, les Italiens, les Norvégiens, les Tunisiens, les Vietnamiens.

### 19.4.  Ending in -ain (F. -aine)

Les Américains, les Mexicains, les Marocains.

### 19.5.  Of unpredictable formation

Les Belges, les Britanniques, les Corses, les Espagnols, les Grecs (f **Grecque**), les Russes, les Suisses (f **Suissesse**), les Tchéco-Slovaques, les Turcs (f **Turque**).

## 20.  Noun functioning as a clause or phrase

| | |
|---|---|
| Etudiant, j'ai dit avec quelle passion j'ai désiré la liberté. | I have said how passionately I desired freedom when I was a student. |
| Enfant, elle était demeurée muette sur tout ce qui la concernait. | When she was a child, she had remained silent about everything which concerned her. |
| Dialogue, l'exercice de structure demande un rythme soutenu. | Because it is a dialogue, the structural exercise requires an unflagging rhythm. |
| Correspondant du Bulletin de la Radio-Télévision Scolaire, il transmet à la rédaction les articles qui lui parviennent. | In his capacity as correspondent for the School Broadcasting and T.V. Bulletin, he forwards to the editorial board the articles which are sent to him. |
| Jeune homme, invité à un banquet, je me suis trompé de salle. | When I was a young man, a guest at a banquet, I went to the wrong room. |

| | |
|---|---|
| **Patron, l'Etat a commis une erreur comparable à celles des responsables de l'économie.** | As an employer, the State has made a mistake comparable to those made by management in the economic sector. |
| **Ma grand-mère, petite fille encore, se promenait sur les hauteurs de Saint-Cloud.** | My grandmother, when she was still a little girl, used to go for walks on the heights of Saint-Cloud. |
| **Encore enfant, ses goûts le portaient vers le football. Adolescent, ses performances le destinaient au saut en longueur.** | When he was still a boy, his tastes inclined him to football. When he was a youth, his performances destined him for the long jump. |

## 21. Noun or noun group functioning as an adjective

| | |
|---|---|
| **Au fond elle avait des goûts très peuple.** | Fundamentally, she had very common tastes. |
| **Sur le plan sécurité.** | From the security angle. |
| **Dans le domaine services sociaux.** | In the social services field. |

## 22. Noun group in French, where English would use a clause

| | |
|---|---|
| **Il y a des vibrations au passage du train.** | There are vibrations as the train passes. |
| **On a constaté une pénurie de professeurs à la rentrée des classes.** | A shortage of teachers was discovered when the schools went back. |
| **Mais le soir même, à la sortie de l'école, il disparut pendant une demi-heure.** | But that very evening, when school came out, he disappeared for half an hour. |
| **A la lecture de ces résultats, tout le monde parut surpris.** | When these results were read out, everybody appeared surprised. |
| **Les journalistes ont interviewé la vedette à sa descente d'avion.** | The journalists interviewed the star when she got off the 'plane. |
| **Il prononça un discours qui prenait à l'audition une toute autre portée que celle que pourrait suggérer la simple lecture.** | He made a speech which took on, when you heard it, an implication quite other than that which a mere reading might suggest. |
| **Il pleuvait encore à notre départ de Rome.** | It was still raining when we left Rome. |
| **A l'issue de la résistance, j'avais collaboré avec des communistes.** | When I came out of the Resistance, I had collaborated with communists. |
| **Ne descendez pas avant l'arrêt complet du train.** | Do not get out until the train has come to a complete halt. |
| **Gardez votre ceinture attachée jusqu'à l'extinction du signal lumineux.** | Keep your seat belt fastened until the signal light goes out. |
| **Je passerai vous voir dès mon retour.** | I'll come round and see you as soon as I'm back. |

| | |
|---|---|
| Dès la première bouchée, j'ai pâli. | As soon as I had eaten the first mouthful, I turned pale. |
| Dès l'aube du lendemain, j'ai été réveillé par des grondements. | As soon as dawn broke the next day, I was awakened by rumblings. |
| Presque tous les enfants vivent aujourd'hui dès leur naissance avec la télévision. | Nearly all children today live with television from the moment they are born. |
| Il l'a dit clairement lors de sa dernière conférence de presse. | He said so clearly when he held his last press conference. |
| Lors des journées de 'portes ouvertes', les parents peuvent visiter les casernes. | When 'open days' are held, parents can visit the barracks. |
| A moins d'un rebondissement inattendu, on n'en saura pas davantage sur le sort du disparu. | Unless there is an unexpected development, we shall know nothing more about the fate of the missing man. |

# Articles

## 23. Use of the definite article with abstract nouns

| | |
|---|---|
| Pour nous, le luxe c'est la lumière et l'espace. | For us, luxury is light and space. |
| Sur la route, la vue c'est la vie. | On the road, sight is life. |
| On se sert de la terreur pour répandre la peur. | Terror is used to spread fear. |
| La Fortune sourit aux audacieux. | Fortune favours the brave. |
| La loi de l'offre et de la demande. | The law of supply and demand. |
| L'urbanisme et l'aménagement. | Town-planning and development. |
| Le moyen existe pour maintenir la croissance dans la stabilité. | The means exists to maintain growth in stability. |
| L'assurance multi-risques, c'est la solution globale, économique et sûre. | Comprehensive insurance is the over-all, economical and safe solution. |
| L'aide aux sinistrés s'organise. | Aid is being organised for the victims of the disaster. |

## 24. Use of the definite article with names of substances

| | |
|---|---|
| Le poisson, c'est encore le plat le plus économique. | Fish is still the most economical dish. |
| Rien n'est plus dangereux que l'alcool tombant dans un estomac vide. | Nothing is more dangerous than alcohol on an empty stomach. |

# 25. The 'generalising' use of the definite article to refer to all the members of a class

| | |
|---|---|
| Les chiens sont des animaux fidèles. | Dogs are faithful animals. (All dogs are some of the category of faithful animals.) |
| Les enfants aiment les bonbons. | Children love sweets. (All children love all categories of sweets.) |
| Les montres sont de petites horloges. | Watches are small clocks. |
| Les facteurs portent des uniformes. | Postmen wear uniforms. |
| Les oranges sont bonnes à manger. | Oranges are good to eat. |
| Les salles de classe ont des tableaux noirs. | Classrooms have blackboards. |
| Les collèges d'enseignement secondaire deviennent de plus en plus nombreux. | Comprehensive schools are becoming more and more numerous. |
| Les noms, les adjectifs, les verbes, les adverbes, les prepositions, les conjonctions sont des mots. | Nouns, adjectives, verbs, adverbs, prepositions, conjunctions are words. |
| Les débutants trouveraient difficile cet exercice. | Beginners would find this exercise difficult. |
| Pour les vieilles dames, les feux passent trop vite au vert. | For old ladies, the traffic lights change to green too quickly. |
| Les cyclistes n'ont pas de clignotants. | Cyclists don't have traffic indicators. |

# 26. The use of the definite article with parts of the body and other personal attributes

## 26.1. The subject of the sentence is the possessor of the body part

| | |
|---|---|
| Fermez la bouche et respirez par le nez! | Close your mouth and breathe through your nose! |
| Il a levé la tête. | He raised his head./He looked up. |
| Si vous savez la réponse, levez le doigt. | If you know the answer, put up your hand. |
| Je n'ai pas fermé l'œil de la nuit. | I never closed my eyes last night. |
| Elle a promené les yeux sur la façade de l'immeuble. | She ran her eyes over the frontage of the block of flats. |
| J'ai plongé les yeux dans la cour. | I gazed down into the yard. |
| Donnez-moi la main pour me relever. | Give me your hand to help me up. |

## 26.2. The action is reflexive

| | |
|---|---|
| **Vous vous êtes coupé le doigt?** | Have you cut your finger? |
| **Va te laver les mains!** | Go and wash your hands! |
| **Je me suis heurté le pied contre un rocher.** | I banged my foot against a rock. |
| **Elle s'est passé les doigts dans les cheveux.** | She ran her fingers through her hair. |
| **Il s'est passé la main sur les yeux.** | He drew his hand over his eyes. |

## 26.3. The possessor of the body part is not the subject of the sentence and is indicated by a dative pronoun

| | |
|---|---|
| **L'alcool me monte à la tête.** | Alcohol goes to my head. |
| **Tous ces appareils nous sautent à la figure.** | All these appliances blow up in our faces. |
| **Il vous a marché sur le pied.** | He trod on your foot. |
| **Elle lui a passé les doigts dans les cheveux.** | She ran her fingers through his hair. |
| **Si quelqu'un a bien mérité de figurer sur ces billets de 10 francs qui nous filent entre les doigts, c'est bien Voltaire qui aima tant l'argent.** | If anyone really deserved to appear on these 10 Franc notes which slip through our fingers it is certainly Voltaire who loved money so much. |

## 26.4. The structure is also applied to other personal attributes

| | |
|---|---|
| **J'ai la mémoire des odeurs étrangement tenace.** | I have a strangely retentive memory for smells. |
| **J'ai naturellement l'âme inquiète, l'esprit curieux, l'émotion facile.** | By nature I have an unquiet soul, an enquiring mind, easily roused feelings. |
| **Les petits truands ont la gâchette facile.** | Petty crooks are trigger-happy. |

## 26.5. The same structure is used in descriptive phrases

| | |
|---|---|
| **Il marche, l'air ravi, les épaules carrées, la poitrine bombée.** | He walks along, with a delighted air, with his shoulders squared and with his chest thrust out. |
| **Il resta là, les mains ballantes.** | He remained there, with his hands dangling. |

## 26.6. When the subject of the sentence is the possessor of the body part and that body part is further qualified, e.g. by an adjective, the possessive adjective is used

| | |
|---|---|
| **Il secoua sa tête chauve.** | He shook his bald head. |
| **Elle écarquilla ses yeux bleus.** | She opened wide her blue eyes. |
| **Elle peignait ses cheveux blonds.** | She was combing her fair hair. |

## 26.7. The possessive adjective is also used when the body part is the subject of the clause or sentence

Ses cheveux blonds étaient
ébouriffés.

Her fair hair was dishevelled.

## 27. Use or omission of the definite article with geographical names

### 27.1. Feminine names of countries and continents

L'Afrique, l'Algérie, l'Allemagne, l'Amérique, l'Angleterre, l'Argentine, l'Asie, l'Australie, l'Autriche, la Belgique, la Chine, l'Ecosse, l'Europe, l'Egypte, l'Espagne, la Finlande, la France, la Grèce, la Hollande, la Hongrie, l'Inde, l'Irlande, l'Islande, l'Italie, la Norvège, la Pologne, la Roumanie, la Russie, la Suède, la Suisse, la Tchéco-Slovaquie, la Tunisie, la Yougoslavie.

### 27.2. Feminine names of islands

La Corse, la Sicile, la Crète, la Nouvelle Zélande.

### 27.3. Feminine names of French provinces

L'Alsace, l'Aquitaine, l'Auvergne, la Bourgogne, la Bretagne, la Champagne, la Franche-Comté, l'Ile-de-France, la Lorraine, la Normandie, la Provence, la Savoie.

### 27.4. With all these feminine names, 'in/to' is 'en' and 'from' is 'de' (no article)

a) Avez-vous séjourné en Suisse?

Did you stay in Switzerland?

Ils n'ont jamais été en Russie.

They have never been to Russia.

J'ai passé mes vacances en
Bretagne.

I spent my holidays in Brittany.

b) Il est revenu d'Allemagne.

He is back from Germany.

Cette voiture vient de Belgique.

That car comes from Belgium.

'Bons baisers de Russie.'

'From Russia with love.'

Nous sommes rentrés de Provence
la semaine dernière.

We came home from Provence last
week.

### 27.5. Masculine names of countries

Le Brésil, le Canada, le Chili, le Danemark, les Etats-Unis, le pays de Galles, le Japon, le Liban, le Luxembourg, le Maroc, le Portugal, le Pérou, le Vietnam.

### 27.6. Masculine names of French provinces

Le Berry, le pays basque, le Poitou, le Languedoc, le Périgord.

## 27.7. With these masculine names of countries and provinces, beginning with a consonant (and plural ones beginning with a vowel), 'in/to' is 'au/aux' and 'from' is 'du/des'

a) Il y a eu une émeute au Mexique.
There was a riot in Mexico.

Cet été elle va au Portugal.
This summer she is going to Portugal.

La contrebande est un métier traditionnel au pays basque.
Smuggling is a traditional trade in the Basque country.

Ce chanteur vient de faire une tournée aux Etats-Unis.
This singer has just been touring in the United States.

b) Il est rentré du Canada.
He has come home from Canada.

Cette nouvelle nous provient du Brésil.
This news comes to us from Brazil.

Cet avion arrive des Etats-Unis.
This 'plane has come from the United States.

## 27.8. Masculine names of countries beginning with a vowel behave as if they were feminine

En Iran, en Irak, en Israël
(N.B. **Israël**—no article)
In/to Iran, in/to Irak, in/to Israel.

## 27.9. Some masculine names of islands do not have the article, and therefore have 'à' instead of 'au'

A Chypre, à Cuba, à Jersey, à Malte, à Madagascar.
In/to Cyprus, in/to Cuba, in/to Jersey, in/to Malta, in/to Madagascar.

## 27.10. For names of countries further qualified 'in' is 'dans le/la'

Dans l'Angleterre du Nord.
In Northern England.

Dans toute la France.
In the whole of France.

Dans le Canada francophone.
In French-speaking Canada.

## 27.11. For names of French departments, 'in' is usually 'dans le/la/les' but 'en' is sometimes found

a) Dans le Var, dans le Vaucluse, dans la Manche, dans le Lot, dans les Alpes-Maritimes, dans la Nièvre, dans le Nord, dans la Sarthe, dans le Val-de-Marne, dans le Tarn-et-Garonne.
In Var, in Vaucluse, in Manche, in Lot, in the Alpes-Maritimes, in Nièvre, in the Nord, in Sarthe, in the Val-de-Marne, in Tarn-et-Garonne.

b) *However, the following usages have been noted:*
En Lozère, en Corrèze, en Lot-et-Garonne.
In Lozère, in Corrèze, in Lot-et-Garonne.

## 27.12. British counties are usually treated as masculine departments

| | |
|---|---|
| **Dans le Lancashire, dans le Devonshire.** | In Lancashire, in Devonshire. |

*There is one exception:*

| | |
|---|---|
| **En Cornouailles.** | In Cornwall. |

## 28. The use of the indefinite article with abstract nouns qualified by an adjective

| | |
|---|---|
| **Il se mit à travailler avec un zèle persévérant.** | He set to work with persevering zeal. |
| **Les soldats chargèrent avec une extrême brutalité.** | The soldiers charged with extreme brutality. |
| **L'hôtesse de l'air était d'une beauté exceptionnelle.** | The air hostess was exceptionally beautiful. |
| **C'est un jeune homme d'un charme irrésistible.** | He is a young man of irresistible charm. |
| **Avec un réalisme brutal, le premier ministre a rappelé que l'intérêt bien compris de chacun de ses auditeurs est de conserver son mandat électoral.** | With brutal realism, the Prime Minister reminded his listeners that the major interest of each one is to keep his parliamentary seat. |
| **C'est un film d'une sobriété émouvante.** | It is a film of moving restraint. |
| **C'est drôle comme les choses les plus banales paraissent d'une importance folle au téléphone.** | It is funny how the most ordinary things appear madly important on the 'phone. |

## 29. Omission of the article

## 29.1. Before a noun, after 'être', 'devenir'

| | |
|---|---|
| **M. F. est fonctionnaire; il travaille à la Poste et Mme F. est secrétaire à la Préfecture.** | Mr. F. is a state employee; he works at the G.P.O. and Mrs. F. is a secretary at the Préfecture. |
| **Une de ses amies est 'petite main' dans une maison de couture.** | One of her friends is an apprentice in a fashion house. |
| **Il a été prisonnier de guerre.** | He was a prisoner of war. |
| **Sa soeur est dactylo.** | His sister is a typist. |
| **Il est fils de chauffeur de taxi.** | He is a taxi-driver's son. |
| **On peut se demander si Orléans deviendra faubourg de Paris.** | You can speculate as to whether Orléans will become a suburb of Paris. |
| **Il deviendrait citoyen français, passible des tribunaux français.** | He would become a French citizen, subject to the jurisdiction of the French courts. |

## 29.1.1. When the noun is qualified by an adjective, the article re-appears

| | |
|---|---|
| Est-ce qu'Orléans deviendra une très grande ville? | Will Orléans become a very big city? |
| C'est un avocat célèbre. | He is a famous lawyer. |

## 29.2. In appositions

| | |
|---|---|
| M. Jean Médecin, maire de Nice. | M. Jean Médecin, the mayor of Nice. |
| M. Lecanuet, sénateur de la Seine-Maritime. | M. Lecanuet, the senator for the Seine-Maritime department. |
| Birla House, demeure d'un milliardaire hindou. | Birla House, the residence of a Hindu millionaire. |
| Au niveau onze d'une tour de trente-neuf étages—horrible silo à paperasses planté à la lisière nord de Paris—un homme fait les cent pas dans son bureau. | On level eleven of a thirty-nine storey tower-block—a horrible storage silo for official papers set down on the northern outskirts of Paris—a man is walking up and down in his office. |

## 29.3. In enumerations

| | |
|---|---|
| Un ouvrier qualifié peut, après dix ans de vie professionnelle, acquérir voiture, télévision et réfrigérateur. | A skilled worker, after ten years of working life, can acquire a car, a television and a refrigerator. |
| Les mesures à envisager sont forcément sévères: impôts nouveaux, blocage des prix et des salaires, acceptation de chômage. | The measures to be considered are of necessity stringent: new taxes, freezing of prices and wages, acceptance of unemployment. |
| Les avantages du train: détente, sécurité, exactitude. | The advantages of the train: relaxation, safety, punctuality. |
| Un peu plus loin, hommes, femmes et enfants font la récolte des pommes de terre. | A little further on, men, women and children are potato picking. |
| Les parents ont une redoutable responsabilité envers l'enfant qui attend d'eux: tendresse, sécurité, fermeté, lucidité. | Parents have a frightening responsibility to the child who expects from them: affection, security, firmness, clear-sightedness. |
| Coutumes, mentalités, traditions, tout a été englouti dans le béton des villes modernes. | Customs, ways of thinking, traditions, al have been swallowed up in the concrete of modern cities. |
| Paysages, vieux logis, antiques églises se lèvent au bord de la route. | Country vistas, old dwelling-places, ancient churches rise up by the road-side. |
| A travers boqueteaux, prés et vignes, un dédale de raidillons conduit à la maison. | Through copses, meadows and vineyard a labyrinth of steep paths leads to the houses. |

| | |
|---|---|
| Lorsque l'ensemble des revenus augmente, les manières de vivre se rapprochent: nourriture, vêtements, vacances, et même, quoique à un moindre degré, logement. | When all incomes increase, life-styles tend to converge: food, clothes, holidays, and even, although to a lesser extent, housing. |
| Là-dessus se produisirent des événements—grève des mineurs, hausse des prix, conflits sociaux, tension européenne—qui provoquèrent une chute de la popularité du Chef de l'Etat. | Thereupon there occurred events—the miners' strike, the rise in prices, the social conflicts, the tension in Europe— which brought about a fall in the Head of State's popularity. |
| Rues calmes, enfants à l'école, cloches par-dessus tout, cette petite ville a l'air tranquille. | With its quiet streets, its children in school, the sound of bells over all, this little town has a calm appearance. |

## 29.4. Omission of the article with 'ne . . . ni . . . ni'

| | |
|---|---|
| Il n'avait ni manuel ni carnet. | He had neither a text-book nor a notebook. |
| Il neige. Dehors il n'y a ni terre, ni ciel, ni village, ni montagne. | It is snowing. Outside there is neither earth nor sky, nor village, nor mountain. |
| 'Ni fleurs, ni couronnes.' | 'No flowers. No wreaths.' |
| Ni chasseur ni pêcheur n'y venaient jamais. | Neither sportsman nor fisherman ever came there. |
| Dans un Etat, le rôle de la justice n'est pas seulement de dire qui a tort et qui a raison, ni hommes ni institutions n'en sont toujours capables. | In a State, the role of Justice is not merely to say who is right and who is wrong; neither men nor institutions are always competent to do it. |
| A Glimont, on n'entendait jamais ni éclats de rire bruyants ni exclamations vives. | At Glimont, you never heard either noisy bursts of laughter nor lively exclamations. |

## 29.4.1. The same structure is found with 'ou'

| | |
|---|---|
| Petit à petit, direction ou syndicats denoncèrent les accords. | Gradually, either management or unions denounced the agreements. |

## 29.5. Omission of the article after 'sans'

| | |
|---|---|
| Il est sorti sans chapeau. | He went out without a hat. |
| Du thé sans lait. | Tea without (any) milk. |
| Un dîner sans légumes. | A dinner without vegetables. |
| Quand on l'a arrêté, il était sans argent et sans passeport. | When he was arrested, he was without money and without a passport. |
| Sans eau, les récoltes dépérissent, les troupeaux sont condamnés. | Without water, crops wither, flocks are doomed. |

### 29.5.1. The article re-appears if the noun is further qualified

| | |
|---|---|
| **Impossible de couper ça sans un bon couteau.** | Impossible to cut that without a good knife. |

### 29.6. Omission of the definite article with abstract nouns, after 'avec' and 'par'

| | |
|---|---|
| **Avec amertume et tendresse, il reporta les yeux vers les lumières.** | With bitterness and tenderness, he looked again towards the lights. |
| **Par hasard.** | By chance. |
| **Par bonheur.** | By good fortune. |
| **Par miracle.** | By a miracle. |

### 29.6.1. The article re-appears if the abstract noun is further qualified

| | |
|---|---|
| **Avec une patience admirable.** | With admirable patience. |

### 29.7. 'Expressions figées' (set expressions) with 'avoir, faire, mettre, prendre, tenir' and an abstract noun without article

| | |
|---|---|
| **Vous avez droit à des excuses.** | You have a right to apologies. |
| **J'ai intérêt à le faire.** | It is in my interest to do it. |
| **Le principe essentiel de la science, c'est de faire abstraction du surnaturel.** | The essential principle of Science is to disregard the supernatural. |
| **Il faudra faire appel à sa générosité.** | An appeal will have to be made to his generosity. |
| **Il faut faire confiance à l'avenir.** | We must put our trust in the future. |
| **Il a fait état de ces documents pour étayer sa thèse.** | He took these documents into account to support his thesis. |
| **Il n'en est pas fait mention dans cet ouvrage.** | There is no mention made of it in this work. |
| **Toute nuit fait place au matin.** | Every night gives way to the morning. |
| **Le désintéressement dont vous avez fait preuve vous fait honneur.** | The unselfishness which you have displayed does you credit. |
| **Il est temps de mettre fin à cette affaire.** | It is time to put an end to this business. |
| **Cet homme d'Etat prendra place dans l'histoire.** | This statesman will take his place in history. |

| | |
|---|---|
| **Je viens prendre congé de vous.** | I have come to take my leave of you. |
| **Il faut tenir compte de la diversité du monde.** | The diversity of the world must be taken into account. |

# Adjectives

## 30. Position of adjectives

### 30.1. After the noun

a) *The great majority of adjectives (65% of the total)*

| | |
|---|---|
| **une vitrine étroite** | a narrow shop-window |
| **une tige mince** | a thin stalk |
| **un trajet inhabituel** | an unusual itinerary |
| **Est-ce un spectacle permanent?** | Is it a continuous performance? |

b) *Present and past participles*

| | |
|---|---|
| **un homme charmant** | a charming man |
| **des couleurs éblouissantes** | dazzling colours |
| **une porte vitrée** | a glass door |
| **une maison préfabriquée** | a prefabricated house |

c) *Adjectives longer than the noun and adjectives preceded by an adverb*

| | |
|---|---|
| **une usine hydroélectrique** | a hydro-electric station |
| **un discours démesurément long** | an inordinately long speech |

### 30.2. Before the noun

a) *Certain very common, usually short adjectives : beau, bon, dernier, grand, gros, haut, jeune, joli, long, mauvais, méchant, nouveau, petit, premier, vilain, vieux*

| | |
|---|---|
| **un beau jeune homme** | a handsome young man |
| **une longue rue** | a long street |
| **le gros sel** | coarse salt |
| **un vieux copain** | an old pal |
| **C'est la première fois que je viens en France.** | It's the first time I've been to France. |
| **Nous avons manqué le dernier autobus.** | We've missed the last bus. |

b)  *Adjectives used metaphorically*

| | |
|---|---|
| **le simple commerce** | mere trade |
| **un lourd impôt** | a heavy tax |
| **une triste affaire** | a sorry business |
| **un maigre repas** | a frugal meal |
| **Ce noir tableau de la situation lorraine a poussé les charbonnages à fermer leurs puits.** | This black picture of the situation in Lorraine has led the collieries to close their pits. |
| **Vous voyez quel misérable secrétaire vous avez!** | You see what a wretched secretary you have! |

c)  *'Conventional epithets', i.e. adjectives which are almost implied by the noun*

| | |
|---|---|
| **dans la pittoresque et poétique Ecosse** | in picturesque, poetic Scotland (Everybody knows that Scotland is picturesque and poetic!) |
| **des scouts écossais vêtus de la traditionnelle petite jupe** | Scottish scouts wearing the traditional kilt (The wearing of the kilt is obviously traditional.) |
| **les émouvantes obsèques du glorieux Leclerc** | the touching funeral ceremony of the glorious (General) Leclerc |
| **La croix de chevalier de la Légion d'Honneur a été remise à l'illustre visiteuse.** | The knight's cross of the Legion of Honour was presented to the illustrious (lady) visitor. |
| **Le Grand Palais héberge chaque année le printanier Concours Hippique et l'automnal Salon de l'Automobile.** | The Grand Palais houses each year the spring Horse Show and the autumn Motor Show. |
| **C'est de la charmante Tunis que je vous écris.** | It is from charming Tunis that I am writing to you. |

## 30.3.  Guide-line

*Since more adjectives normally go after the noun than go before,* **'une coopérative laitière'** *is more likely to mean* 'a creamery run by a farmers' cooperative' *than* 'a cooperative milk-maid'!

## 30.4.  Two or more adjectives or an adjective and an adjectival phrase

a)  *Where there is more than one adjective attached to the noun, generally each one occupies its usual position*

| | |
|---|---|
| **une haute maison blanche** | a tall, white house |
| **un petit homme chauve** | a little, bald man |
| **un gros sac jaune** | a bulky, yellow bag |
| **un jeune premier ministre** | a young Prime Minister |

| | |
|---|---|
| une grande et belle femme | a tall, beautiful woman |
| une étude intéressante et approfondie | an interesting and comprehensive study |
| une lettre illisible et incompréhensible | an illegible, incomprehensible letter |
| un touriste anglais malade | a sick English tourist |

b) *When the noun is further qualified, by an adjectival phrase or a relative clause, adjectives which normally go after the noun (categories* a), b), c) *of 30.1) are ante-posed*

| | |
|---|---|
| une grise **après-midi de dimanche** | a grey Sunday afternoon |
| cette intéressante **ville de Rennes** | this interesting city of Rennes |
| la principale **condition de succès d'une telle lutte** | the main condition for success in such a struggle |
| les splendides **avenues du centre de la ville** | the splendid avenues of the city centre |
| les somptueuses **vitrines, si pittoresques** | the sumptuous shop windows, so picturesque |
| cet extraordinaire **monument de l'art russe** | this extraordinary monument of Russian art |
| d'étincelantes **soieries lyonnaises** | shimmering Lyon silk-stuffs |
| le génial **graveur alsacien Gustave Doré** | the inspired Alsatian engraver Gustave Doré |
| la plus puissante **usine hydroélectrique d'Europe occidentale** | the most powerful hydroelectric station in Western Europe |
| cet inhabituel **procédé diplomatique que le Ministre n'a pas hésité d'appeler 'publicitaire'** | this unusual diplomatic procedure which the Minister has not hesitated to characterise as 'publicity-seeking' |
| **La maison d'Annie est une** basse **vieille maison à un étage, chaude l'hiver et fraîche l'été.** | Annie's house is a squat, old, one-storeyed house, warm in the winter and cool in the summer. |
| **C'est du** réputé **Tour de France cycliste qu'il s'agit.** | We are concerned here with the famous Tour de France cycle race. |

## 31. Compound adjectives of colour are invariable

| | |
|---|---|
| une veste gris foncé | a dark grey jacket |
| des fauteuils vert fané | faded green armchairs |
| des liquides rouge sombre | dark red liquids |
| une chemise bleu clair | a light blue shirt |
| une robe vert bouteille | a bottle green dress |
| des chaussures bleu marine | navy blue shoes |

| | |
|---|---|
| Il avait les yeux gris-bleu, les cheveux châtain clair. | He had grey-blue eyes, light chestnut hair. |
| La brume blanc-bleu, blanc-gris dissimulait la mer. | The bluey-white, grey-white mist hid the sea. |
| Ses cheveux étaient blanc platine. | Her hair was platinum blond. |
| On la mena dans une jolie chambre tendue de percale vert amande. | She was taken to a pretty bedroom hung with almond green cambric. |
| Les fameuses vaches blanc et noir d'origine hollandaise, appelées en France 'françaises frisonnes pie noir'. | The famous black and white cows of Dutch origin, called in France 'black piebald French Frisians'. |

## 32. Most nouns used as adjectives of colour are invariable

| | |
|---|---|
| des complets marron | brown (chestnut-coloured) suits |
| des étoffes paille | straw-coloured materials |
| des gants beurre frais | butter-coloured gloves |
| des chaises orange | orange-coloured chairs |
| des canapés bouton d'or | buttercup yellow sofas |

### 32.1. But 'rose', 'mauve', 'violet(te)' agree

## 33. Nominal or verbal groups used as adjectives are invariable

| | |
|---|---|
| Les gens de ma génération posaient des questions préoccupation cuisine électorale. | Folk of my generation used to ask questions concerned with electoral manoeuvres. |
| Ce sont de petits jeunes hommes touche à tout. | They are interfering young fellows. |

## 34. Masculine adjective, with the definite article, used as an abstract noun

| | |
|---|---|
| L'important, dans les vacances c'est le départ. | The important thing about holidays is the departure. |
| Je croyais vous avoir bien fait comprendre le sérieux de ma réclamation. | I thought that I had really made you realise the serious nature of my complaint. |
| Jusqu'où iront-elles, les femmes? Le sûr est qu'elles y vont. | How far will women go? The one thing that is sure is that they are on the move. |
| Le tout est de savoir quel sera le résultat de l'orientation de l'enfant. | The main thing is to know what the result of child guidance will be. |
| Le propre de la douleur physique est que la mémoire l'évacue rapidement. | The characteristic of physical pain is that memory gets rid of it quickly. |

| | |
|---|---|
| Son courage, sa volonté sont tels que l'insensé, avec lui, peut devenir raisonnable. | His courage, his willpower are such that the mad thing, with him, may become reasonable. |
| Le curé et l'instituteur ont perdu l'essentiel de leur influence. | The priest and the schoolmaster have lost the essential part of their influence. |
| Du point de vue de la technique littéraire, le difficile et le périlleux de son entreprise étaient dans la diversité des choses à dire. | From the point of view of literary technique, the difficult aspect and the dangerous aspect of his undertaking were in the diversity of the things to be said. |
| Le plus frappant, c'est la profonde conviction que les deux camps ont de la justesse de leur cause. | The most striking thing is both sides' deeply held conviction that their cause is just. |
| Le plus difficile, pour un arbitre de rugby, c'est de ne pas siffler. | The most difficult thing, for a rugby referee, is not to blow the whistle. |
| Le plus amusant est que cette terminologie cachottière abuse finalement ceux-mêmes qui l'utilisent. | The most amusing thing is that this esoteric terminology finally deludes the very people who are using it. |
| Il a dit lui-même que les études, auxquelles il consacre maintenant le plus clair de son temps, furent le meilleur de sa vie. | He has himself said that study, to which he now devotes the greater part of his time, was the best thing in his life. |
| Le gros de l'industrie française vit encore dans la mouvance de l'Etat, dont il attend des subventions. | The greater part of French industry still lives in fee to the State, from which it expects subsidies. |

## 35. Masculine adjective, with the partitive article, used as an abstract noun

| | |
|---|---|
| Y a-t-il du nouveau? | Is there any new development? |
| Il va y avoir du vilain. | There's going to be unpleasantness. |
| Cela a dû être du joli! | That must have been a pretty mess! |
| Il a du bon. | He has his good points. |
| Il y a du vrai à ce que vous dites. | There is some truth in what you say. |
| Il y a du mouillé sur les pavés. | There is moisture on the cobble-stones. |
| Pour la salle de séjour, ils ont voulu du moderne. | For the living room, they wanted something in the modern style. |

## 36. Superlative absolute: 'des plus' + plural adjective

| | |
|---|---|
| Les environs sont des plus pittoresques. | The surroundings are most picturesque. |
| La surveillance financière des firmes multinationales est des plus difficiles. | Financial supervision of multinational firms is most difficult. |

| | |
|---|---|
| **La noce était des plus brillantes.** | The wedding was a most splendid occasion. |
| **La situation était des plus embarrassantes.** | The situation was most embarrassing. |
| **Un crime des plus mystérieux vient de jeter la consternation et l'effroi dans notre petite ville.** | A most mysterious crime has just sown consternation and terror in our little town. |

## 36.1.  A stylistic variation is 'on ne saurait plus' + adjective

| | |
|---|---|
| **Une exploration analytique on ne saurait plus complète.** | A most complete analytical exploration. |

## 37.  Adjective or adjectival phrase, functioning as a clause

| | |
|---|---|
| **Riche, toute sa vie il voyagea beaucoup.** | Because he was rich, he travelled extensively throughout his life. |
| **Plus impeccable et plus lointaine, elle n'aurait pas si profondément agi sur moi.** | Had she been more flawless and more distant, she would not have had such a profound effect on me. |
| **Bien droit, plus étoffé, on l'aurait jugé de haute taille.** | Had he been more erect, stouter, he would have been thought to be tall. |
| **Confus, je m'embrouillai dans mes explications.** | In my confusion, I got mixed up in my explanations. |

## 38.  Adjectival phrase with 'à' and the definite article

| | |
|---|---|
| **L'homme à la moustache.** | The man with the moustache. |
| **La dame aux lunettes.** | The lady with the spectacles. |
| **La ville aux toits rouges.** | The town with its red roofs. |
| **Les dames au cabas.** | The ladies with the shopping baskets. |
| **J'ai vu reparaître l'homme au fusil.** | I saw the man with the gun appear again. |
| **Les arbres, aux feuilles grillées, ne donnaient plus d'ombre.** | The trees, with their scorched leaves, now gave no shade. |
| **L'auberge du Lion d'Or, à l'immense façade grise, se dressait de l'autre côté de la place.** | The 'Golden Lion' inn, with its huge grey frontage, rose up on the other side of the square. |
| **Chou-fleur au gratin.** | Cauliflower with cheese sauce. |
| **Une glace au chocolat.** | A chocolate ice. |

## 39.  Adjectival phrase with 'à' and no article

*There is a tendency for a noun preceded by the indefinite article to be followed by 'à' + Noun, without article, as a definition of a person or object. (See also 18, above.)*

| | |
|---|---|
| **Un monsieur à favoris.** | A bewhiskered gentleman. |

| | |
|---|---|
| Un vieux à pipe. | An old pipe-smoking man. |
| Une chambre à deux lits. | A twin-bedded room. |
| Il portait de grosses lunettes à monture de fer. | He was wearing big steel-rimmed glasses. |
| Une expérience socialiste à caractère marxiste ne peut déboucher que sur la dictature. | An attempt to implement socialism of a Marxist character can only end up in dictatorship. |

## 39.1. But the mixture: 'indefinite article + noun + à + definite article + noun' is also found

| | |
|---|---|
| Une bonne soupe aux champignons. | A good mushroom soup. |
| Des gens aux professions bizarres. | People with weird professions. |
| Des ouvriers au maigre salaire et à la famille nombreuse. | Workmen with an inadequate wage and a large family. |

## 40. Adjectives used as adverbs are invariable

| | |
|---|---|
| La conquête de l'espace a coûté cher. | The conquest of space was dearly bought. |
| Cette soupe sent bon. | That soup smells good. |
| Elle parle toujours haut. | She always speaks in a loud voice. |
| Ils se sont arrêtés court. | They stopped dead. |
| Elle a refusé net. | She refused categorically. |
| Les petits marchands ont tenu bon. | The small shopkeepers have stood firm. |
| La pluie est tombée dru. | The rain fell thick and fast. |
| Cette histoire de quelques adolescents sort tout droit de mon enfance. | This story of a few young people comes straight from my childhood. |
| Ils ont toujours raisonné juste. | They have always reasoned soundly. |
| Les femmes voient plus clair que les hommes. | Women are more clear-sighted than men. |

## 41. 'Seul', in apposition, with the sense of 'only'

| | |
|---|---|
| Seul un professeur averti peut dispenser un enseignement de qualité. | Only a well-informed teacher can give high-quality teaching. |
| Seuls, les enfants goûtent à quatre heures. | Only children have a snack at four o'clock. |
| Seul un plan mondial de croissance organique et équilibrée peut éviter une catastrophe générale. | Only a world plan for organic, balanced expansion can avoid a general catastrophe. |

| | |
|---|---|
| Les rues étaient désertes et silencieuses; seule, une jeune fille se trouvait en arrêt devant un magasin de chaussures. | The streets were deserted and silent; there was only a girl halted in front of a shoe shop. |
| Seules des nuances séparent désormais les différents projets. | Henceforth only slight differences separate the various plans. |
| Quelques îlots d'habitation ont seuls survécu. | Only a few blocks of private dwellings have survived. |

## 42. A relative clause in French corresponds to the possessive adjective in English (*particularly when the English possessive is preceded by a preposition*)

| | |
|---|---|
| Il n'a jamais varie dans le sentiment qu'il portait **aux formations politiques.** | He has never changed **in his attitude** towards political organisations. |
| Si l'on taxe les entreprises, **celles-ci,** dans l'état où elles sont, **ne pourront que répercuter cette nouvelle charge dans leurs prix.** | If a tax is put on commercial firms, the latter, **in their present state,** can do no other than pass on this new burden in their prices. |

# Pronouns

## Object pronouns—animate

### 43. Pronominal verb + preposition + stressed personal pronoun

| | |
|---|---|
| Le capitaine s'adressa à nous. | The captain addressed us. |
| Je ne me fie pas à lui. | I don't trust him. |
| Est-ce que votre tante s'attendait à vous? | Was your aunt expecting you? |
| En toutes choses, d'instinct, je m'opposais à lui. | In every thing, instinctively, I opposed him. |
| Les adolescents se sont approchés de moi. | The youths came up to me. |
| Elle a fait semblant de ne pas s'apercevoir d'eux. | She pretended not to notice them. |
| Je ne me souviens pas de vous. | I don't remember you. |

### 44. The stressed personal pronoun is used after 'penser à', 'aller à', 'venir à', 'avoir affaire à', 'être à'

| | |
|---|---|
| —Vous connaissez les syndicalistes? | —You know the Trades Unionists? |
| —Oui, j'ai eu affaire à eux. | —Yes, I've had dealings with them. |

| | |
|---|---|
| Quand il s'agissait de ce poste, j'ai pensé à lui. | When this job was coming up for discussion, I thought of him. |
| Ce roman policier est à vous? | Is this detective novel yours? |
| Elle est venue à nous, le visage épanoui. | She came to us with a beaming face. |

## 45. 'Soi' referring back to an indefinite: 'on', 'chacun'

| | |
|---|---|
| On sentait le vacarme en soi. | One could feel the din within oneself. |
| Comme on voit devant soi un objet, il voyait devant lui ce fait. | As one sees an object in front of one, he could see this fact before him. |
| Le pire était d'être seul avec soi. | The worst thing was to be alone with oneself. |
| C'est seulement en soi qu'on porte le soleil. | It is only within oneself that one carries the sunshine. |
| Etre sincère, c'est être soi. | To be sincere is to be oneself. |
| Il ne faut pas toujours parler de soi. | One must not always be talking of oneself. |
| Charité bien ordonnée commence par soi-même. | Charity begins at home. |
| On peut faire ça soi-même. | One can do that oneself. |
| Chacun pour soi. | Every man for himself. |
| Chacun aime être chez soi. | Everyone likes to be at home. |

## 46. 'Vous' is the direct or indirect object form of 'on'

| | |
|---|---|
| On vous donne une carte d'accès à bord. | You're given a boarding-pass. |
| On ne vous donnait pas le temps de penser. | You weren't given time to think. |
| Etait-ce le sang qui vous ronronnait aux oreilles? | Was it the blood buzzing in one's ears? |

# Object pronouns—inanimate
## 47. 'Le' referring back to a whole statement

| | |
|---|---|
| Il fait beau, je le vois. | The weather is fine, I can see. |
| Elle est très élégante, on le sait. | She is very well-dressed, we know. |
| Nous en aurons de plus en plus de cas difficiles, je le redoute. | We shall have more and more difficult cases, I fear. |
| Partez, il le faut. | Go, you must. |

| | |
|---|---|
| **Comme vous le disiez.** | As you were saying. |
| **L'entrée en sixième, c'était une sélection. Ce ne l'est plus.** | Entry to the first form (of the secondary school) used to be selective. It no longer is. |
| **Le débat doit être mis sur la place publique. Il le sera.** | The debate must be brought out into the open. It will be. |
| **C'est important pour nous. Mais ça l'est encore plus pour les autres exportateurs.** | It is important for us. But it is even more so for the other exporters. |
| **Elle a sorti la main par la portière, comme on le lui avait enseigné.** | She put her hand out of the car window, as she had been taught. |
| **Il avait garanti à Anne-Marie de surveiller lui-même si férocement les porteurs que rien ne serait cassé et rien ne l'a été.** | He had sworn to Anne-Marie that he himself would keep such a sharp eye on the porters that nothing would be broken and nothing was. |

## 48. On the other hand, in such constructions as 'trouver bon que', there is no object pronoun in French

| | |
|---|---|
| **Je trouve bon qu'il refasse ce travail.** | I think it advisable that he should do this work again. |
| **Il juge à peine croyable qu'une plage si vaste paraisse si étroite dans la nuit.** | He finds it hardly believable that so huge a beach should appear so narrow in the darkness. |
| **Tant qu'elle ne disposera pas de preuves irréfutables, l'administration américaine croit nécessaire de s'en tenir à sa première décision.** | As long as it does not have available irrefutable proof, the American administration thinks it necessary to adhere to its original decision. |
| **Ayant beaucoup réfléchi sur ces choses, je crus sage de ne pas les révéler.** | Having reflected at length on these things, I thought it wise not to reveal them. |
| **Le Président a trouvé naturel et cru efficace qu'il eût des conversations personnelles avec les représentants du patronat et du syndicat.** | The President found it natural and thought it effective that he should have personal conversations with the representatives of the employers' organisation and of the trades union. |
| **Les ménagères trouvent inconcevable qu'il n'y ait pas encore de pharmacie et qu'elles soient obligées de descendre à Meulan pour aller chercher un tube d'aspirine.** | The housewives find it unthinkable that there should not yet be a chemist's shop and that they are obliged to go down to Meulan for a tube of aspirin. |
| **Les petites entreprises trouvent de plus en plus difficile de survivre par elles-mêmes.** | Small businesses find it more and more difficult to survive by their own efforts. |
| **La Commission n'a pas jugé nécessaire de reprendre ce débat.** | The Committee has not thought it necessary to re-open this debate. |

| | |
|---|---|
| Il ne trouvait pas facile d'accorder sa vie et ses idées. | He did not find it easy to reconcile his life and his ideas. |

## 49. 'Y' = 'à/dans' + noun or pronoun

| | |
|---|---|
| Les maisons étaient près de la fabrique et les odeurs y pénétraient profondément. | The houses were near to the factory and the smells percolated deeply **into them**. |
| Nous ne nous y sommes jamais habitués. | We have never got used **to it**. |

## 49.1. So that with any verb taking 'à' before a noun, 'y' will correspond to the English 'it', 'them', for inanimate objects

| | |
|---|---|
| Ces livres sont à moi et je vous défends d'y toucher. | These books are mine and I forbid you to touch them. |
| Je ne m'y attendais pas. | I wasn't expecting it. |
| Je l'ai fait sans y penser. | I did it without thinking about it. |
| C'est une obligation et il n'y a pas moyen d'y échapper. | It's an obligation and there is no way of escaping it. |
| Je n'y tiens pas. | I'm not keen on it. |
| La couture? Elle ne s'y intéresse pas. | Sewing? She's not interested in it. |
| Je ne crois plus à vos promesses. Je n'y crois plus. | I no longer believe in your promises. I don't believe them any more. |
| —Vous pensez qu'il veillera à nos intérêts? —Bien sûr, il y veillera. | —You think he will look after our interests? —Sure, he'll look after them. |

## 49.2. With certain verbs and verbal expressions (parvenir, arriver, réussir, persister, s'obstiner, avoir du mal, avoir de la peine, mettre/passer/perdre du temps) 'y' can represent 'à faire quelque chose'

| | |
|---|---|
| —Il est parvenu à avoir la communication? —Il y est parvenu, mais il y a eu de la peine. Il y a perdu beaucoup de temps. | —Did he manage to get through with his ('phone) call? —He managed it, but he had difficulty with it. He wasted a lot of time over it. |

## 50. 'En' = 'de + noun or pronoun'

| | |
|---|---|
| Il n'y en aura pas assez. | There won't be enough. |
| Un train peut en cacher un autre. | One train may be hiding another. |
| Vous lui direz ce que vous en pensez. | You will tell him what you think of it. |

| | |
|---|---|
| Quand le timbre retentissait, toute la boutique en tremblait. | When the door-bell rang, the whole shop shook with it. |

## 50.1. With any verb taking 'de' before a noun, 'en' will correspond to the English 'it', 'them', for inanimate objects

| | |
|---|---|
| J'en doute fort. | I very much doubt it. |
| Un enfant de six mois saurait s'en servir. | A six month old child would know how to use it. |
| Les mots sont des instruments et on s'en sert comme on peut. | Words are instruments and you use them as you can. |
| Je m'en souviendrai. | I'll remember. |
| Elle feignit de ne pas s'en apercevoir. | She pretended not to notice it. |
| Prenez ces sandwichs; je n'en aurai pas besoin. | Take these sandwiches; I shan't need them. |
| —C'est déjà Paris? <br> —Oui, je crois que nous nous en approchons. | —Is it Paris already? <br> —Yes, I think we're getting near. |
| Car il y a quelque chose de saisissant, il faut en convenir. | For there is something striking, it must be agreed. |
| Notre propos n'est pas d'en discuter ici. Un Conseil des ministres en délibéra au mois de mai. | Our intention is not to discuss it here. A meeting of the Cabinet will debate it in May. |

## 50.2. With certain verbs (empêcher, prier, remercier, accuser), 'en' represents 'de faire quelque chose'

| | |
|---|---|
| Ils vont partir. Je ne peux pas les en empêcher. | They're going to leave. I can't prevent them. |
| Il est venu, comme je l'en avais prié. | He came, as I had requested him to. |
| Jetez vos déchets dans le sac. La municipalité vous en remercie. | Put your rubbish in the bag. The Town Council thanks you. |

## 50.3. Use of 'en', replacing the possessive adjective, relating to inanimate nouns

| | |
|---|---|
| J'avais en poche les clefs de cette maison et j'en ouvris la porte; j'en parcourus les pièces. | I had in my pocket the keys of this house and I opened its door; I went through its rooms. |
| Regardez ce portail. Les statues en sont de la meilleure époque de la sculpture française. | Look at this church door. Its statues are of the finest period of French sculpture. |

| | |
|---|---|
| La première chambre est occupée par les parents. Les meubles en sont très simples. | The first bedroom is occupied by the parents. Its furniture is very simple. |
| Il regardait un petit trou de la nappe et, de l'ongle, en tourmentait les bords. | He was looking at a small hole in the table-cloth and was fiddling at its edges with his finger-nail. |
| J'aimais cette rivière. Les bords m'en semblaient rassurants. Les eaux basses en étaient claires. | I liked this river. Its banks looked reassuring to me. Its low waters were limpid. |
| —Ce sont les Alpes? —Oui, vous en voyez les sommets neigeux. | —Are those the Alps? —Yes, you can see their snowy peaks. |

## 51. C'est; il est; cela

### 51.1. 'C'est' + noun group, forming a definition

| | |
|---|---|
| C'est une erreur. | It's a mistake. |
| C'est votre faute et non la mienne. | It's your fault and not mine. |
| C'est un patron dynamique. | He's a dynamic boss. |
| C'était un homme fort maigre. | He was a very thin man. |
| C'étaient de grands hommes. | They were great men. |

### 51.2. 'C'est' + noun group + que + noun group (or 'de' + infinitive phrase) in a formula of appreciation

| | |
|---|---|
| C'étaient de grands rois que Henri IV et Louis XIV. | Henri IV and Louis XIV were great kings indeed. |
| C'était un étrange destin que le sien. | His was a strange destiny. |
| Ce serait une erreur que de le croire. | It would be a mistake to believe so. |
| C'était un plaisir que de les mâcher. | It was a pleasure to chew them. |
| C'est une étrange spectacle que de voir un peuple réputé par sa non-violence se lancer avec enthousiasme dans une guerre. | It is a strange sight to see a people famed for its non-violence throwing itself enthusiastically into a war. |

### 51.3. 'C'est' + adjective refers back

| | |
|---|---|
| Vous avez déjà commandé, c'est vrai. | You've already given your order, it's true. |
| Est-ce réel ou imaginaire? | Is it real or imaginary? |
| C'est exact. | That's right. |
| C'est bien! | That's good! (Well done!) |
| C'est possible. | It's possible. |

## 51.4. The 'backward reference' function of 'c'est' appears with other following segments

| | |
|---|---|
| **Partir, c'est mourir un peu.** | To leave is to die a little. |
| **Plaisanter, ce n'est pas répondre.** | Joking isn't answering. |
| **Une excellente chose chez lui, c'est qu'il ne ment jamais.** | An excellent thing in him is that he never lies. |
| **Son principal défaut, c'était l'orgueil.** | His chief shortcoming was pride. |
| **C'est à mourir de rire.** | It's enough to make you die laughing. |
| **C'est ce que je veux dire.** | That's what I mean. |

## 51.5. 'Il est' + adjective + 'de/que' refers forward

| | |
|---|---|
| **Il est honteux de mentir.** | It is shameful to lie. |
| **Il est possible de faire le trajet aller-retour en une journée.** | It is possible to do the return trip in a day. |
| **Il est bon que vous le sachiez.** | It is good that you should know it. |
| **Il est vrai qu'il fait bien chaud pour sortir.** | It is true that it is very hot for going out. |
| **Il est clair que cet homme n'a jamais eu d'ennuis.** | It is clear that this man has never had any worries. |

## 51.6. 'Cela' + verb of emotion + 'de' + infinitive phrase (or + 'que' + clause), refers forward

| | |
|---|---|
| **Cela lui fait plaisir de vous taquiner.** | He enjoys teasing you. |
| **Cela les avait troublés de rencontrer leur ancien camarade de classe dans cette fabrique.** | It had upset them to meet their former class-mate in this factory. |
| **Cela vous surprend qu'il ne soit pas encore arrivé?** | Does it surprise you that he hasn't arrived yet? |
| **Cela ne vous fait rien que nous levions la glace?** | Do you mind if we put the window up? |

# Relative pronouns

## 52. 'Ce qui', as the subject of a clause introducing supplementary information

| | |
|---|---|
| **Le pays était coupé de murs, ce qui rendait la fuite difficile.** | The countryside was intersected by walls, which made escape difficult. |

| | |
|---|---|
| Cette maison comportait même un étage, ce qui dans notre pays est exceptionnel. | This house even included an upper storey, which is exceptional in our area. |
| De gros nuages s'approchent de l'ouest, ce qui me fait penser qu'il va pleuvoir. | Thick clouds are coming up from the West, which makes me think that it is going to rain. |
| Grâce au gisement de Parentis, la France produit 3 millions de tonnes de pétrole brut, ce qui couvre à peu près 5 % de ses besoins. | Thanks to the Parentis (oil) field, France produces 3 million tons of crude oil, which covers about 5 % of her needs. |
| Quand j'en parlais, ce qui arrivait vingt fois par jour, je disais: 'mon jardin'. | When I spoke of it, which happened twenty times a day, I used to say: 'my garden'. |

## 53. With verbs and verbal expressions taking 'de', 'dont' will normally correspond to the English 'which', 'whom'

| | |
|---|---|
| C'est un baquet dont on se sert pour laver les chiens. | It is a tub which is used for washing dogs. |
| Le village dont je m'approchais s'appelait Villeneuve. | The village which I was approaching was called Villeneuve. |
| C'était là un inconvénient dont tout le monde s'apercevait. | That was a drawback which everybody was aware of. |
| Il a écrit ce livre dont tout le monde raffolait l'année dernière. | He wrote that book that everybody went mad about last year. |
| J'avais oublié 'le sérieux de l'existence' dont les adultes m'avaient rabattu les oreilles. | I had forgotten 'the serious side of life' which grown-ups had dinned into my ears. |
| Je n'aime pas la manière dont il parle de ses parents. | I don't like the way he talks of his parents. |
| Vous n'avez aucune idée de la façon dont il faut traiter les gens. | You have no idea of how to treat people. |
| Je suis profondément scandalisé de voir la manière dont la France gaspille sa matière grise scientifique. | I am deeply shocked to see the way France squanders its scientific grey matter. |

## 54. 'Dont' is not used after a preposition

| | |
|---|---|
| C'est une tradition au maintien de laquelle veille le corps universitaire tout entier. | It is a tradition to the maintenance of which the whole teaching body pays particular attention. |
| Nous entrons dans une période au cours de laquelle nous aurons à redéfinir les relations entre la formation des gens, leur travail et leur temps de loisir. | We are entering a period in the course of which we shall have to redefine the relationships between people's training, their work and their leisure time. |

| | |
|---|---|
| L'homme à la réputation duquel cette calomnie a nui ne peut pas se défendre. | The man whose reputation this calumny has harmed, cannot defend himself. |

## 55. With verbs and expressions taking 'à', the form of the relative pronoun will be 'à qui', 'auquel', etc.

| | |
|---|---|
| Dans cet immeuble il y avait pas mal de vieux à qui personne ne s'intéressait. | In this block of flats there were quite a few old people whom nobody was interested in. |
| Le match auquel j'ai assisté n'était pas des plus passionnants. | The match I was at wasn't particularly thrilling. |
| Le col auquel nous étions enfin parvenus dominait le lac. | The mountain pass which we had finally reached overlooked the lake. |

## 56. 'Où' = 'à/sur/dans lequel' etc.; 'd'où' = 'duquel' etc.

| | |
|---|---|
| Il est revenu au comptoir où il avait déposé les marchandises. | He came back to the counter on which he had put down the goods. |
| Le cou, où plus rien ne semblait vivre, se tendit. | The neck, in which there no longer seemed to be any trace of life, tensed. |
| Je cherche une villa où passer mes vacances. | I'm looking for a villa in which to spend my holidays. |
| Voyez le rang où il est parvenu. | Look at the rank which he has attained. |
| Au prix où est le beurre, nous sommes forcés d'acheter de la margarine. | Butter being the price it is, we are forced to buy margarine. |
| On ne peut pas le transporter dans l'état où il est. | He cannot be moved in his present state. |
| Il y avait une plaque jaune d'où pendaient les pancartes. | There was a yellow board from which the show-cards were hanging. |
| Vous parlez du pays d'où je viens. | You are speaking of the country I come from. |

## 57. 'Où' in time expressions

| | |
|---|---|
| Au moment où il arrivait à la porte Dauphine, il sentit soudain le sol plus dur sous ses roues. | Just as he was reaching the porte Dauphine, he felt the ground harden under his wheels. |
| J'étais en France le jour où la guerre a éclaté. | I was in France the day war broke out. |
| C'était l'année où nous sommes allés en Italie. | It was the year we went to Italy. |
| A l'époque où nous sommes, on ne saurait s'en étonner. | In our present age, you could hardly be surprised at it. |

## 58. Indefinite pronouns/adjectives/adverbs of ignorance
### ('je ne sais qui/quoi/quel/où/comment')

| | |
|---|---|
| Je ne sais qui me l'a dit. | Someone or other told me. |
| Elle avait lu je ne sais quoi. | She had read something or other. |
| Le vent apportait l'odeur fade de je ne sais quelle usine de produits chimiques. | The wind was bearing the sickly smell of some chemical factory or other. |
| Je l'ai rencontré je ne sais où. | I've met him somewhere or other. |
| Nous nous sommes tirés d'affaire je ne sais comment. | We extricated ourselves from the difficulty somehow or other. |
| Il ne faut pas vous laisser aller à je ne sais quel découragement. | You must not let yourself give in to some vague feeling of discouragement. |

## 59. Indefinite pronouns/adjectives/adverbs of indifference
### ('n'importe qui/quoi/quel/où/comment')

| | |
|---|---|
| N'importe qui pourrait entrer. | Anybody might come in. |
| Les industriels du textile, ça formait un certain cercle de gens qui ne recevait pas n'importe qui. | As for the textile magnates, they constituted a certain circle of people who didn't mix with just anybody. |
| Il ferait n'importe quoi pour vous impressionner. | He would do anything to impress you. |
| Il enfila n'importe quel vêtement. | He slipped on the first garment that came to hand. |
| On risque de continuer à construire n'importe quoi, n'importe où, n'importe comment. | We are in danger of continuing to build anything, anywhere, anyhow. |
| 'Vous vivez n'importe comment, ne buvez pas n'importe quoi! Buvez Vichy "Saint-Yorre".' | 'You live any old how, don't drink any old thing! Drink Vichy "Saint-Yorre".' |

## 60. The relative and/or indefinite pronoun 'quiconque'

| | |
|---|---|
| Quiconque vous connaît comprendra vos raisons. | Anybody who knows you will understand your reasons. |
| Quiconque arrive à Sarcelles connaît cette sensation de dépaysement. | Anybody who arrives in Sarcelles knows this feeling of being lost. |
| Nous ne tolérerons pas que quiconque mette en cause les institutions de l'Etat. | We will not tolerate anyone at all questioning the institutions of the state. |
| Un ouvrier est mieux qualifié que quiconque pour défendre les intérêts des ouvriers. | A worker is better qualified than anyone else to defend workers' interests. |

| | |
|---|---|
| Certains de leurs experts songent à aller plus loin que quiconque. | Some of their experts are thinking of going further than anyone yet. |
| L'essentiel de ce film est d'interdire à quiconque d'avoir la mémoire courte. | The essential feature of this film is to prevent anyone at all from not remembering. |
| Pas question d'en laisser le contrôle à quiconque! | There is no question of letting anyone you like have control of it! |
| J'interdis à quiconque de toucher aux fleurs de mon jardin. | I forbid anyone at all to touch the flowers in my garden. |
| Ferait-il un bon président? Difficile à dire. Mais a-t-on jamais pu le dire de quiconque avant qu'il ne s'installe à la Maison-Blanche? | Would he make a good president? Hard to say. But can you ever have said it about anyone before he takes up residence in the White House? |

## 61. The negative pronoun and adjective 'aucun'

| | |
|---|---|
| De toutes vos raisons, aucune ne me convainc. | Of all your reasons, not one convinces me. |
| —Lui connaissez-vous des ennemis? <br> —Aucun. | —Do you know if he has any enemies? <br> —None. |
| —Avez-vous des nouvelles? <br> —Aucune. | —Have you any news? <br> —None. |
| Il n'a aucune chance de réussir. | He has no chance of succeeding. |
| Il ne fait aucun cas de mon expérience. | He takes no account of my experience. |
| Chacun de ces domaines ne vendait, n'achetait ou n'échangeait presque aucun produit. | Each of these holdings sold, bought or exchanged hardly any product. |
| Je ne connais aucun de ses amis. | I know none of his friends. |
| Il travaille plus qu'aucun de ses condisciples. | He works more than any of his fellow pupils. |

# THE VERBAL GROUP

## Verbs

### 62. Inversion of verb and subject

### 62.1. In a relative clause introduced by 'que', where the subject contains more syllables than the verb (*or sometimes, the same number of syllables*)

| | |
|---|---|
| Voici l'histoire que racontent les paysans de la région. | This is the story which the local countryfolk tell. |
| Suivons les conseils que nous donnent nos amis. | Let us follow the advice which our friends give us. |
| Une brume légère donnait au bourg cet aspect sinistre que prennent les petites villes aux approches de l'hiver. | A slight mist gave the market town that sinister appearance which little towns take on as winter approaches. |
| Les auteurs sont conscients des problèmes qui se posent à tous ceux que concernent l'apprentissage et l'enseignement des langues vivantes. | The authors are aware of the problems which present themselves to all those who are concerned with the learning and teaching of living languages. |
| Le film que nous a promis l'Ambassade de France sera projeté lundi prochain. | The film promised to us by the French Embassy will be shown next Monday. |
| Il s'étonnait des échos que faisait cette musique dans la montagne. | He was astonished by the echoes which this music made in the mountains. |
| Ces millions de calories que crachent en pure perte les cheminées d'usines et de centrales thermiques paraissent le plus grand des gaspillages. | These millions of calories which the chimneys of factories and thermal power stations belch forth as a total loss, appear the greatest of wastages. |
| Il a vu le trou que recouvrait une pierre plate. | He saw the hole which was covered by a flat stone. |
| Elle nous montra fièrement le cadeau que lui avait fait son mari. | She proudly showed us the present which her husband had given her. |
| C'est un livre que peuvent comprendre les enfants. | It is a book which children can understand. |

| | |
|---|---|
| Une aide que peuvent apporter les parents, c'est d'écouter leurs enfants quand ils rentrent de l'école. | A help which parents can give, is to listen to their children when they come home from school. |
| La realité a inspiré le drame que raconte ce livre. | Reality inspired the drama which this book relates. |

### 62.1.1.  The same type of inversion occurs occasionally after 'dont'

| | |
|---|---|
| On s'impatiente des abus dont peuvent bénéficier des membres du parti. | People are becoming impatient with the abuses of which party members can take advantage. |

## 62.2.  Inversion in a relative clause introduced by 'que', together with elision, particularly with the subjunctive of 'avoir', presents a peculiar difficulty in oral comprehension ('qu'a; qu'ont; qu'ait' etc.)

| | |
|---|---|
| Ceci risque d'amener une forme d'anarchie proche de celle qu'a connue le Portugal. | This involves the danger of bringing in a form of anarchy close to that experienced by Portugal. |
| La victoire qu'ont remportée les grévistes. | The victory which the strikers have won. |
| Une ville qu'ont rendue célèbre tant de grands hommes. | A city which so many great men have made famous. |
| Cromwell, qu'influençaient de tels discours. | Cromwell, who was influenced by such speeches. |
| Une vaste salle qu'éclairait un seul candélabre. | A huge room which was lit by a single candelabra. |
| Je souffre d'insomnie. Mes premiers mois à Callages furent riches de veilles fébriles qu'aggravèrent encore les chaleurs de juillet. | I suffer from insomnia. My first months at Callages were rich in feverish sleepness nights, further aggravated by the heat-waves of July. |
| L'hôpital qu'avait fondé la Grande Duchesse. | The hospital which the Grand Duchess had founded. |
| La fumée de trois mille pipes qu'avaient allumées trois mille ouvriers. | The smoke of three thousand pipes which three thousand workers had lit up. |
| Il n'y eut pas, en 1939, l'enthousiasme qu'avait soulevé la guerre en août 1914. | In 1939, there was not the enthusiasm which war had roused in August 1914. |
| Le cortège qui s'est déroulé de la Nation à l'Hôtel de Ville est le plus important qu'ait connu Paris depuis mai 1968. | The march which wound its way from the Place de la Nation to the Hôtel de Ville is the biggest which Paris has known since May 1968. |

| | |
|---|---|
| Le Cambodge semble vivre la révolution la plus étonnante qu'ait jamais connue l'Asie. | Cambodia seems to be living through the most astonishing revolution which Asia has ever known. |
| C'est le régime le plus corrompu qu'ait connu la France depuis le Second Empire. | It is the most corrupt régime which France has known since the Second Empire. |

## 62.3. Inversion in a relative clause introduced by 'où'

| | |
|---|---|
| Sarcelles était une petite commune calme où résidaient de nombreux retraités. | Sarcelles used to be a quiet little parish where numerous retired people lived. |
| C'est le 'bidonville' sordide où se réfugient les sans-abri. | That's the squalid 'shanty town' where the homeless take refuge. |
| Il se rendait à Rouen où habitaient sa femme et ses enfants. | He was making his way to Rouen where his wife and children lived. |
| J'ai vu un panier plat où s'étalaient des fromages sur un lit de feuilles de vigne. | I saw a flat basket in which cheeses were displayed, on a bed of vine leaves. |
| On peut se poser la question à une époque où se perd de plus en plus le sens des responsabilités. | The question may well be asked in an age when the sense of responsibility is being increasingly lost. |
| Ils débouchèrent dans une éclaircie où se trouvait une ferme. | They came out into a clearing in which stood a farm. |
| Il est temps de se demander où nous conduit notre politique agricole. | It is time to ask ourselves where our agricultural policy is leading us. |

## 62.4. Inversion in a parenthesis

| | |
|---|---|
| Les Français, affirment-ils, ont des idées confuses sur la nourriture. | The French, they claim, have muddled ideas about nutrition. |
| On avait dû, pensait-il, l'adorer. | She must have been adored, he thought. |
| Le beau temps est revenu, semble-t-il. | The fine weather has returned, it seems. |

## 62.5. After 'peut-être'

| | |
|---|---|
| Peut-être les Parisiens ont-ils trop d'imagination. | Perhaps the Parisians have too much imagination. |
| Peut-être avez-vous une vision trop pratique du monde. | Perhaps you have too practical an outlook on the world. |
| Peut-être regarde-t-il les gens avec plus d'intelligence que de chaleur. | Perhaps he judges people more with the intellect than with affection. |
| J'allais connaître ses parents. Peut-être s'inquiétait-il de cette présentation? | I was going to make the acquaintance of his parents. Perhaps he was worried about this introduction? |

## 62.6.  After 'sans doute'

| | |
|---|---|
| Sans doute l'a-t-il oublié. | Probably he has forgotten it. |
| Sans doute arrivera-t-elle demain. | I dare say she will arrive tomorrow. |
| Sans doute y avait-il en bas de belles dames aux bras nus. | Probably there were beautiful bare-armed ladies downstairs. |
| Il avait dû déposer son compagnon sur le rocher et sans doute viendrait-il l'y rechercher le soir. | He must have put off his companion on the rock and probably he would come back for him in the evening. |

## 62.7.  After 'aussi' meaning 'so, therefore'

| | |
|---|---|
| Aussi avait-on souvent recours à ses services. | So people often had recourse to his services. |
| Aussi y a-t-il plus d'un demi-siècle que je n'y ai plus mis les pieds. | So it's over half a century since I last set foot there. |
| Aussi pénétrions-nous dans ces vergers rien que pour le plaisir de respirer leurs feuilles. | So we used to steal into these orchards just for the pleasure of breathing the fragrance of the foliage. |
| Aussi bien ai-je la conviction qu'il y a là un aspect veritablement universel de la nature des choses. | So I am firmly convinced that there is there a truly universal aspect of the nature of things. |

## 62.8.  After 'encore/toujours', meaning 'moreover, furthermore'

| | |
|---|---|
| Encore faut-il se garder de pousser à l'extrême la théorie de la dissuasion relative. | Even so, you must beware of taking too far the theory of relative deterrence. |
| Il faut évidemment que les gens soient prêts à vous accueillir, mais encore est-il qu'il faut avoir le désir d'être accueilli. | It is obviously necessary that people should be ready to welcome you, but for all that you must wish to be welcomed. |
| Toujours est-il qu'il a fallu faire du bon vin avec ce qu'on avait sous la main. | However it is a fact that good wine had to be made with what was available. |
| Paradoxe ou non, toujours est-il que la société industrialisée évoque le goût du plein air en même temps qu'elle permet de le satisfaire. | Whether it is a paradox or not, it remains a fact that industrialised society creates the taste for the open air at the same time that it allows it to be satisfied. |

## 62.9.  There is occasionally inversion in a sentence starting with a time or place expression (or both)

| | |
|---|---|
| Cette semaine, dans chaque département, vont se mettre en place des commissions de recours. | This week, in each department, appeal committees are going to be set up. |
| Le 12 décembre vont avoir lieu des élections. | On the 12th of December, elections are going to take place. |

| | |
|---|---|
| En février seront versés à tous les bénéficiaires du complément familial un supplément de 150 francs et de même un supplément de 150 francs pour les personnes âgées. | In February there will be an extra payment of 150 francs to all those on supplementary family benefit and also an extra payment of 150 francs for senior citizens. |

## 62.10. Inversion is sometimes found in a noun clause introduced by 'que'

| | |
|---|---|
| Je souhaite que cessent toutes les attaques contre lui. | It is my wish that all attacks on him should cease. |
| Il est à craindre que se produisent des retards. | It is to be feared that delays will occur. |

## 63. Agreement of the verb after 'qui'

| | |
|---|---|
| Est-ce nous qui les avons faits? | Are we the ones who made them? |
| Vous êtes le premier qui vous vous plaignez. | You are the first to complain. |
| On s'en prend à nous qui sommes innocents. | The blame is cast on us, who are innocent. |
| Et moi qui suis arrivé le premier, je passe le dernier. | And I who was the first to arrive, go in the last. |
| Nous étions un petit groupe d'amis qui nous nous intéressions aux livres. | We were a little group of friends who were interested in books. |

## 64. Verbs used impersonally

## 64.1. Verbs occasionally used impersonally

## 64.1.1. 'Verbs of happening': arriver, se passer, se produire, se dérouler, s'ensuivre, s'écouler

*The impersonal construction cannot always be paralleled in English, where it would often sound stilted or archaic.*

| | |
|---|---|
| Le vent se calmait, comme il arrive au coucher du soleil. | The wind was dying down, as happens at sunset. |
| Il vient d'arriver un accident à votre fils. | Your son has just had an accident. |
| Il arriva une chose étrange. | There occurred a strange thing. |
| J'avais remarqué qu'il lui arrivait de se lever de table sans avoir terminé son repas. | I had noticed that it would sometimes happen that he would get up from table without having finished his meal. |
| Maintenant il m'arrive souvent de parler haut quand je suis seul. | Now it often happens that I speak aloud when I am alone. |
| En quatre ans et demi, il se passe beaucoup d'événements. | In four and a half years, a lot of events occur. |

| | |
|---|---|
| Entre le moment où le vin est produit et celui où il doit être vendu, il se passe, en moyenne, trois ans. | Between the time when the wine is produced and when it has to be sold, there is, on average, a lapse of three years. |
| Mais que va-t-il se passer maintenant? | But what is going to happen now? |
| Il ne se passe pas de jour sans que mon fils demande de vos nouvelles. | Not a day goes by without my son asking for news of you. |
| Pendant ces dix années-là, il ne s'est rien passé d'essentiel. | During those ten years, nothing essential happened. |
| Avec l'amélioration des salaires, il s'est produit un certain nivellement. | With the improvement in wages, a certain levelling has taken place. |
| Il ne se produisit rien de suspect. | There occurred nothing suspicious. |
| Chaque année, en France, il se déroule une cérémonie très bizarre. | Each year, in France, a very weird ceremony takes place. |
| Il s'ensuit des troubles fonctionnels. | Functional disorders ensue. |
| Il s'écoula de longues secondes avant qu'elle prononçât dans le silence: 'Mais veuillez m'excuser. Que me demandiez-vous?' | There was a lapse of several seconds before she articulated in the silence: 'Please excuse me. What were you asking me?' |

## 64.1.2. 'Verbs of being': exister, appartenir, rester, se trouver

| | |
|---|---|
| Il existe dans la ville d'autres types de logement. | There exist in the town other kinds of housing. |
| Il appartient à l'observateur de départager le vrai du faux. | It is up to the observer to separate the true from the false. |
| Il règne en Allemagne une incroyable connivence entre les dirigeants des syndicats et le gouvernement. | There prevails in Germany an incredible connivance between the trades union leaders and the government. |
| Il ne me reste plus qu'à disparaître. | All that remains for me now is to disappear. |
| Il ne nous reste plus qu'à marcher le long du boulevard. | All that remains for us to do now is to walk along the boulevard. |
| Reste un problème capital: les enfants. | There remains one fundamental problem: the children. |
| Reste à savoir l'attitude que vont adopter les aiguilleurs du ciel. | It remains to be seen what attitude is going to be taken up by the air traffic controllers. |
| J'espère qu'il se trouvera un jour des hommes publics pour se réjouir de voir des entreprises faire légitimement des profits. | I hope that some day there will be some men in public life to rejoice in seeing firms legitimately making profits. |

## 64.1.3. With other verbs, less frequently, the device is used, apparently to secure better sentence balance, or for emphasis

Il passe du monde au bureau de poste; on ne s'ennuie jamais longtemps.

There is plenty of coming and going in the post office; you are never bored for long.

Il flottait dans l'air une odeur de soupe de poisson.

There was wafted in the air a smell of fish soup.

Il s'était mis à tomber une petite pluie fine.

There had begun to fall a fine drizzle.

Il en a coulé de l'encre, à ce sujet.

There has been a lot of ink spilled on this subject.

Il s'en échappait de temps en temps un lapin.

From time to time a rabbit emerged from it.

Nous déjeunions dans la salle à manger quand il entra tout à coup un grand chien noir.

We were having lunch in the dining-room when suddenly in came a big black dog.

Mme Segon, qui s'ennuyait un peu, n'était pas fâchée d'avoir des visites. Mais il n'en venait guère.

Mme Segon, who was rather bored, was quite pleased to have company. But there came hardly any.

Il tombe des trombes d'eau depuis l'aube.

Torrential rain has been falling since dawn.

Finalement il n'en est rien sorti.

Finally nothing came of it.

## 64.1.4. Some directly transitive verbs may be used impersonally with passive meaning

Il n'a été pris aucune mesure contre lui.

There has been no measure taken against him.

Il est prévu d'autres d'arrestations.

Other arrests are expected.

Dans le premier véhicule, il a été volé un poste auto-radio.

From the first vehicle, a car-radio was stolen.

Ensuite il avait été convenu qu'on irait voir sur place où les choses en étaient.

Subsequently, it had been agreed to go and see on the spot what stage things had reached.

J'estime qu'il a été dit beaucoup de bêtises.

In my opinion, a lot of silly things were said.

Nous allions engager une bataille où il ne pouvait être espéré de victoire.

We were going to go into a battle in which no victory could be hoped for.

Dans la réunion du comité national des prix, il a été fait le bilan de l'année.

In the meeting of the national price committee, an assessment of the year was made.

## 64.1.5. The impersonal form of some indirectly transitive verbs (e.g. 'demander quelque chose à quelqu'un') is used as a passive

Au début de l'année scolaire, il a été demandé à chaque élève quinze francs.

At the beginning of the school year, each pupil was asked for fifteen francs.

Il entend bien qu'il soit tenu compte de ses propositions.

He fully intends that his proposals shall be taken into account.

*(See also section 67.5, on the passive.)*

## 64.2. Verbs always used impersonally

### 64.2.1. Weather conditions

Il faisait un froid brumeux.

It was cold and misty.

Il souffle un petit vent frais.

A cold breeze is blowing.

### 64.2.2. 'Il s'agit de (savoir si) . . .'

Il s'agit d'une équipe plus ramassée, dont j'attends, comme c'est normal, cohésion et efficacité.

They are, in fact, a more streamlined team, from which I expect, as is normal, cohesion and efficiency.

Ne s'agissait-il pas d'une bataille, en somme?

Wasn't it, in short, really a battle?

Quand il s'agit de se mettre à table, il est toujours le premier.

When it's a question of sitting down to table, he's always the first.

Il s'agit de savoir si le mouvement ouvrier doit se battre contre l'intégration européenne.

It's a question of whether the workers' movement is to fight against European unification.

### 64.2.3. 'Il suffit de (faire quelque chose)'

Si vous désirez incliner votre dossier, il vous suffit de presser le bouton dans l'accoudoir de votre fauteuil.

If you want to tilt the back of your seat, all you have to do is to press the button under the arm-rest of your seat.

Il suffira de le lui dire.

It will be enough to tell him so.

Il ne leur a pas suffi d'exporter du coton, du cuivre.

It wasn't enough for them to export cotton, copper.

Pour gagner de l'argent avec les Bons d'Epargne, il suffit d'attendre.

To make money with Savings Bonds, all you have to do is wait.

Il ne suffit pas, en effet, de désintoxiquer le drogué: le plus important est l'entrée dans une nouvelle vie.

It is indeed not enough to dry out the drug-addict: the most important thing is the entry into a new life.

Il suffit, pour comprendre la situation, d'énumérer les tâches les plus urgentes à entreprendre.

To understand the situation, all you have to do is to list the most urgent tasks to be undertaken.

### 64.2.4. 'Il convient de (faire quelque chose)'

| | |
|---|---|
| Il convient, d'autre part, de tenir compte de l'âge de l'élève, de la variété de ses intérêts. | On the other hand, it is advisable to take into account the pupil's age and the variety of his/her interests. |
| C'est ce qu'il convient de faire. | That's the right and fitting thing to do. |

# Pronominal verbs

## 65. The majority of pronominal verbs are neither reflexive nor reciprocal in function

| | |
|---|---|
| La session ordinaire du Parlement s'est achevée le 28 juin. | The normal session of Parliament drew to a close on the 28th of June. |
| Tout finira par s'arranger. | It will all come right in the end. |
| Nous nous éloignons du sujet. | We are straying from the subject. |
| Il a dit cela sans s'émouvoir le moins du monde. | He said that without a flicker of emotion. |
| Ne vous énervez pas! | Don't get excited! |
| Le navire s'enfonçait lentement. | The ship was slowly sinking. |
| Le camion s'est engagé dans une rue de traverse. | The lorry turned into a side street. |
| Je ne m'ennuie jamais à être seul. | I'm never bored being alone. |
| L'avion s'est envolé, malgré le brouillard. | The plane took off, despite the fog. |
| Ils sont allés s'établir à Paris. | They've gone to set up house in Paris. |
| La forêt s'étend depuis le village jusqu'à la rivière. | The forest stretches from the village to the river. |
| Tu ne peux te figurer comme il est bête. | You can't imagine how stupid he is. |
| On s'imaginait facilement que c'était le matin. | You could easily fancy that it was morning. |
| Vous allez vous inscrire à cette organisation? | Are you going to join that organisation? |
| Le baigneur a perdu pied, a coulé à pic et s'est noyé. | The bather got out of his depth, sank like a stone and drowned. |
| Les parents se sont opposés au mariage. | The parents set their face against the marriage. |
| La panique s'est emparée de la foule. | Panic seized the crowd. |

| | |
|---|---|
| **Tous les pays devraient se plier aux décisions de cette commission.** | All countries ought to abide by the decisions of this committee. |
| **La pluie m'a surpris; je me suis réfugié sous un arbre.** | The rain caught me unawares; I took refuge under a tree. |
| **Un gland se transforme en chêne, un oeuf en oiseau.** | An acorn changes into an oak, an egg into a bird. |
| **Il se trouvait alors en Italie.** | At that time he happened to be in Italy. |
| **Si les suppléments vous ont coûté autant que la chambre, vous vous êtes trompé d'hôtel.** | If the extras cost you as much as the room, you've got the wrong hotel. |

# The passive

## 66. The passive is much more widely used in French than has been generally realised

| | |
|---|---|
| **Les enfants retiennent mieux ce qui est enregistré que ce qui est dit par moi.** | The children retain more easily what is tape-recorded than what is said by me. |
| **Les chiens doivent être tenus en laisse.** | Dogs must be kept on the lead. |
| **M. Pélissier fut réélu.** | M. Pélissier was re-elected. |
| **Le débiteur a été déclaré en faillite.** | The debtor was declared bankrupt. |
| **La répartition des longueurs d'ondes a été faite.** | The allocation of wavelengths has been made. |
| **Beaucoup de choses ont été dites à la Chambre ce matin.** | A lot of things were said in the Chamber (of Deputies) this morning. |
| **Le Premier ministre répondra cet après-midi à ce qui a été dit ce matin.** | This afternoon the Prime Minister will reply to what was said this morning. |

## 66.1. 'Change of state' verbs: the passive with the agent introduced by 'par'

| | |
|---|---|
| **La réponse n'a pas été divulguée par la Maison Blanche.** | The reply has not been made public by the White House. |
| **L'échantillon a été envoyé au client par le marchand.** | The customer was sent the sample by the merchant. |
| **Elle aurait été certes acquittée par un autre tribunal.** | She would certainly have been acquitted by another court. |
| **Tout n'a pas été réglé par cette conférence.** | Everything has not been settled by this conference. |
| **La pièce était dorée par le soleil couchant.** | The room was made golden by the setting sun. |

| | |
|---|---|
| La voiture a été révisée par les employés du garage. | The car was serviced by the garage hands. |

## 66.2. 'Change of state' verbs: the instrument may be expressed by 'avec', 'par', 'de'

### 66.2.1. Concrete instruments: either 'avec' or 'par', but with a difference of meaning

| | |
|---|---|
| La fenêtre a été brisée par Henri avec une branche. | The window was broken by Henri with a branch. |
| Jean a été tué avec une hache. | John was killed with an axe. |

*'Avec' insists on the purposiveness of the action, even though the agent may not be named. The two sentences are paraphrases of* **'Henri a brisé la fenêtre avec une branche'** *and* **'Quelqu'un a tué Jean avec une hache'.**

| | |
|---|---|
| La fenêtre a été brisée par une balle perdue. | The window was broken by a stray bullet. |
| Un passant a été renversé par une voiture. | A passer-by was knocked down by a car. |

*No purpose is implied. The two sentences are paraphrases of* **'Une balle perdue a brisé la fenêtre'** *and* **'Une voiture a renversé un passant'.**

### 66.2.2. 'De' usually goes with abstract nouns

| | |
|---|---|
| Cet homme a été accablé de soucis. | This man was overwhelmed by worries. |
| Il a été tué d'un coup de poignard. | He was killed by a dagger thrust. |

## 66.3. With 'non change of state' verbs, i.e. verbs indicating situation rather than intentional action, the agent is introduced by 'de'

| | |
|---|---|
| Ils étaient accompagnés de leurs amis. | They were accompanied by their friends. |
| Je me rendais à des craintes d'ordre matériel: nous serions abandonnés de nos familles. | I was giving way to fears on the material level: we would be abandoned by our families. |
| Ce que j'ai à dire ne doit être entendu que de vous. | What I have to say must be heard only by you. |
| Il se sont fait détester de tout le monde. | They came to be hated by everybody. |
| Il était haï de beaucoup, mais chaudement protégé par quelques-uns, sans cependant être aimé de personne. | He was hated by many, but warmly protected by some, without however being liked by anyone. |

# 67. Other structures corresponding to the passive in English

## 67.1. The use of 'on' with the active form of the verb is obligatory with indirectly transitive verbs (*i.e. verbs taking prepositions 'à', 'de'*), obligatory with a verb followed by an infinitive, and common with transitive verbs

| | |
|---|---|
| **On lui a défendu de sortir.** | He was forbidden to go out. |
| **On m'a dit de revenir le lendemain.** | I was told to come back the next day. |
| **Je n'aime pas qu'on rie de moi.** | I don't like being laughed at. |
| **Nous n'avons plus besoin qu'on nous apprenne l'importance de la progression scientifique.** | We no longer need to be informed of the importance of scientific progress. |
| **On l'envoya chercher dans sa chambre.** | He was sent for in his bedroom. |
| **On nous a fait rebrousser chemin.** | We were made to retrace our steps. |
| **Dans la journée, on baisse les stores.** | During the day, the blinds are lowered. |
| **On ne m'attendait pas aujourd'hui.** | I wasn't expected today. |

## 67.2. Some verbs can be used pronominally, with passive meaning

| | |
|---|---|
| **'La Marseillaise' se joue seulement dans les cérémonies officielles.** | The 'Marseillaise' is only played on official occasions. |
| **Le Tour de France se court tous les ans.** | The Tour de France is run every year. |
| **Ces robes pourraient se porter aujourd'hui.** | These dresses could be worn today. |
| **Les négociations avec la direction se poursuivent.** | The negotiations with the management are being continued. |
| **Les vacances devraient s'étaler.** | Holidays ought to be staggered. |
| **Le café au lait se sert généralement dans une grande tasse ou dans un bol.** | Café au lait is generally served in a big cup or in a bowl. |
| **Un nouveau champ scientifique se développe actuellement, celui des sciences de l'éducation.** | A new scientific field is at present being developed, that of educational sciences. |
| **Des groupes d'enfants se voient sur les plages.** | Groups of children are seen on the beaches. |
| **J'ai toujours appris que ça ne se faisait pas d'écrire des lettres sur des papiers à carreaux.** | I was always taught that it was not done to write letters on squared paper. |

| | |
|---|---|
| Ce sont aujourd'hui les petites voitures qui se vendent. | Today it is small cars which are selling. |
| Ce livre se lit facilement. | This book is easily read. |
| L'autoroute va se faire là où était prévu un espace vert. | The motorway is going to be built where a green area was planned. |
| Ce ne fut d'ailleurs que l'un des dix mille crimes annuels qui se commettent au Texas. | It was moreover only one of the ten thousand crimes which are committed every year in Texas. |
| Devant chaque assiette s'alignaient trois verres. | In front of each plate three glasses were lined up. |
| Quant à la faim et au froid, ils se supportent au-delà de ce qu'on croirait. | As for hunger and cold, they can be tolerated to a degree one would not think possible. |
| La ménagère ne doit jamais se décourager. | The housewife must never be discouraged. |
| Les romans d'anticipation s'arrachent dans les librairies. | Science-fiction novels are in great demand in the bookshops. |
| J'ai tant d'amour pour tout ce qui se voit, pour tout ce qui s'entend, pour tout ce qui se respire et ce qui se touche. | I have so much love for all that can be seen, heard, breathed and touched. |
| La discipline collective ne peut s'obtenir que dans la justice. | Collective discipline can only be attained through justice. |
| Le régime soviétique ne se libéralise pas, non parce qu'il ne le veut pas, mais parce qu'il ne le peut pas. | The Soviet régime isn't being liberalised, not because it doesn't want to, but because it can't. |
| Les tigres, les baleines ne se comptent plus que par dizaines ou centaines, alors que, récemment, des centaines de milliers vivaient libres. | Now, tigers, whales are numbered only in tens or hundreds, whereas, not so long ago, hundreds of thousands were living in freedom. |

## 67.3. 'Se voir' + past participle of verbs taking a direct object

| | |
|---|---|
| Depuis deux ou trois saisons, cette population se voyait submergée par le ras de marée des foules vacancières. | For two or three seasons, this population had been submerged by the tidal wave of holiday crowds. |
| Elle s'est vue contrainte à renoncer. | She was compelled to give up. |
| Je me vis forcé de partir. | I was forced to leave. |
| Le parti s'est vu trop souvent accusé de complot. | The party has been too often accused of conspiracy. |

## 67.4. 'Se voir' + infinitive of certain verbs taking an indirect object

| | |
|---|---|
| Elle s'est vu refuser l'entrée du club. | She was refused entrance to the club. |
| Ceux-là se sont vu répondre d'un éclat de rire. | The latter were answered by a burst of laughter. |
| Les syndicats redoutent de se voir voler leur victoire. | The trades unions dread being robbed of their victory. |
| Les électriciens se voient garantir de 2,5 % à 3 % de progression du pouvoir d'achat. | The electricians are guaranteed an increase of from 2.5 % to 3 % in their purchasing power. |
| Les clients se verront remettre une carte de crédit particulière. | Customers will be sent an individual credit card. |
| Les unités de la gendarmerie se voient interdire de reprendre les positions occupées avant les incidents de la semaine dernière. | The gendarmerie units are forbidden to take up again the positions occupied before last week's incidents. |
| Le Secrétaire d'Etat à la Jeunesse et aux Sports s'est vu confier la responsabilité de l'équipement scolaire et universitaire. | The Secretary of State for Youth and Sport has been entrusted with responsibility for schools' and universities' sports facilities. |
| Progressivement, la famille se voit déposséder de beaucoup de ses fonctions. | Progressively, the family is being relieved of many of its functions. |
| Aujourd'hui quiconque proposerait une réforme se verrait rire au nez. | Today anyone who proposed a reform would be laughed to scorn. |
| Il s'est vu proposer par le chef de l'Etat une mission dont il refuse de préciser la nature. | He was offered by the Head of the State a mission the nature of which he refuses to specify. |
| S'ils se voyaient accorder le droit de siéger aux assemblées générales ordinaires, ils ne se voyaient pas accorder celui de participer aux assemblées extraordinaires. | If they were granted the right to sit in the ordinary general assemblies, they were not granted that of taking part in the extraordinary assemblies. |

## 67.5. Verbs taking an indirect object used impersonally

| | |
|---|---|
| Il m'est défendu de boire de l'alcool. | I am forbidden to drink alcohol. |
| Il lui fut naturellement demandé s'il était satisfait de cette décision. | He was of course asked if he was satisfied with this decision. |
| A ces questions il ne sera pas répondu tout de suite. | These questions will not be answered immediately. |
| Il est recommandé à nos clients de ne pas laisser des objets de valeur dans les chambres. | Guests are strongly advised not to leave valuables in the bedrooms. |

Il lui fut fermement répondu: 'Il n'y a pas d'autre voie.'

He was uncompromisingly answered: 'There is no other way.'

Utilisez les feuilles de ce carnet comme il vous est demandé.

Use the pages in this booklet as you are requested.

Il lui est rappelé que les premiers devoirs d'un bon enseignant sont la ponctualité et le respect des programmes.

He is reminded that the first duties of a good teacher are punctuality and keeping to the syllabus.

Ils réclament seulement qu'il soit mis fin à leurs inquiétudes.

They are asking merely that an end should be put to their anxiety.

Les Etats-Unis ont donc décidé de ne pas construire d'avions supersoniques aussi longtemps qu'il ne sera pas remédié à ces inconvénients.

So the United States have decided not to build any supersonic 'planes so long as these drawbacks have not been overcome.

C'est en particulier aux maîtres du premier degré qu'il a été pensé au cours de ces pages.

It is particularly primary school teachers who have been borne in mind in these pages.

Il est conseillé au candidat de ne pas hésiter à faire des promesses.

The candidate is advised not to hesitate to make promises.

Pour simplifier l'exposé il sera traité ici de l'enfant fréquentant l'école maternelle.

To simplify the argument, the child attending nursery school will be dealt with here.

Il ne sera pas tenu compte de la diversité des langues et de leurs structures.

The diversity of languages and of their structures will not be taken into account.

Il est vivement déconseillé de prendre un virage en freinant.

Taking a corner while braking is most certainly not recommended.

Au remembrement, il est en particulier reproché d'être coûteux.

Particular exception is taken to regrouping of land on the grounds of cost.

Il doit être fait usage des feux de croisement par temps de brouillard.

Dipped headlights must be used in foggy weather.

## 7.6. Verbs used pronominally and impersonally

Actuellement il se crée au centre de la France une sorte d'unité économique.

At the present time a sort of economic unit is being created in the centre of France.

Il se confirme que le retraitement des combustibles irradiés ne sera pas en mesure de couvrir les besoins.

It is confirmed that the recycling of irradiated fuels will not be in a position to cover the needs.

Il s'est dit des choses bien étranges au cours de ce débat.

Some very strange things were said in the course of this debate.

Il est en train de s'opérer en France un changement capital dans la politique économique.

An essential change in economic policy is being carried out in France.

## 67.7. 'Passer pour' = 'to be thought to be'

| | |
|---|---|
| La science mathématique passe, à juste titre, pour difficile. | Mathematical science is rightly thought to be difficult. |
| Je passe, à tort ou à raison, pour un esprit fort. | Rightly or wrongly, I am held to be a free-thinker. |
| Le maire passe pour être fort efficace dans l'exercice de son mandat municipal. | The mayor is considered to be very efficient in the carrying out of his municipal duties. |
| Le président de la République passe pour être hésitant face à des décisions au jour le jour. Mais en matière de stratégie, il est tenace. | The President of the Republic is thought to be hesitant when he has to face up to day-to-day decisions. But as far as strategy is concerned, he is tenacious. |
| Il passait pour un homme élégant. | He was considered to be a well-dressed man. |

## 67.8. Active infinitive, preceded by 'à', with passive meaning

| | |
|---|---|
| Il y a les lits à retaper. | There are the beds to be straightened. |
| C'est une femme à plaindre. | She is a woman to be pitied. |
| Ce livre est à lire et à méditer. | This book is to be read and pondered over. |
| Ce film est à ne pas manquer. | This film is not to be missed. |
| L'histoire de la libération de Paris reste à établir et à écrire. | The history of the liberation of Paris remains to be verified and to be written. |
| Il est à noter que ces prix comprennent la pension complète. | It is to be noted that these prices include full board. |
| Il est à craindre qu'il ne soit mort. | It is to be feared that he is dead. |
| C'est une chance à saisir. | It is an opportunity to be taken. |
| Comme s'il n'y avait plus de problème d'enfants à garder ou de mari à ne pas fâcher. | As if there were no longer the problem of children to be looked after or of a husband not to be upset. |
| Tout le système est à revoir. | The whole system ought to be revised. |
| Tous les jeunes ne sont pas à mettre dans le même sac. | Young people ought not all to be tarred with the same brush. |

## 67.9. 'Entendre/faire/voir' + active infinitive, with passive meaning

| | |
|---|---|
| J'ai entendu siffler cet air par des soldats américains. | I heard this tune whistled by American soldiers. |
| Il avait entendu dire qu'il était extrêmement dangereux de se promener tout seul dans les rues de Paris. | He had heard it said that it was extremely dangerous to go walking all alone in the streets of Paris. |

| | |
|---|---|
| **Haussman fit percer des boulevards.** | Haussman had boulevards driven through. |
| **J'ai fait faire deux exemplaires.** | I've had two copies made. |
| **Vous ferez louer une place par votre secrétaire.** | You will have a seat reserved by your secretary. |
| **Le monsieur fit servir à Gaspard un repas froid.** | The gentleman had a cold meal served to Gaspard. |
| **J'ai fait enregistrer une grosse valise noire.** | I've had a big black suitcase registered. |
| **Je vais faire renouveler mon permis de conduire.** | I'm going to get my driving licence renewed. |
| **Elle avait fait réviser la voiture quelques jours auparavant.** | She had had the car overhauled a few days previously. |
| **Nous avons vu jouer cette pièce à Avignon.** | We saw this play acted at Avignon. |
| **Je l'ai souvent vu faire.** | I've often seen it done. |

## 67.10. 'Se faire' + active infinitive, with passive meaning

| | |
|---|---|
| **Nous nous sommes fait photographier.** | We had our photographs taken. |
| **Il n'est parvenu qu'à se faire détester.** | He only managed to get himself hated. |
| **Je n'ai pas envie de me faire écraser par une voiture.** | I don't feel like getting myself run over by a car. |
| **Le signal plaintif mais impérieux se faisait entendre.** | The plaintive yet imperious signal was to be heard. |
| **Je réussis à me faire embaucher comme brancardier à la Croix Rouge.** | I managed to get myself taken on as a stretcher-bearer in the Red Cross. |
| **La Marine se fait connaître par ces prestations.** | The Navy makes itself known by these displays. |
| **Je voudrais me faire couper les cheveux.** | I should like to get my hair cut. |

## 67.11. 'Se laisser' + active infinitive, with passive meaning

| | |
|---|---|
| **Ne vous laissez pas décourager!** | Don't let yourself be discouraged! |
| **Va-t-elle se laisser tenter?** | Is she going to let herself be tempted? |
| **L'article 177 prévoit prison et amendes pour les fonctionnaires qui se seraient laissé corrompre.** | Article 177 makes civil servants who have allowed themselves to be bribed liable to prison and fines. |

| | |
|---|---|
| Ces élus se sont laissé traiter en domestiques du pouvoir et se sont tus. | These elected representatives have allowed themselves to be treated as lackeys of the ruling power and have remained silent. |
| Ces papiers se sont laissé classer en deux moitiés sensiblement égales. | These papers have been susceptible to classification into two approximately equal halves. |
| Il n'a pas l'intention de se laisser déborder. | He doesn't intend to let himself be overwhelmed. |
| Ils ne se laisseront pas facilement convaincre. | They will not be easily convinced. |
| Ne nous laissons pas manipuler par les sondages. | Let us not allow ourselves to be manoeuvred by public opinion polls. |

## 68. Causative 'faire'

### 68.1. 'Faire' + infinitive of an intransitive verb + direct object

| | |
|---|---|
| Il la fit entrer au salon. | He showed her into the drawing-room. |
| Je l'ai fait revenir. | I made him come back. |
| Vous les faites travailler dur. | You make them work hard. |
| Ses frayeurs de la nuit précédente la firent sourire. | Her terrors of the previous night made her smile. |
| Je vous prie de les faire traverser. | Would you please see them across the road? |

### 68.2. 'Faire' + infinitive of a transitive verb + indirect object

| | |
|---|---|
| Je leur ai fait écrire des lettres. | I made them write letters. |
| L'éclat de la lumière lui fit baisser les yeux. | The brightness of the light made her lower her gaze. |
| Il n'y a pas moyen de lui faire dire un seul mot de français. | There is no way of making him say a single word of French. |
| Le babillage de son fils lui fit oublier un moment ses préoccupations. | His son's chattering made him forget his preoccupations for a moment. |
| Leurs activités professionnelles leur font rencontrer des Français. | Their professional activities cause them to meet French people. |
| Le guide leur a fait faire un tour sensationnel. | The guide took them on a sensational circuit. |
| L'agitation ne lui fera pas modifier sa politique. | Agitation won't make him change his policy. |
| Il faisait voir les curiosités de Paris aux touristes venus en voyage organisé. | He used to show the sights of Paris to tourists on package tours. |

## 68.3. The pronoun of pronominal verbs is usually omitted after 'faire'

| | |
|---|---|
| Vous avez fait coucher les enfants? | You have put the children to bed? |
| Le médecin la fit taire. | The doctor silenced her. |
| Faites-le asseoir! | Make him sit down! |
| Ce vacarme les a fait retourner. | This din made them turn round. |
| Cela me fit ressouvenir où j'étais. | That made me remember again where I was. |

## 69. 'Rendre' + adjective = 'to make' + adjective

| | |
|---|---|
| La dévaluation a rendu les prix concurrentiels. | Devaluation has made prices competitive. |
| Ce mélange de boissons vous rendra malade. | That mixture of drinks will make you ill. |
| L'injustice rend injuste. | Injustice makes people unjust. |
| Il ne cherche qu'à se rendre utile. | He is only trying to make himself useful. |

## 70. 'Faire d'une chose une autre'

| | |
|---|---|
| Le médecin a fait de cette pièce un cabinet de consultation. | The doctor has made this room into a consulting room. |
| La bonne volonté des administrateurs a fait de cette expérience un succès. | The good will of the trustees has made this experiment a success. |
| Cette ignorance du monde actuel fera de ces jeunes une proie facile pour la démagogie. | This ignorance of the present-day world will make these young people an easy prey for demagogy. |
| La mort prématurée de Pierre Curie fit de sa courageuse épouse la figure centrale de la radioactivité en France. | Pierre Curie's premature death made his courageous wife the chief figure in radioactivity in France. |
| La peur est capable de faire des amis d'hier les ennemis de demain. | Fear is capable of making yesterday's friends into tomorrow's enemies. |
| Il faut faire de notre parti un véritable rassemblement populaire. | We must make our party a real union of the people. |
| L'âge et les responsabilités font de nous malgré nous des hommes vertueux. | Age and responsibilities make us virtuous men despite ourselves. |
| Une neutralité fructueuse durant les conflits internationaux en fit un pays prospère. | A profitable neutrality during the international conflicts made it a prosperous country. |

| | |
|---|---|
| **Lourdes célébrait le centième anniversaire des apparitions qui firent d'une obscure petite bourgade pyrénéenne une des villes les plus célèbres du monde.** | Lourdes was celebrating the hundredth anniversary of the apparitions which made an obscure little Pyrenean market-town into one of the most famous towns in the world. |
| **Est-ce que vous envisagez de faire de votre future femme une déesse, une associée, ou une esclave?** | Do you contemplate making your future wife a goddess, a partner, or a slave? |

# The function of certain tenses

## 71. The 'dramatic present': the present used as a past tense

| | |
|---|---|
| **Tout à coup je tombe sur un bureau de tabac.** | Suddenly I came across a tobacconist's shop. |
| **Il est 21 heures, vendredi 25 février, lorsque les premières flammes commencent à s'échapper de l'aile nord réservée aux étrangers. Très vite, c'est la panique.** | It was 9 p.m. on Friday the 25th of February, when the first flames began to shoot forth from the North wing, reserved for foreigners. Very soon, there was panic. |

### 71.1. The present is also used as an immediate past

| | |
|---|---|
| **J'arrive à l'instant de Paris.** | I've just arrived from Paris this very moment. |
| **Je viens vous voir au sujet de l'annonce que vous avez fait paraître au journal.** | I've come to see you about the advertisement which you put in the newspaper. |
| **D'où venez-vous?** | Where have you come from? |
| **C'est la première fois qu'elle se présente à une élection.** | It's the first time that she has stood at an election. |

## 72. The present is also used as a future tense

| | |
|---|---|
| **Attendez-moi, je viens tout de suite.** | Wait for me, I shall be coming right away. |
| **Alors, c'est entendu, on se voit demain à deux heures?** | Well then, it's settled, we shall meet tomorrow at two? |

## 73. Since there is no separate form in French to express continuous action in the present, periphrases are used

### 73.1. 'Etre en train de faire quelque chose'

| | |
|---|---|
| **Ils sont toujours en train de parler de la même chose.** | They're always talking about the same thing. |

| | |
|---|---|
| Vous êtes toujours en train de travailler. | You're always working. |
| Il est là debout, en train de lire le journal. | He's standing there, reading the newspaper. |

## 73.2. 'Etre à faire quelque chose'

| | |
|---|---|
| Mon mari est encore à se changer. | My husband is still changing. |
| L'ouvreuse est là à projeter sa lampe électrique sur nous. | The usherette is there, shining her electric torch on us. |

## 73.3. 'Aller' + present participle of 'verbs of progression'

| | |
|---|---|
| La futaie broussailleuse va s'épaississant. | The bushy wood becomes ever thicker. |
| Chaque année la concentration d'automobiles sur les routes va croissant. | Each year the density of cars on the roads grows ever greater. |
| Il est sûr que le temps réservé au déjeuner va se rétrécissant, du moins dans les grandes villes. | It is certain that the time allowed for lunch is ever contracting, at least in big cities. |
| L'affluence routière a fait naître une tendance qui va s'accélérant: les Français redécouvrent leurs rivières. | The congestion on the roads has engendered an ever more rapidly growing tendency: the French are rediscovering their rivers. |
| Peu élevé au départ, ce salaire va croissant jusqu'à la fin de la formation. | Low at first, this wage goes on increasing until the end of the training. |
| Le nombre des femmes salariées va augmentant. | The number of wage-earning women is growing greater. |
| Le déficit chronique va s'accentuant jusqu'à toucher la catastrophe. | The chronic deficit is becoming ever more marked to the point of bordering disaster. |
| De petits nuages vont s'effilochant, voilent à demi la lune. | Small clouds are constantly disintegrating into shreds and half mask the moon. |
| Le besoin d'une formation humaine dans l'Enseignement Technique ne peut qu'aller grandissant. | The need for complementary studies in technical education can only become ever greater. |
| Dans le pays, vous représentez un courant d'idées qui va très vite grossissant. | In the country, you represent a current of ideas which is very quickly becoming more and more substantial. |
| Nos ressources énergétiques vont diminuant. | Our reserves of energy are diminishing. |
| L'espèce humaine va peuplant la planète à un rythme accéléré. | The human species goes on populating the planet at an accelerated rhythm. |
| Sa santé allait déclinant. | His health was in a constant decline. |

| | |
|---|---|
| **Il y a tout lieu de penser que la contestation ira s'amplifiant.** | There is every reason to think that confrontation will go on spreading. |
| **Les troubles, les conflits iraient s'étendant.** | Disturbances, conflicts would become more and more widespread. |
| **Pendant trente années, le mystère était allé s'épaississant.** | For thirty years, the mystery had grown deeper and deeper. |

## 74. Tenses in clauses introduced by 'si', meaning 'if'

*It is worth while remembering that the imperfect is the reported (or indirect speech) form of the present:*
**Il a dit: 'Je viens.'** → **Il a dit qu'il** venait.
**Je lui ai demandé: 'Tu viens?'** → **Je lui ai demandé s'il** venait.
*Likewise, the pluperfect is the reported (indirect speech) form of the perfect:*
**Elle a dit: 'J'ai fini de travailler.'** → **Elle a dit qu'elle** avait fini **de travailler.**
**Je lui ai demandé: 'Tu as fini de travailler?'** → **Je lui ai demandé si elle** avait fini **de travailler.**
*Hence the apparent paradox that, in French, the conditional clause (the 'si' clause) does not contain a conditional verb form but a present, imperfect, or pluperfect:*

| | |
|---|---|
| Type A<br>**Si je le vois, je le lui dirai.** | If I see him, I'll tell him. |
| Type B<br>**(J'ai dit que) si je le voyais, je le lui dirais.** | If I saw him, I would tell him. |
| Type C<br>**(J'ai dit que) si je l'avais vu, je le lui aurais dit.** | If I had seen him, I would have told him. |
| A) **S'il le fait, il sera puni.** | If he does it, he will be punished. |
| **Si ça continue, nos futurs collègues auront des classes de cinquante.** | If it goes on like this, our future colleagues will have classes of fifty. |
| B) **Si les pierres parlaient, ces maisons nous diraient des choses étranges.** | If stones were to speak, these houses would tell us strange things. |
| **Si c'était possible, j'aimerais mieux revenir demain.** | If it were possible, I would prefer to come back tomorrow. |
| **Si j'osais, j'irais voir ce qu'il fait.** | If I dared, I would go and see what he is doing. |
| **Nous prendrions du poisson, s'il y en avait.** | We would have fish if there were any. |
| C) **S'il avait sauvé la vie à toute la famille, on ne l'aurait pas traité autrement.** | If he had saved the whole family's lives, they would not have treated him any differently. |
| **Si les contrevents avaient été fermés, Anne n'aurait pu rien voir.** | If the outer shutters had been closed, Anne wouldn't have been able to see anything. |
| **S'il était venu, je l'aurais vu.** | If he had come, I would have seen him. |

| | |
|---|---|
| Je ne me serais pas dérangé si j'avais su. | I wouldn't have bothered if I had known. |

## 75. 'Si' + imperfect, to propose, offer or suggest something

| | |
|---|---|
| Si tu allais voir? | Suppose you went to see? |
| Si je téléphonais à Pierre? | Suppose I were to 'phone Pierre? |
| Si je mettais mon tailleur-pantalon bleu marine? | Suppose I put on my navy blue trouser-suit? |
| Si l'Histoire était comme le pensait Machiavel, dure à ceux qui renoncent à l'action collective? | Suppose History, as Machiavelli thought, were to be hard on those who give up collective action? |
| Si on chantait? | Shall we sing? |
| Si nous allions à l'arrière du bateau? | Shall we go to the stern of the boat? |

## 76. 'Si seulement'/'Si encore' + imperfect, to express a wish

| | |
|---|---|
| Si seulement je pouvais dormir! | If only I could sleep! |
| Si seulement il n'y avait pas cette manie du rangement! | If only there weren't this mania for tidying up! |
| Si encore il faisait un effort! | If only he would make an effort! |

## 77. The imperfect of 'devoir'

*Since the corresponding English verb is defective, the imperfect of 'devoir' corresponds to various periphrases in English:*

| | |
|---|---|
| Je pensais que quand il pleuvait, on devait patauger dans la boue jusqu'aux narines. | I thought that when it rained, people **must** paddle about in the mud, up to the eyes. |
| Cela devait être. | That **had to** be. |
| Je ne devais plus les revoir. | I **was** never **to** see them again. |
| Le chœur des villageois disait que ça devait arriver. | The chorus of villagers was saying that it **was bound to** happen. |

## 78. The 'dramatic' use of the imperfect to report a single action

| | |
|---|---|
| Il y a trente ans mourait Debussy. | Debussy died thirty years ago. |
| Balzac naissait il y a un siècle et demi. | Balzac was born a century and a half ago. |
| Le 6 juin 1944, avant l'aube, commençait l'operation 'Overlord'. | On the 6th of June 1944, before dawn, operation 'Overlord' began. |

**Vendredi matin encore, porte de St-Cloud, à Paris, l'effondrement d'un échafaudage tuait un ouvrier et blessait deux autres.**

Only last Friday morning, at the Porte de St-Cloud, in Paris, the collapse of a scaffolding killed a workman and injured two others.

**Après la libération, c'est M. Duff Cooper qui rouvrait l'ambassade britannique à Paris.**

After the liberation, it was Mr. Duff Cooper who re-opened the British Embassy in Paris.

**Le 13 janvier 1897, Emile Zola publiait dans 'L'Aurore' son article 'J'accuse'.**

On the 13th of January 1897, Emile Zola published in 'L'Aurore' his article 'J'accuse'.

**Dans la nuit du 4 mars, en Roumanie, deux heures après le séisme, des équipes de secours entraient en action.**

In the night of the 4th of March, in Rumania, two hours after the earthquake, rescue teams went into action.

**Il y a presque treize ans et demi, John F. Kennedy était assassiné à Dallas.**

Almost thirteen and a half years ago, John F. Kennedy was assassinated in Dallas.

**A 10h.44, un télex tombait sur les téléscripteurs de France-Inter.**

At 10.44, a telex message came over on the teleprinters at France-Inter.

## 79. Tenses after 'si', meaning 'whether', in indirect interrogation

*The basic mechanism is simply:*

*Direct interrogation:* **Est-ce qu'il viendra?**
*Indirect interrogation, introduced by a present tense:* **Je ne sais pas s'il viendra./Je vais lui demander s'il viendra.**
*Indirect interrogation, introduced by a past tense:* **Je ne savais pas s'il viendrait./Je lui ai demandé s'il viendrait.**

**Je me demande si l'on réussira jamais à juguler l'inflation.**

I wonder if we shall ever manage to cut inflation.

**Le commissaire regardait le lit et se demandait s'il dormirait quelques heures.**

The inspector was looking at the bed and wondering if he should sleep for a few hours.

**Nous ne savions pas si vous viendriez en auto ou non.**

We didn't know whether you would come by car or not.

**Il savait en écoutant le sifflet des locomotives, si le temps serait à la pluie.**

He could tell, by listening to the whistling of the locomotives, whether there would be a change to rain.

## 80. The perfect and past historic of 'avoir', être', 'devoir', 'pouvoir', 'savoir'

*The distinction between imperfective (continuous action or state) and perfective ('punctual'—single action or new state) cannot always be made in the corresponding English verbs, without recourse to a periphrasis.*

**Il avait dix ans quand la guerre éclata.**

He was ten when war broke out. (*He was already ten.*)

**Il a eu/Il eut dix ans quand la guerre a éclaté/éclata.**

He reached the age of ten the day war broke out.

| | |
|---|---|
| **L'hiver était rigoureux dans ce pays.** | Winter was severe in that land. (*It was usually severe.*) |
| **L'hiver a été/fut rigoureux.** | The winter was severe. (*Other winters were less so.*) |
| **Il devait partir.** | He was to leave. (*It had already been arranged that he was to leave.*) |
| **Il a dû/dut partir.** | He had to leave. (*At a certain moment something forced him to leave.*) |
| **Il pouvait téléphoner à n'importe quelle heure.** | He could ring up at any time. |
| **Enfin il a pu/put avoir la communication.** | At last he was able to get through. (*On the 'phone.*) |
| **Elle savait que j'étais parti.** | She was aware that I had gone. |
| **Elle a su/sut que j'étais parti.** | She learned that I had gone. |

## 80.1. The 'change of state' is often indicated by a time-expression

| | |
|---|---|
| **Il quitta la ville et** enfin **il fut heureux.** | He left the city and at last he was happy. |
| Lorsqu'il parvint sur le terrain, **il sut qu'il avait touché le but.** | When he reached the building-site, he knew that he had reached his goal. |
| Soudain, **j'eus peur.** | Suddenly, I was afraid. |
| **Mais** bientôt, **il fut las d'attendre.** | But soon, he was tired of waiting. |
| Enfin, **il dut renoncer à ce projet.** | Finally, he had to give up this plan. |

## 80.2. The past historic of 'être' is used to denote a state of affairs which had a definite, clear-cut ending in time

| | |
|---|---|
| **La France de la Troisième République fut avant 1914 le banquier de l'Europe.** | France of the Third Republic was, before 1914, the banker of Europe. |
| **Ce fut dans la nuit du mardi au mercredi que l'orage s'apaisa.** | It was in the night of Tuesday–Wednesday that the storm subsided. |

## 80.3. The perfect or past historic of 'être' in passive structures

| | |
|---|---|
| **Le lendemain, j'ai été/je fus réveillé par des grondements.** | The next day, I was awakened by rumblings. |
| **Alors j'ai été/je fus pris d'une dérision amère.** | Then I was seized by a fit of bitter mockery. |
| **Mlle Peyrolles a été/fut envoyée dans un couvent.** | Mlle Peyrolles was sent to a convent. |

## 81. Tenses of the 'modal auxiliaries': 'devoir, pouvoir, vouloir'

*The French system is complete and coherent; it is the English verbs which are defective and inconsistent in that a) periphrases are used and b) sometimes the following infinitive is introduced by 'to' and sometimes not.*

### 81.1. The two systems are parallel in structure for 'vouloir'

| Verb | + | Infinitive | | Verb | + | Infinitive |
|------|---|------------|---|------|---|------------|
| wants | | to help | | **veut** | | **aider** |
| would like | | to play | | **voudrait** | | **jouer** |

| Aux. Verb | + Past Part. | + Infinitive | | Aux. Verb | + Past Part. | + Infinitive |
|-----------|-------------|--------------|---|-----------|-------------|--------------|
| has | wanted | to leave | | **a** | **voulu** | **partir** |
| had | wanted | to protest | | **avait** | **voulu** | **protester** |
| would have | liked | to go | | **aurait** | **voulu** | **aller** |

### 81.2. The two systems are parallel in structure for 'devoir', 'pouvoir' if the English equivalents are taken to be 'to have to', 'to be able to'

| Verb | + | Infinitive | | Verb | + | Infinitive |
|------|---|------------|---|------|---|------------|
| has | | to confess | | **doit** | | **avouer** |
| is able | | to say | | **peut** | | **dire** |

| Aux. Verb | + Past Part. | + Infinitive | | Aux. Verb | + Past Part. | + Infinitive |
|-----------|-------------|--------------|---|-----------|-------------|--------------|
| has | had | to resign | | **a** | **dû** | **se démettre** |
| has | been able | to help | | **a** | **pu** | **aider** |
| had | had | to come back | | **avait** | **dû** | **revenir** |
| had | been able | to 'phone | | **avait** | **pu** | **téléphoner** |
| would have | had | to give up | | **aurait** | **dû** | **renoncer** |
| would have | been able | to choose | | **aurait** | **pu** | **choisir** |

### 81.3. If 'pouvoir' is translated by 'can/may/could/might' and 'devoir' by 'must/ought', then the two systems are divergent in compound tenses

| Verb | + | Infinitive | | Verb | + | Infinitive |
|------|---|------------|---|------|---|------------|
| must | | work | | **doit** | | **travailler** |
| may | | come | | **peut** | | **venir** |
| ought | | to know | | **devrait** | | **savoir** |
| might | | arrive | | **pourrait** | | **arriver** |
| could | | help | | **pourrait** | | **aider** |

| Verb + | Infin. of Aux. Verb + | Past Part. | | Aux. Verb | + Past Part. | + Infinitive |
|--------|-----------------------|------------|---|-----------|-------------|--------------|
| must | have | left | | **a** | **dû** | **partir** |
| may | have | been | | **a** | **pu** | **être** |
| ought | to have | known | | **aurait** | **dû** | **savoir** |
| could | have | seen | | **aurait** | **pu** | **voir** |
| might | have | been | | **aurait** | **pu** | **être** |

*The structures diverge even more in the passive:*

| Verb + | '(to) have' + | 'been' + Past Part. | | 'Avoir' | + Past Part. | + 'Etre' + Past Part. |
|--------|---------------|---------------------|---|---------|-------------|------------------------|
| must | have | been hit | | **a** | **dû** | **être frappé** |
| may | have | been wounded | | **a** | **pu** | **être blessé** |
| ought | to have | been punished | | **aurait** | **dû** | **être puni** |
| might | have | been lost | | **aurait** | **pu** | **être perdu** |

# Tenses in time clauses

## 82. Present or imperfect with 'depuis', 'il y a', 'voilà'

| | |
|---|---|
| Elle habite l'arrondissement depuis quinze ans. | She has lived in the district for fifteen years. |
| J'attends déjà depuis longtemps. | I've already been waiting for a long time. |
| Il y a quelque temps que ma fille fréquente cette école. | My daughter has been attending that school for some time now. |
| Voilà des siècles et des siècles que les médecins discutent entre eux de la maladie. | For centuries and centuries doctors have been arguing amongst themselves about illness. |
| Le déjeuner était prêt depuis dix minutes. | Lunch had been ready for ten minutes. |
| J'essayais d'avoir la communication téléphonique depuis des heures. | I had been trying for hours to put through the 'phone call. |
| On eût dit qu'il retenait son souffle depuis le matin. | You would have said he had been holding his breath since the morning. |
| Depuis le temps qu'on l'attendait! | We'd waited for it long enough! |

## 83. A purely literary usage: the past anterior

| | |
|---|---|
| Quand il eut servi le vieillard, il rabattit la vitre. | When he had served the old man, he slammed down the window. |
| Dès que j'eus protesté, il se tut. | As soon as I had protested, he fell silent. |
| Après que Jacques fut reparti, elle s'agenouilla. | After Jacques had left again, she knelt down. |

## 84. The future and future anterior in time clauses

| | |
|---|---|
| Voulez-vous lever la glace quand le train partira? | Will you put the window up when the train leaves? |
| Espérons qu'il fera du soleil la prochaine fois que j'irai en Angleterre. | Let's hope the sun shines the next time I go to England. |
| Les enfants nés dans des familles démunies ont peu de chances d'accéder, quand ils seront des hommes, à des postes de direction du pays. | Children born in disadvantaged families have little chance of attaining the country's top jobs, when they grow up. |
| Ils seront toujours accueillis à bras ouverts quand ils viendront en France pour leurs affaires ou leurs vacances. | They will always be welcomed with open arms when they come to France for their business or their holidays. |
| Faites-moi savoir quand vous aurez fini le travail. | Let me know when you have finished the work. |

| | |
|---|---|
| **Cet autre train partira une fois que le vôtre aura quitté la gare.** | That other train will leave once yours has left the station. |
| **Vous pourrez téléphoner quand il sera arrivé chez lui.** | You will be able to 'phone when he has arrived home. |
| **Quand elle aura fait des économies, elle pourra rentrer en Espagne.** | When she has saved some money, she will be able to go home to Spain. |

## 85. The conditional and conditional anterior in time clauses

| | |
|---|---|
| **Nous avons dit que nous quitterions ces territoires quand la population nous le demanderait.** | We said that we would leave these territories when the population asked us to. |
| **Il a dit qu'il me recevrait dès qu'il aurait fait son courrier.** | He said he would see me as soon as he had finished his mail. |
| **Les indigènes étaient prêts à prendre le navire d'assaut dès qu'on aurait ouvert la coupée.** | The natives were ready to storm onto the ship as soon as the gang-port was opened. |
| **Ils s'engageaient à libérer leurs otages sitôt qu'ils seraient eux-mêmes arrivés à une destination qu'ils ne précisaient pas.** | They undertook to free their hostages as soon as they had reached a destination which they did not name. |

# The conditional and conditional anterior as a hypothesis

## 86. In a main clause, as a hypothesis, or to report

| | |
|---|---|
| **La portière serait-elle ouverte?** | Could it be that the carriage-door is open? |
| **Qu'est-ce que vous avez? Ce ne serait pas un accident, j'espère.** | What is the matter with you? There hasn't been an accident, I hope? |
| **Deux ouvriers auraient été tués.** | Two workmen are reported to have been killed. |
| **Les Français seraient un peuple difficile à gouverner.** | The French are reputed to be a difficult people to govern. |
| **C'est dans ces centrales que des fissures auraient été décelées.** | It is in these power stations that it is claimed that cracks have been discovered. |
| **Dix personnes auraient été prises en otages.** | Ten people are reported to have been taken as hostages. |

## 86.1. The future anterior can also be used as a polite hypothesis

| | |
|---|---|
| **Vous vous serez trompé dans l'addition.** | I think you have perhaps made a mistake in the bill. |

## 87. Exceptionally, in the conditional clause of a conditional sentence, the main clause being introduced by 'que'

Car il bat ses enfants. Tout le monde le sait. Et l'un d'eux se révolterait, un beau jour, qu'il n'y aurait rien d'étonnant.

For he beats his children. Everybody knows that. And if one of them were to rebel, one of these fine days, there would be nothing to be surprised at.

On voudrait faire le jeu de ceux qui ne veulent rien donner à la région qu'on ne s'y prendrait pas autrement.

If you wanted to play into the hands of those who don't want to give anything to the region, you wouldn't go about it any other way.

### 87.1. If the subject of the conditional clause is a pronoun, there may be inversion

Le voudrait-on qu'on ne le pourrait pas.

Even if you wanted to, you couldn't.

Le pourrait-il qu'il ne le devrait pas.

Even if he could, he ought not to.

Aurions-nous eu deux bonnes récoltes seulement que, économiquement, l'opération aurait été rentable.

If we had only had two good harvests, the operation would have been economically viable.

# The subjunctive

*There are only three cases in which the subjunctive commutes with the indicative with a change of meaning, that is to say in which either the subjunctive or the indicative can be used, the choice of mood involving a change of meaning.*

## 88. After 'de façon que/de manière que/de sorte que/en sorte que' to indicate INTENTION

Parlez de façon qu'on vous comprenne.

Speak in such a way that you are understood. (You must strive to ensure comprehension.)

On a mis une barrière de façon que les piétons ne puissent pas passer.

A barrier has been put up so that pedestrians cannot get by. (The intention is that pedestrians shall not pass.)

Je ne cherche pas à faire en sorte que mes émissions soient des leçons.

I'm not trying to make my programmes into lessons. (My intention is that the programmes shall not be lessons.)

Il faut désigner rapidement les hommes nouveaux qui feront en sorte que notre télévision soit l'une des meilleures du monde.

There must be a speedy appointment of the new men who will see to it that our television is one of the best in the world. (The intention is that our television shall be improved.)

Il pensa d'abord demander un renseignement aux gendarmes de manière qu'ils fussent déroutés.

He thought at first that he would ask for some information from the gendarmes so that they would be put off the scent. (His intention would have been to put them off the scent.)

| | |
|---|---|
| **Ses assistants avaient la pénible tâche de faire en sorte que ne paraisse pas une série d'articles désagréables.** | His assistants had the arduous task of seeing to it that a series of unpleasant articles should not appear. (Their intention was to prevent the publication of the articles.) |

*The 'virtual' or 'hypothetical' nature of the subjunctive is reflected in a certain 'timelessness' in its use, as is shown in the last example. This will be discussed later. (See 122.)*

## 88.1.  The indicative after 'de façon que/de manière que/ de sorte que' indicates RESULT

| | |
|---|---|
| **Dans une guerre, la mort, le sang impressionnent l'opinion de sorte qu'un gouvernement peut demander beaucoup au pays.** | In a war, death and blood impress public opinion so that (with the result that) a government can ask much of the country. |
| **Personne ne m'a cru, de sorte que chacun aujourd'hui fait mine d'être étonné.** | Nobody believed me, so that (with the result that) each one today pretends to be astonished. |
| **La voie ferrée y creuse une tranchée qui se resserre de sorte que vous ne voyez plus du tout le ciel.** | The railway track hollows out a cutting there, which closes in so that you no longer see the sky at all. (*Result; there can be no conscious intention on the part of the railway line!*) |
| **Il a agi de manière que tout le monde a été content.** | He acted in such a way that everybody was pleased. (*This was a fortuitous result, not deliberate intention.*) |
| **Il pleuvait, de façon que je fus obligé de rentrer.** | It was raining, so that I was obliged to go home. (*Pure consequence; it was not the rain's intention to drive me home!*) |

## 89.  The 'virtual' or 'hypothetical' subjunctive after an indefinite antecedent

| | |
|---|---|
| **Il veut un parti réformateur qui ne soit ni collectiviste ni conservateur.** | He wants a reform party which is neither collectivist nor conservative. (*Such a party may very well not exist; it exists merely as a concept in his mind.*) |
| **Ils veulent d'un homme à qui l'âge ait donné l'expérience sans avoir ôté l'enthousiasme.** | They want a man to whom age has given experience without taking away his enthusiasm. (*This is the sort of man whom they have in their mind's eye; these are the requirements to which the man, if he exists, will have to measure up.*) |
| **Ils sont à la recherche d'une civilisation qui vaille la peine d'être vécue.** | They are seeking a form of civilisation which is worth while living in. (*This is their ideal; the implication is that such a civilisation does not at present exist.*) |

Nous voulons une éducation des jeunes qui rende possible l'éducation des adultes et une éducation des adultes qui permette de transformer l'éducation des jeunes.

We want the sort of education of the young which makes adult education possible and the sort of adult education which allows a transformation of the education of the young. (*This is our dual ideal; both sorts of education exist, at present, only in our minds.*)

Il cherche un commerce qui soit à vendre.

He is looking for a business which is for sale. (*This is his aim, the idea which he has in mind. Such a business may or may not exist.*)

La société cherche un homme qui remette de l'ordre dans ses comptes.

The firm is looking for a man to straighten out its accounts. (*They have in mind a certain type of man.*)

Il faut une véritable politique qui réponde aux véritables besoins des habitants.

What is needed is a real policy which is in keeping with the real needs of the inhabitants. (*This policy does not yet exist; it is still to be elaborated. As yet, it is just an idea in the mind of the speaker.*)

Une mutation est nécessaire qui tienne compte d'une civilisation qui n'est plus celle du charbon mais celle de l'électronique.

A fundamental change is called for, which will take account of a way of life no longer based on coal but on electronics. (*The type of change exists as yet only in the mind of the speaker.*)

Je souhaiterais qu'on instaure un type d'épreuve qui réponde à ce qui est le but de notre enseignement.

I should like to see instituted a kind of test which corresponds to what is the aim of our teaching. (*The teacher knows what the aim of teaching is, but the appropriate kind of test does not yet exist. He puts forward this kind of test as a theoretical construct.*)

Il propose un projet de société qui parte des besoins des hommes en tenant compte des divers aspects de leur personnalité et pas seulement de leur fonction.

He is suggesting a plan for a society which starts from men's needs, taking into account different aspects of their personality and not just the rôle they play. (*The project exists only in the mind of the speaker.*)

Ce budget est-il suffisamment ambitieux pour assurer un taux de croissance qui garantisse le plein emploi?

Is this budget sufficiently ambitious to provide a growth rate which will guarantee full employment? (*The growth rate that will guarantee full employment is a postulate in the speaker's mind.*)

Arrangez-moi un rendez-vous avec cet homme ou avec quelqu'un en qui il ait confiance.

Make me an appointment with that man or with someone in whom he has confidence. (*I have in mind a type of man, but can give no further concrete details.*)

Il voulait trouver un financier qui l'aidât à développer lui-même son entreprise.

He wanted to find a financier who would help him to develop his business himself. (*This is the idea which he had in mind; such a financier might or might not exist.*)

## 89.1.  The indicative reports facts as facts, not the ideas, plans or intentions of the speaker

Je vais au garage qui est ouvert.

I'm going to the garage which is open. (*I know or have good reason to believe that it is open.*)

BUT
Je cherche un garage qui ait des pièces de rechange pour cette marque de voiture.

I'm looking for a garage which has spare parts for this make of car. (*I have in mind a type of garage, which may, or may not exist. I hope it does, but I can't be sure!*)

## 90.  The use of the subjunctive instead of the indicative after 'comprendre/dire/entendre/prétendre/supposer', changes the meaning of these verbs

Je comprends qu'il soit mécontent.

I can understand his being displeased. (*I sympathise with his displeasure. I find it natural. I am giving my emotional reaction.*)

Je ne comprends pas qu'il puisse s'ennuyer.

I can't understand how he can possibly be bored. (*I find his boredom quite unnatural. This is my emotional reaction to his boredom.*)

Allez lui dire qu'il vienne.

Go and tell him to come. (*'Tell' means 'order'. My intention is that he shall come.*)

J'entends qu'on m'obéisse.

I insist on being obeyed. (*My intention is that I shall be obeyed.*)

Il prétend que son fils soit premier en tout.

He insists on his son's being first in everything. (*This is his intention, wish, desire.*)

Si l'on continue à emprunter, en supposant qu'on le puisse, l'inflation et le chômage continueront aussi.

If we continue borrowing, supposing that we can, inflation and unemployment will continue as well. (*'Supposing that we can' is a hypothesis— possible but not probable.*)

## 90.1.  But, with the indicative:

J'ai compris qu'il s'ennuyait.

I realised (saw) that he was bored. (*An act of intellectual apprehension, equivalent to 'j'ai su que', 'je me suis rendu compte que'.*)

Allez lui dire qu'il va être en retard.

Go and tell him he is going to be late. (*Convey the fact to him.*)

J'entends bien que vous n'en êtes pas responsable.

I quite realise that you are not responsible for that. (*I agree with a statement.*)

Il prétend que ce n'est pas vrai.

He claims that it is not true. (*A strong affirmation of a fact.*)

Je suppose que vous avez l'intention de nous aider.

I presume that you intend to help us. (*I am quite sure of it.*)

**91.** *From the three cases we have examined, where the subjunctive commutes with the indicative, it becomes apparent that the subjunctive is the mood of the* subjective. *The indicative reports facts as facts; the subjunctive reports reality as it is refracted through the prism of the personality of the speaker, indicating, in the examples we have seen so far, such nuances as intention, hypothesis (the possible rather than the probable), emotional reaction to a fact, an order, wish or desire to be carried out.*

*In virtually all other cases (the one or two exceptions will be noted) the subjunctive is an automatic mechanism triggered off by certain structures, in which there is no possibility of the indicative being used and where, therefore, the subjunctive does not bring in its train a change of meaning, although the* subjective *nature of the subjunctive will usually be apparent. Since the subjunctive only survives in English in a few expressions (I wish he* were *here), the structure corresponding to the French subjunctive will often be quite different.*

## 92. After verbs of wanting, wishing, asking, demanding

| | |
|---|---|
| **Nous voulons que le consommateur sache ce qu'il a à payer.** | We want the consumer **to know** what he has to pay. |
| **Je veux que l'adhésion soit une adhésion de principe.** | I want the agreement **to be** an agreement on principle. |
| **Voulez-vous que nous descendions prendre un verre?** | **Shall we go down** and have a drink? |
| **Je souhaite de tout mon cœur que cette tentative réussisse.** | I wish most sincerely that this attempt **will succeed.** |
| **Je souhaite que chacun me comprenne.** | I wish everyone **to understand** me. |
| **Il a demandé que j'y aille à sa place.** | He asked that I **should go** in his place. |
| **Pour sauver l'avenir des étudiants, le secrétaire d'Etat aux Universités demande qu'on les oriente vers la vie active, qu'on leur apprenne un métier.** | To safeguard the students' future, the Secretary of State for Higher Education asks that they **should be guided** towards a career, that they **should be taught** a trade. |
| **Vous n'exigez pas que votre secrétaire traduise automatiquement vos pensées en paroles?** | You are not demanding that your secretary **should** automatically **translate** your thoughts into words? |
| **Les bandits avaient exigé que la rançon fût payée dans un délai de trois jours.** | The bandits had demanded that the ransom **be paid** within a lapse of three days. |

## 93. After verbs of permitting and forbidding

| | |
|---|---|
| **Vous permettez que nous regardions cette lettre?** | Will you allow us **to look at** that letter? |

| | |
|---|---|
| Permettez que je dise combien je vous suis reconnaissant. | Allow me **to say** how grateful I am to you. |
| Aujourd'hui le chef de service a défendu qu'on fasse la pause-café. | Today the departmental head forbad the coffee-break **to be held.** |
| Il interdisait qu'on ouvrît les fenêtres. | He used to forbid the windows **to be opened.** |
| Il défendit qu'on passât par là. | He forbad anyone **to go** that way. |

## 94. After verbs and expressions of emotion

| | |
|---|---|
| Je m'étonne que cet appartement leur plaise. | I am astonished that they **should like** that flat. |
| Il est content que vous ayez le temps de passer le voir. | He's pleased that you have time to go round to see him. |
| Je suis désolé qu'elle soit malade. | I'm very sorry indeed that she is ill. |
| Je regrette qu'il ne soit pas possible de vous faire savoir aujourd'hui même le résultat de votre candidature. | I'm sorry that it is not possible to let you know right away today the result of your application. |
| Les syndicats déplorent que rien n'ait été dit des salaires ni du chômage. | The trades unions deplore the fact that nothing was said about wages or unemployment. |

## 94.1. 'Craindre' and 'avoir peur' induce a pleonastic 'ne'

| | |
|---|---|
| Avec votre Vespa, j'ai toujours peur que vous ne vous cassiez la figure. | With your Vespa, I'm always afraid that you will break your neck. |
| Je crains que les choses ne soient un peu plus compliquées. | I fear that things are a little more complicated. |
| Nous avons peur qu'elle ne se soit foulé la cheville. | We are afraid that she has sprained her ankle. |
| Je crains que nous ne soyons entrés en eau profonde. | I fear that we have got into deep water. |
| On craint qu'il ne soit incapable de rompre avec son passé. | It is feared that he **may be** unable to break with his past. |
| Il craignait que le train de marchandises ne restât en gare toute la nuit. | He feared that the goods train **would** remain in the station all night. |
| Il craignait que le président ne dût appliquer une majoration de 6 % sur les impôts. | He feared that the president **would** have to apply a 6 % increase on taxes. |

## 94.2. Impersonal expressions of emotion

| | |
|---|---|
| Il est bête que je n'aie pas ma robe bleu marine. | It's stupid that I haven't got my navy blue dress. |
| Il est miraculeux que les langues locales aient survécu. | It's miraculous that the local languages have survived. |

| | |
|---|---|
| Quel dommage que vous n'ayez jamais visité les pays scandinaves. | What a pity that you have never visited the Scandinavian countries. |
| Quel malheur que ce ne soit pas la même chose à Londres. | How unfortunate that it is not the same thing in London. |
| La merveille, c'est qu'il n'ait jamais perdu courage. | The marvel is that he has never lost heart. |

## 94.3. 'Comment se fait-il que . . . ?' An explanation is asked for a fact or state of affairs of which the speaker disapproves

| | |
|---|---|
| Comment se fait-il qu'on n'ait pas découvert l'identité du criminal? | How is it that the criminal's identity has not been discovered? |
| Comment se fait-il que la coopération entre les universités soit restée si limitée jusqu'à présent? | How is it that cooperation between universities has remained so limited until now? |
| Comment se fait-il que je n'aie pas encore reçu ces renseignements? | How is it that I have not yet received this information? |
| Comment se fait-il qu'il parte déjà? | How is it that he is leaving already? |

## 95. After verbs of liking and preference

| | |
|---|---|
| J'aimerais auparavant que nous ayons un entretien. | I should like us **to have** a conversation beforehand. |
| J'aimerais mieux que nous dînions ici. | I should prefer us **to have dinner** here. |
| Nous aimerions mieux qu'il fasse la commande lui-même. | We would prefer him **to place** the order himself. |
| Je préférerais que vous veniez demain. | I should prefer you **to come** tomorrow. |

## 96. After verbs and expressions of 'negative hypothesis'

## 96.1. 'Penser/croire/espérer/considérer/avoir l'impression/admettre' used negatively (and sometimes interrogatively)

| | |
|---|---|
| Je ne pense pas qu'il vienne ce soir. | I don't think he will come tonight. |
| Je ne crois pas qu'on puisse maîtriser l'inflation dans un délai très bref. | I don't believe that inflation can be mastered in the short term. |
| Nous ne croyons pas qu'il y ait une résidence comparable aussi près de Paris. | We don't believe that there is a comparable housing development so near to Paris. |
| Personne ne croit que ce conseil soit vraiment indépendant. | Nobody believes that this committee is really independent. |

| | |
|---|---|
| **Il ne croyait plus qu'un homme pût répondre seul à des problèmes de plus en plus complexes.** | He no longer believed that one man alone could cope with more and more complex problems. |
| **Je n'espère plus qu'il vienne.** | I no longer have any hope of his coming. |
| **Nous refusons pour notre part de considérer que l'apport de la télévision soit d'introduire l'image dans la classe.** | As far as we are concerned, we refuse to take the view that the essential contribution of television is to bring a picture into the class-room. |
| **Je n'ai pas l'impression que cela résolve votre problème.** | It doesn't seem to me that that solves your problem. |
| **On ne peut pas admettre qu'il y ait eu une erreur.** | We cannot admit that there has been a mistake. |
| **Il n'est pas pensable que des sociétés privées qui bénéficient de l'aide de l'argent public n'aient pas de comptes à rendre devant la nation.** | It is unthinkable that private firms enjoying assistance from public funds should not be accountable to the nation. |
| **Les Français ne semblent pas considérer que ce soit là une bonne façon de résoudre le problème.** | The French do not seem to take the view that that is a good way of solving the problem. |
| **J'ai du mal à m'imaginer que je puisse m'arrêter de travailler.** | I have difficulty in imagining that I could stop working. |

## 96.1.1. The affirmative form of these verbs and expressions, since it implies probability or constitutes a positive hypothesis, is followed by the indicative.

| | |
|---|---|
| **J'ai pensé que tu avais peut-être besoin de compagnie.** | I thought that you perhaps needed company. |
| **Je crois que vous pensez comme moi.** | I believe that you think as I do. |
| **J'espère que vous allez bien.** | I hope you are well. |
| **Espérons qu'il n'a rien entendu.** | Let's hope that he hasn't heard anything. |

## 96.1.2. When these verbs and expressions are used interrogatively, the case is more delicate: the subjunctive implies or seeks the answer 'No', the indicative implies or seeks the answer 'Yes'.

| | |
|---|---|
| **Croyez-vous qu'elle le sache?** | Do you (really) believe that she knows? (**I** don't.) |
| **Pensez-vous qu'il puisse le faire?** | Do you think he will be able to do it? (**I** don't.) |
| **Que pensez-vous de la limitation de vitesse? Et du port obligatoire de la ceinture de sécurité? Pensez-vous que ces deux mesures aient prouvé leur efficacité?** | What do you think of the speed-limit? And of the compulsory wearing of seat belts? Do you think that these two measures have proved to be effective? (**I** don't.) |

| | |
|---|---|
| Croyez-vous que le gouvernement sera assez fou pour abandonner la capitale? | Do you think that the government will be mad enough to leave the capital? (**I** do.) |
| Ne croyez-vous pas que je devrais m'en aller? | Don't you think I should go? (**I** do.) |
| Vous ne croyez pas que c'est imprudent? | Don't you think it is unwise? (**I** do.) |

## 96.2. 'Démentir/nier que . . .'

| | |
|---|---|
| La Maison-Blanche dément qu'il en soit question. | The White House denies that there is any question of it. |
| Je nie qu'il m'ait vu. | I deny that he saw me. |

## 96.3. 'Ce n'est pas que . . .'

| | |
|---|---|
| Ce n'est pas que l'appartement soit très grand. | It's not that the flat is very big. |
| Ce n'est pas que vous ayez des ennemis. | It's not that you have any enemies. |
| Ce n'est pas qu'il fasse beaucoup d'erreurs. | It's not that he makes a lot of mistakes. |
| Ce n'est pas qu'on puisse l'accuser de paresse. | It's not that he can be accused of laziness. |

## 96.4. 'Non que . . .'

| | |
|---|---|
| J'ai voulu parler avec quelqu'un, non que je sache quelque chose de nouveau. | I wanted to speak with someone, not that I know anything new. |
| Son travail lui plaît, non que manœuvrer l'ascenseur soit distrayant. | He likes his work, not that operating the lift is diverting. |
| Pour lui, l'heure n'est pas à l'optimisme, non qu'il fasse grise mine devant le succès. | For him, it is not the moment for optimism, not that he doesn't welcome success. |
| Il ne vint pas, non qu'il fût malade, mais il était occupé. | He didn't come, not that he was ill, but he was busy. |

## 96.5. 'Douter que . . .'

| | |
|---|---|
| Je doute qu'il y ait beaucoup pensé. | I doubt whether he has thought much about it. |
| Nous doutons fort qu'il vous reçoive. | We very much doubt whether he will receive you. |
| Je doute que nos journalistes aient pleinement conscience de la fonction redoutable qu'on leur assigne. | I doubt whether our journalists are fully conscious of the formidable rôle which is assigned to them. |
| Je doutais qu'on m'eût réservé une place. | I doubted whether a seat had been reserved for me. |

## 96.5.1. Logically, the negative form of the verb is usually followed by the indicative, since the double negative makes the hypothesis probable rather than possible.

| | |
|---|---|
| Je ne doute pas qu'il fera ce qu'il pourra. | I don't doubt that he will do what he can. |
| Il ne doutait pas qu'il serait accepté à l'hôpital. | He didn't doubt that he would be admitted to the hospital. |

*But the subjunctive is also found:*

| | |
|---|---|
| On ne pouvait douter qu'il eût une idée élevée de son rôle. | There was no doubt that he had an exalted idea of his rôle. |

## 96.5.2. 'Douter si', a literary usage, is followed by the indicative.

| | |
|---|---|
| Je doute si j'accepterais un tel poste. | I doubt whether I would accept such a job. |

# 97. Expressions of 'possible but not probable hypothesis'

## 97.1. 'Il est possible que . . ./Il se peut que . . .'

| | |
|---|---|
| Il est possible que votre vue ne soit pas parfaite. | It is possible that your sight is not perfect. |
| Il est possible qu'il y ait des difficultés. | It is possible that there may be difficulties. |
| Il est possible qu'elle le fasse—ou qu'elle ne le fasse pas. | It is possible that she will do it—or that she won't. |
| Il est possible qu'il fasse froid cette nuit. | It is possible that it will be cold tonight. |
| Il se peut qu'il ne soit pas coupable. | It may be that he is not guilty. |
| Il se peut que je vous rende une seconde visite. | It may be that I shall pay you a second visit. |
| Il se peut que ce projet réussisse. | It may be that this plan will succeed. |
| 'Se peut-il que j'aie enfin un ami?' s'est-il demandé. | 'Can it be that I have a friend at last?' he wondered. |

## 97.1.1. 'Il est probable' is followed by the indicative, since the balance is tipped strongly towards probability of occurrence.

| | |
|---|---|
| Il est probable que vous aurez l'autorisation que vous cherchez. | It is probable that you will get the authorisation which you are seeking. |

## 97.2. 'Il est rare que . . .'

| | |
|---|---|
| Il est rare que vous ayez des ennuis. | It is rare for you to have any troubles. |

Il est fréquent qu'un homme
politique ait deux visages. Il est
rare qu'il en ait trois.

It often happens that a politician has
two faces. It is rare for him to have
three.

Dans l'ensemble, le Président était
en bonne santé et il était rare qu'il
fasse appeler son médecin. Or, il le
fit, ce jour-là.

On the whole, the President was in good
health and it was rare for him to send
for his doctor. Now, that day, he did.

Il était rare qu'elle eût vraiment
travaillé.

It was rare for her really to have
worked.

## 97.3. 'Il semble que . . .'

Il semble que ce pourcentage ne soit
pas suffisant.

It seems as though this percentage is not
enough.

Pour la reconnaissance des
diplômes, il semble qu'il y ait eu un
changement de politique.

As far as the recognition of qualifications
is concerned, it seems that there has
been a change of policy.

Il semblait qu'il y eût en lui une
espèce de jeunesse dont ses
collègues étaient dépourvus.

It seemed as though there were in him a
kind of youthfulness which his colleagues
totally lacked.

## 97.3.1. But 'il (me) semble que . . .' is the equivalent of 'croire/penser que . . .' and, like them, is followed by the indicative in the affirmative, by the subjunctive in the negative, and by either the subjunctive or indicative in the interrogative, according to the answer expected. (See 96.1.1 and 96.1.2.)

Il me semble parfois qu'on peut
s'exprimer mieux par des actes que
par des paroles.

It sometimes seems to me that you can
express yourself better by deeds than by
words.

A dix-huit ans, il me semble que j'ai
le droit de savoir quelles sont tes
intentions exactes pour l'avenir.

At the age of eighteen, it seems to me
that I have the right to know what your
exact intentions are for the future.

Il ne me semble pas, cependant, que
cette discrimination fondamentale
soit admise aujourd'hui.

It doesn't seem to me, however, that this
fundamental distinction would be
accepted today.

Vous semble-t-il qu'il y ait là
matière à discussion?

Does it seem to you that there is matter
for discussion there? (*It doesn't seem so
to me.*)

## 98. Expressions of judgement

### 98.1. 'Trouver (bon etc.) que . . .'

Je trouve bon qu'il refasse ce
travail.

I think it advisable that he should do
this work again.

Elle trouve bien triste que j'aie déjà
mauvaise mine quelques semaines
après mon retour de vacances.

She finds it very sad that I should
already look so off colour a few weeks
after my return from holidays.

| | |
|---|---|
| Les ménagères trouvent inconcevable qu'il n'y ait pas encore de pharmacie et qu'elles soient obligées de descendre à Meulan pour aller chercher un tube d'aspirine. | The housewives find it unthinkable that there should not yet be any chemist's shop and that they should be obliged to go down to Meulan for a tube of aspirin. |
| Le Président a trouvé naturel qu'il eût des conversations personnelles avec les représentants du patronat et du syndicat. | The President found it natural that he should have personal conversations with the representatives of the employers' association and of the trades union. |

## 98.2.  Impersonal expressions of judgement

| | |
|---|---|
| Il est bon que vous le sachiez. | It is as well that you should know. |
| Il serait mal que vous vous en alliez. | It would be wrong for you to go away. |
| Il est juste que chacun ait voix au chapitre. | It is fair that each one should have a say in the matter. |
| Il est important qu'elle sache taper à la machine et qu'elle comprenne un peu le travail du bureau. | It is important that she should be able to type and that she should understand office-work. |
| Il est heureux que vous soyez arrivé à temps. | It is lucky that you arrived in time. |
| Il serait utile que vous le fassiez. | It would be useful if you did that. |
| Il est tout à fait compréhensible que vous ne voyagiez pas toujours avec Swissair. | It is quite understandable that you should not always travel with Swissair. |
| Il n'est pas acceptable que le gouvernement des hommes et des choses appartienne à des puissances privées dont le pouvoir est fondé sur l'argent. | It is unacceptable that the control of men and materials should be in the hands of private forces whose power is based on money. |
| Il convient que les enfants sachent combien il est dangereux de boire de l'alcool. | It is fitting that children should know how dangerous it is to drink alcohol. |
| Il importe que le gouvernement comprenne mieux la psychologie des Français. | It is important that the government should better understand the psychology of the French people. |
| Il vaut mieux qu'il en soit ainsi. | It is better that it should be so. |

## 99.  Expressions of necessity: 'il faut que/il est nécessaire que . . .'

| | |
|---|---|
| Il faut que le navire soit solide. | The boat must be strong. |
| Faut-il que j'y aille? | Do I have to go? |

| | |
|---|---|
| Il faut que nous prenions des vêtements de rechange. | We must take a change of clothes. |
| Il faut d'abord que soient respectées les provisions de ce plan, que soient passés des contrats à long terme entre l'Etat et les syndicats agricoles, que soit elaboré un plan agricole à l'échelon du Marché Commun. | The first essential is that the estimates of the plan should be met, that long-term contracts should be signed between the State and the farmers' unions, that a plan for agriculture should be devised at Common Market level. |
| Il faudra que nous traversions la rue de la République. | We shall have to cross the rue de la République. |
| Il faudrait qu'il y ait plus de piscines. | There ought to be more swimming-pools. |
| Il est nécessaire que vous teniez compte de cela. | You have to take account of that. |

## 100. Two 'verbs of projection', linked to the dependent clause by 'à ce que'

### 100.1. 'S'attendre à ce que . . .'

| | |
|---|---|
| Je ne m'attends pas à ce que vous feigniez une tendresse pour moi que vous ne pouvez éprouver. | I don't expect you to simulate an affection for me that you cannot feel. |
| On s'attend à ce qu'il soit élu. | It is expected that he will be elected. |
| Je ne suis pas assez fou pour m'attendre à ce qu'une foule d'élèves sache par prodige ce qui ne s'enseigne pas. | I am not so mad as to expect a crowd of pupils to know, by miracle, that which is not taught. |
| Elle s'attendait à ce qu'il vînt à Paris. | She was expecting him to come to Paris. |
| Je m'étais attendu à ce que Tatiana fût hostile au projet. | I had expected Tatiana to be hostile to the plan. |

### 100.2. 'Veiller à ce que . . .'

| | |
|---|---|
| Veillez à ce que les enfants ne fassent pas de bruit. | See to it that the children don't make any noise. |
| Je veille aussi à ce que tout le monde puisse s'exprimer dans la classe. | I see to it too that everyone can have a say in the class-room. |
| Il y a une organisation qui veille à ce que la pollution n'envahisse pas les îles. | There is an organisation which sees to it that pollution does not invade the islands. |
| Le préfet veillera à ce que l'ordre ne soit pas troublé. | The prefect will see to it that public order is not disturbed. |

# Conjunctions followed by the subjunctive

## 101. An intended consequence: 'pour que/afin que . . .'

| | |
|---|---|
| La France a besoin d'un taux de croissance de 4% pour que le chômage ne s'accroisse pas. | France needs a growth-rate of 4% for unemployment not to increase. |
| Pour que vos enfants n'aient pas peur en route, respectez les limitations de vitesse. | So that your children are not afraid when travelling, observe the speed limits. |
| Raison de plus, d'ailleurs, pour que son horaire ne soit pas trop chargé. | An additional reason, moreover, for his time-table not being overloaded. |
| Je vais téléphoner pour qu'il vienne plus tôt. | I'm going to 'phone so that he comes earlier. |
| Je ferai tout mon possible pour qu'il soit appelé à répondre de ce crime. | I shall do everything in my power so that he is brought to account for this crime. |
| Mettez votre nom sur l'enveloppe afin que je vous réponde, car le plus souvent je ne réponds pas aux lettres. | Put your name on the envelope so that I reply, for more often than not, I don't answer letters. |
| Donne-moi le sel pour que je remplisse la salière. | Give me the salt so that I can fill the salt-cellar. |
| J'ai donné des instructions pour que l'information soit largement diffusée. | I have given instructions for the information to be widely disseminated. |

## 102. A necessary consequence: 'assez/trop . . . pour que . . .'

| | |
|---|---|
| Il était assez grand pour qu'on le laissât seul. | He was big enough to be left alone. |
| Les travaux étaient assez avancés pour que le charpentier commençât la mise en place de la charpente. | The work was far enough on for the carpenter to begin the erection of the wooden framework. |
| Il y a trop de gens qui attendent pour que tout le monde puisse monter. | There are too many people waiting for everyone to be able to get on. |
| Le progrès économique régulier est maintenant trop entré dans les mœurs pour que l'on puisse imaginer que les masses populaires puissent y renoncer. | Regular economic progress is now too much part of our way of life for it to be imaginable that the mass of the people will give up the idea. |
| Le contraste se révélait trop grand pour que j'y crusse vraiment. | The contrast turned out to be too great for me to believe in it really. |

## 103. Concession: 'bien que/quoique . . .'

| | |
|---|---|
| **Je vais me baigner quoiqu'il pleuve.** | I'm going to bathe although it is raining. |
| **Je le respecte bien qu'il ne me plaise pas.** | I respect him although I don't like him. |
| **Il ne pleut pas quoique le ciel soit très nuageux.** | It isn't raining although the sky is very cloudy. |
| **Bien que nous ayons pris des billets de première, nous avons dû faire tout le trajet debout.** | Although we bought first class tickets we had to stand for the whole journey. |
| **Ils s'arrêtèrent quelques instants bien qu'ils fussent en retard.** | They stopped for a few moments, although they were late. |
| **Bien que l'herbe envahît parfois tout le chemin, il parvint à retrouver la piste.** | Although the grass sometimes encroached on the whole of the path, he managed to find the trail again. |

## 104. Negative hypothesis

### 104.1. 'Sans que . . .'

| | |
|---|---|
| **Le français est déjà assez difficile à manier sans qu'il faille le compliquer.** | French is already difficult enough to handle without it being necessary to complicate it. |
| **Pas une seule fois nous n'avons roulé ensemble sans qu'il se fasse dresser un procès-verbal.** | We haven't driven together on one single occasion without his having been booked. |
| **Toutes les commandes du tableau de bord sont manœuvrables sans que le conducteur ait à lâcher le volant.** | All the controls on the instrument panel can be operated without the driver having to leave hold of the steering-wheel. |
| **Pas de semaine sans qu'un poids lourd chargé de matières dangereuses ait un accident dans une agglomération.** | Not a week (goes by) without a heavy lorry, laden with dangerous materials, having an accident in a built-up area. |
| **Ils ont été condamnés à la peine de mort, sans que les avocats aient pu les défendre, sans que leur culpabilité ait été prouvée.** | They have been sentenced to death, without the lawyers having been able to defend them, without their guilt having been proved. |
| **Le train démarra sans que rien l'eût fait prévoir.** | The train moved off without anything having given warning. |
| **Je restai là, ma cigarette intacte aux lèvres, sans qu'il s'en aperçût.** | I remained there, with my unlit cigarette between my lips, without his noticing. |

### 104.2. 'Non que . . .'

| | |
|---|---|
| **Elle préférait rester chez elle, non qu'elle fût femme d'intérieur, mais elle flânait là en déshabillé.** | She preferred to stay at home, not that she was a home-loving woman, but she lounged about there, half-dressed. |

*(For other examples, see 96.4.)*

# 105. An anticipated event is envisaged as still virtual

## 105.1. 'Avant que . . .'

| | |
|---|---|
| Je serai prêt avant que vous le trouviez. | I shall be ready before you find it. |
| L'oiseau bat un peu de l'aile, avant qu'il reprenne son vol. | The bird flaps its wings a little, before it resumes its flight. |
| Avant même qu'ils aient pu s'asseoir, un chien joyeux bondit du coin le plus obscur de la pièce. | Before they were even able to sit down, a playful dog sprang up from the darkest corner of the room. |
| Avant même que la nouvelle fût officielle, tout le monde était au courant. | Even before the news was official, everybody knew all about it. |

### 105.1.1. There is sometimes an expletive 'ne' when a negative intention is implied:

| | |
|---|---|
| Allez-vous-en avant qu'elle ne descende. | Go away, before she comes down. |

## 105.2. 'Jusqu'à ce que . . .'

| | |
|---|---|
| Restez ici jusqu'à ce que je revienne. | Stay here until I come back. |
| Ces avions doivent être interdits de vol jusqu'à ce que la preuve soit faite qu'ils ne sont pas dangereux. | These 'planes must be grounded until proof is given that they are not dangerous. |
| L'esprit des voyageurs s'isole dans un présent sans contours jusqu'à ce que la première escale les rende à la réalité. | The travellers' minds are isolated in a formless present until the first port of call brings them back to reality. |

## 105.3. 'Attendre' is followed merely by 'que'

| | |
|---|---|
| J'attends qu'il soit sorti. | I'm waiting until he has gone out. |
| Attendez une minute que j'aille acheter un journal à ce kiosque. | Wait a minute while I go and buy a paper from that news-stand. |
| Nous attendrons que vous ayez fini de trier le courrier. | We will wait until you have finished sorting the mail. |
| Ils attendaient qu'elle descendît. | They were waiting for her to come down. |

## 105.4. It is not possible to have a negative verb in the main clause with a subordinate clause introduced by 'jusqu'à ce que'

*In this case, 'ne . . . que lorsque . . .' or 'ne . . . pas avant que . . .' is used:*

| | |
|---|---|
| Je ne suis arrivé à l'embarcadère que lorsque tous les passagers étaient montés à bord. | I didn't arrive at the landing-stage until all the passengers had gone aboard. |

| | |
|---|---|
| Ne partez que lorsque je vous aurai remis les papiers. | Don't go until I have handed the papers over to you. |
| Ne parlez pas avant qu'il ait fini. | Don't speak until he has finished. |

## 105.5. 'Jusqu'au moment où' is followed by the indicative

| | |
|---|---|
| Les victimes sont toujours les autres jusqu'au moment où le tour vient. | The victims are always other people, until your turn comes. |
| Gardez cet argent jusqu'au moment où je vous le redemanderai. | Keep this money until I ask you for it back again. |
| J'ai compté des siècles jusqu'au moment où la grille de la villa s'est ouverte devant moi. | It seemed ages to me until the villa gate was opened for me. |
| Année après année, l'endettement se poursuivit jusqu'au moment où les coffres se trouvèrent littéralement à sec. | Year after year, the running-up of debts was continued, until the coffers were found to be literally 'dried up'. |

## 106. Hypothesis: a condition is presented: 'à condition que/pourvu que ...'

| | |
|---|---|
| Ils acceptent l'école libre à condition qu'elle ne soit pas subventionnée par l'Etat. | They accept the independent school on condition that it is not subsidised by the State. |
| Rien d'équitable ne peut se faire sans un sacrifice général, à condition que l'Etat soit le premier à donner l'exemple. | Nothing fair can be done without a general sacrifice, on condition that the State is the first to set the example. |
| L'opinion est prête à consommer du protestantisme, à condition qu'en matière sexuelle il permette ce que Rome défend. | Opinion is ready to swallow Protestantism, on condition that in sexual matters it allows what Rome forbids. |
| Pourvu que nous puissions grimper à bord, ça ira. | Provided that we can climb on board, all will be well. |
| Je le laissais faire pourvu qu'il me donnât des billes. | I used to let him do as he wished, provided he gave me marbles. |

## 106.1. 'Pourvu que' can also be used to present a wish, a hope

| | |
|---|---|
| Pourvu qu'il ne leur soit rien arrivé! | I only hope that nothing has happened to them! |
| Pourvu qu'il ne fasse pas de gaffes! | If only he doesn't put his foot in it! |

## 107. Hypothesis: a condition which may prevent an undesired outcome or a possible alternative is presented: 'à moins que ... NE ...'

| | |
|---|---|
| Il n'acceptera pas à moins qu'il ne reçoive une augmentation de salaire. | He won't accept unless he receives a salary increase. |

À moins qu'il ne nous le dise, nous ne saurons jamais ce dont il s'agit.

Unless he tells us, we shall never know what it is all about.

A moins que les industries de pointe ne fassent un effort, la crise persistera.

Unless leading industries make an effort, the crisis will persist.

Elle oubliera. A moins qu'elle ne meure, pensais-je.

She will forget. Unless she dies, I thought.

Le pot de faïence qu'il avait fendu, à moins que ce ne fût la gelée.

The china jug which he had cracked, unless it was the frost.

Ils se disputaient à mi-voix à propos du fonctionnement des machines, à moins que ce ne fût au sujet d'un détail précis du tableau de bord.

They were arguing under their breath about the working of the machines unless it was about a precise detail on the control panel.

# The subjunctive in relative clauses

## 108. The 'virtual' or 'hypothetical' subjunctive after an indefinite antecedent

Je voudrais une cravate qui aille avec la chemise.

I would like a tie which would go with the shirt.

Y a-t-il autre chose que je puisse faire pour votre service?

Is there anything else I can do to help you?

Il doit bien exister quelqu'un en qui vous ayez confiance.

There must surely be someone in whom you have confidence.

Un homme qui passe beaucoup de temps au volant a besoin d'une voiture qui lui aille comme un gant.

A man who spends a lot of time at the driving wheel needs a car which fits him like a glove.

*(See 89 for further examples.)*

## 109. After a negative antecedent: negative hypothesis

Je n'ai rencontré personne qui le fasse.

I haven't met anybody who does it.

Il n'y a rien qui soit plus intéressant.

There isn't anything which is more interesting.

Il n'y a pas un seul but qui vaille qu'on fasse la guerre.

There isn't a single aim which is worth making war for.

Il n'y a pas un membre du parti qui puisse vous dire le contraire.

There isn't a party member who can contradict you.

Il n'y a pas de bons journaux qui ne soient pas libres.

There are no good newspapers which are not free.

| | |
|---|---|
| Il n'y aura jamais de recette-miracle qui permette de défendre le français en France sans débourser un centime. | There will never be any miraculous formula which will allow the French language to be defended in France, without paying out a centime. |
| Il n'est guère d'endroits où l'on soit plus mal accueilli qu'à Saint-Tropez. | There are few, if any, places where you are given a worse reception than at Saint-Tropez. |
| Alors je me laissais glisser dans un demi-sommeil où cependant rien ne se passait dans le salon qui échappât à mes regards. | Then I used to allow myself to drift into a semi-somnolence, in which however nothing occurred in the drawing-room which escaped my gaze. |

## 109.1. The 'pas' is often omitted if the verb of the subordinate clause is in the negative

| | |
|---|---|
| Depuis dix ans et plus, il n'est pas un seul état qui n'ait profondément modifié les structures de son enseignement. | In the last ten years or more, there is not a single state which has not profoundly modified its educational system. |
| Il n'y a pas d'industrie aujourd'hui qui n'ait recours aux matières plastiques. | There is no industry which today does not have recourse to plastics. |
| Mais il n'y a rien dans tout cela qui ne puisse être expliqué aux Français. | But there is nothing in all that which cannot be explained to the French people. |
| Il n'est point de sondage qui ne trahisse le faible intérêt des peuples pour la politique étrangère. | There is not a single public opinion poll which does not reveal the lack of interest of the peoples (of the world) in foreign affairs. |
| Aucune collectivité ne peut longtemps survivre qui ne soit tendue par un projet, par une idée de son avenir. | No community can survive for long which is not held together by a plan, by a conception of its future. |

## 110. After superlatives or their equivalents: subjective judgement

| | |
|---|---|
| C'est la chose la plus vraie que j'aie jamais entendue. | That is the truest thing I have ever heard. |
| La France se trouve devant l'un des problèmes les plus difficiles qu'elle ait eu à surmonter. | France is faced by one of the most difficult problems which she has had to overcome. |
| C'est la plus vaste exposition dont Bonnard ait fait l'objet jusqu'à ce jour. | It is the most comprehensive exhibition which has been devoted to Bonnard until now. |
| La Grande Muraille de Chine est l'un des vestiges les plus colossaux qu'il nous soit donné d'admirer. | The Great Wall of China is one of the most colossal relics which it is given to us to admire. |
| Ce livre est certainement la meilleure grammaire française que nous possédions à l'heure actuelle. | That book is certainly the best French grammar which we possess at the present time. |

| | |
|---|---|
| La meilleure choucroute que nous ayons trouvée est en vente dans une boucherie. | The best sauerkraut which we have found is on sale in a butcher's shop. |
| La politique du manche de pioche et de la barre de fer est la pire qui soit. | The policy of the pick-handle and the iron bar is the worst there can be. |
| Le problème de nos paiements extérieurs est le seul que nous ne puissions résoudre tout seuls. | The problem of our foreign payments is the only one which we can't solve entirely on our own. |
| Le parti communiste est le seul parti en France qui ait plus de 100,000 cotisants. | The communist party is the only party in France which has more than 100,000 paid-up members. |
| C'est le premier grand roman qui rende compte de cette période. | It is the first great novel which gives an account of this period. |
| Thomas Edward Lawrence apparaîtra de plus en plus comme une des figures très remarquables qui aient illustré notre époque. | Thomas Edward Lawrence will progressively appear as one of the very remarkable figures who have graced our era. |

# The subjunctive in concessive clauses

## 111. 'Si/pour/quelque/aussi (adjective) que . . .'

| | |
|---|---|
| Si gênante qu'elle soit, la grève n'est pas vraiment impopulaire. | However inconvenient it may be, the strike is not really unpopular. |
| On va pousser activement la construction des autoroutes, si bonnes et si nombreuses que soient les routes secondaires. | The building of the motorways will be actively pursued, however good and however numerous the secondary roads may be. |
| Si vulgaire que soit le livre, il n'y a pas deux lecteurs qui lisent le même texte sur la même page. | However ordinary the book may be, there are not two readers who read the same text on the same page. |
| Si spectaculaires que soient les efforts actuels, ils ne suffisent même pas à combler le retard accumulé depuis le début du siècle. | However spectacular present efforts may be, they are not even sufficient to make up the lee-way accumulated since the start of the century. |
| Si nombreux que fussent les acteurs et les témoins, si divers et si importants que fussent les ouvrages consacrés à ces journées historiques, une foule de questions demeurent posées qui n'ont pas reçu de réponses satisfaisantes. | However numerous the actors and witnesses were, however varied and important the works devoted to these historic days were, a host of questions remain posed to which no satisfactory answers have been given. |
| Pour employé couramment qu'il soit, ce terme n'est pas parfaitement clair. | However currently used it may be, this term is not perfectly clear. |
| Pour imparfait qu'il soit, ce projet marque un premier progrès vers la justice fiscale. | However imperfect it may be, this bill marks a first step towards fiscal justice. |

| | |
|---|---|
| Quelque difficile que paraisse la grammaire française, on arrive à l'apprendre. | However difficult French grammar may appear, people manage to learn it. |
| Aussi insatisfaits qu'ils soient du présent, quantité de gens n'effacent pas de leur mémoire le proverbe: "Un tiens vaut mieux que deux "tu auras".' | However dissatisfied they may be with the present, a lot of people cannot wipe from their memory the proverb: 'A bird in the hand is worth two in the bush.' |

## 111.1. 'Si' appears with inversion of verb and subject and without 'que'

| | |
|---|---|
| Si bien intentionnées soient-elles, les firmes multinationales ne sont pas sans inconvénients pour les pays qui les accueillent. | However well-intentioned they may be, multinational firms are not without drawbacks for the countries which welcome them. |
| Aucune recette de cuisine, si explicite soit-elle, n'a jamais remplacé le tour de main du chef. | No cookery recipe, however explicit it may be, has ever replaced the chef's special knack. |
| Il serait essentiel de ne pas rompre avec les méthodes de l'école primaire, si imparfaites soient-elles. | It would be essential not to break with primary school methods, however imperfect they may be. |

## 112. 'Quelque (noun) que . . .'

| | |
|---|---|
| L'éducateur n'a pas le droit de se dérober à quelque question que ce soit. | The educator has not the right to evade any question, whatever it may be. |
| Le Pape a évité de s'attirer des critiques, de quelque camp que ce soit. | The Pope has avoided bringing criticism upon himself from any side whatsoever. |
| Il nie avoir pris part à quelque tentative que ce soit de passer à l'action clandestine. | He denies having taken part in any attempt whatsoever to go over to underground activity. |
| La redistribution de ces documents est interdite, sous quelque forme que ce soit. | The further dissemination of these documents is forbidden, in any form whatsoever. |
| La disparition d'un journal, de quelque nature ou tendance qu'il soit, est toujours un événement grave. | The disappearance of a newspaper, of whatever kind or tendency it may be, is always a serious event. |
| Quelque but qu'on veuille atteindre, il faut viser haut. | Whatever objective you wish to reach, you must aim high. |

## 113. 'Quel que (soit)' + noun

| | |
|---|---|
| Quelle que soit l'altitude, la pression d'air est maintenue à celle d'une altitude où vous vous sentez à l'aise. | Whatever the height may be, the air pressure is maintained at that of a height at which you feel comfortable. |

| | |
|---|---|
| Quelles que soient vos aptitudes, l'orienteur les décélera. | Whatever your abilities may be, the careers adviser will reveal them. |
| La recherche d'un absolu, quel qu'il soit (fascisme ou communisme par exemple) ne peut mener qu'à la faillite. | The search for an absolute, whatever it may be (fascism or communism for example) can only lead to failure. |
| Le décorateur est prêt à venir chez vous, à votre jour, quel que soit le lieu de votre domicile. | The decorator is willing to come to your house, at the time you choose, in whatever locality your home may be. |
| Ce protocole s'applique à toutes les sections, quel que soit le nombre de leurs participants, quel que soit le sport. | This agreement applies to all sections, whatever the number of their playing members, whatever the sport may be. |
| Quelle que soit votre destination, on s'occupe de vous. | Whatever your destination may be, you are looked after. |
| Pourtant, ce n'est pas la vraie question, et la réponse, quelle qu'elle soit, ne saurait satisfaire. | However, that is not the real question, and the answer, whatever it may be, could not possibly be satisfactory. |
| Quelle que soit la manière dont on regarde les chiffres, on voit que le pétrole représentera encore dans dix ans la moitié au moins de notre approvisionnement. | Whatever may be the way in which the figures are looked at, it is seen that oil will still represent, in ten years time, at least the half of our supply. |

## 113.1. A second subjunctive is sometimes generated in a subordinate relative clause

| | |
|---|---|
| Quelle que soit la ligne politique qu'on suive, cette constatation s'impose à vous. | Whatever may be the political line which you follow, this finding forces itself upon you. |

## 114. 'Quoi que . . .'

| | |
|---|---|
| Quoi qu'il dise ou fasse, on ne lui fera plus confiance. | Whatever he may say or do, people will no longer trust him. |
| Quoi qu'on puisse en penser, c'est ce que je vais faire. | Whatever people may think of it, that's what I'm going to do. |
| Quoi que nous fassions ou ne fassions pas, rien n'empêchera les idées reçues de fleurir. | Whatever we do or don't do, nothing will prevent generally accepted ideas from flourishing. |
| Dans ces régions, et quoi que disent les responsables nationaux ou locaux, des restrictions sévères devront être prises. | In these areas, and whatever the national or local authorities may say, severe restrictions will have to be imposed. |
| Quoi qu'il ait raconté de lui, nous ne l'avons jamais cru tout à fait. | Whatever he may have told about himself, we never believed him completely. |

# 115. 'Quoi que ce soit'; 'qui que ce soit'; 'qui que vous soyez'; 'où que ce soit'

| | |
|---|---|
| Elle n'a pas le moindre désir d'acheter quoi que ce soit. | She hasn't the slightest desire to buy anything at all. |
| J'ai voulu que vous soyez ici avant qu'on ne touche à quoi que ce soit. | I wanted you to be here before anything whatsoever is touched. |
| Il n'y a jamais eu de vol dans la maison des jeunes, ni disque, ni livre, ni quoi que ce soit. | There has never been a theft in the Youth Club, neither a record, nor a book, nor anything whatsoever. |
| Si vous avez besoin de quoi que ce soit, ne vous gênez pas. | If you need anything at all, don't be afraid to ask. |
| Je ne parvins pas à faire quoi que ce fût de mon programme. | I didn't manage to do anything at all on my programme. |
| Il n'envisage pas de coopération avec qui que ce soit. | He doesn't contemplate cooperation with anybody at all. |
| Qui que vous soyez, vous appartenez à une commune, à une région, à un ensemble. | Whoever you are, you belong to a parish, to a region, to a community. |
| Il n'y a plus place où que ce soit pour des armes nucléaires. En France. En Europe. Ou dans le monde. | There is now no room anywhere at all for nuclear arms. In France. In Europe. Or in the world. |

# 116. 'Que' + subjunctive, presenting an alternative

| | |
|---|---|
| Que ce soit aux Etats-Unis ou au Danemark, en Allemagne ou en France, les hommes d'état veulent, avant tout, freiner la hausse des prix. | Whether it be in the U.S.A. or in Denmark, in Germany or in France, statesmen wish, above all else, to curb the rise in prices. |
| Une nation israélienne est née, que nous le voulions ou pas. | An Israeli nation has been born, whether we wish it or not. |
| Le gouvernement ne peut échapper, qu'il l'admette ou non, à l'alternative que voici. | The government cannot escape, whether it admits it or not, the following alternative. |
| Que nous restions en capitalisme ou que nous acceptions le socialisme, l'essentiel est de moderniser nos institutions. | Whether we remain under capitalism or whether we accept socialism, the essential thing is to bring our institutions up to date. |
| Le Français, qu'il soit à la tête d'une grosse fortune ou d'un simple lopin de terre, est viscéralement attaché à la société actuelle. | The Frenchman, whether he possesses a huge fortune or a mere plot of land, has a guts attachment to the present social order. |
| Qu'il s'agisse de participer à la grande course au soleil ou de venir profiter de la torpeur de Paris estival, l'attraction de l'automobile paraît irrésistible. | Whether it's a question of joining the great stampede to the sunshine or of coming to take advantage of the relaxed atmosphere of Paris in the summer, the attraction of the car seems irresistible. |

| | |
|---|---|
| Qu'ils soient restés chez eux ou qu'ils aient pris des vacances, les Français ont au moins un point en commun: le pessimisme. | Whether they stayed at home or whether they had holidays, the French have at least one thing in common: pessimism. |
| De toute manière, qu'elle soit à moteur classique ou électrique, la voiture à hydrogène semble s'imposer. | Anyway, whether it be (fitted) with a classical or electric engine, the hydrogen car seems to be compelling recognition. |

## 117. Subjunctive with the value of a conditional

| | |
|---|---|
| Bleuet souriait par habitude, mais on l'eût dit prêt à mordre. | Bleuet was smiling as a matter of habit, but you would have said he was ready to bite. |
| Aragon affirme qu'il n'eût rien été sans elle; qu'eût-elle été sans lui? | Aragon declares that he would have been nothing without her; what would she have been without him? |
| Il y avait des gens qu'on ne se fût pas attendu à trouver là. | There were people whom you wouldn't have expected to find there. |
| Mais comment avoir la clef? La lui demander? C'eût été folie. La lui prendre? C'eût été bien mal. | But how to get the key? Ask him for it? That would have been madness. Take it from him? That would have been very wrong. |
| Il n'est pas rare de voir des gens prendre leur retraite à 40 ans pour se consacrer à des occupations personnelles. C'eût été impensable il y a encore dix ans. | It is not unusual to see people retiring at the age of 40 in order to devote themselves to their own personal work. That would have been unthinkable even ten years ago. |
| Observez-la, ne fût-ce qu'un instant. | Just watch her, even if only for a moment. |

## 118. The subjunctive presenting the condition, in a conditional sentence

### 118.1. With inversion

| | |
|---|---|
| Eût-elle remué les paupières en signe de regret, l'orage n'aurait peut-être pas éclaté. | Had she but flickered her eyelids by way of apology, the storm would not perhaps have broken out. |
| Ne l'eût-il pas voulu, il lui aurait été impossible de ne pas entendre la voix de son hôte. | Even if he hadn't wanted to, it would have been impossible for him not to hear his host's voice. |
| Un homme, fût-il inculte, misérable, sans défense, reste un homme. | A man, even if he were uneducated, miserable, defenceless, remains a man. |

### 118.2. 'N'eût été . . .'

| | |
|---|---|
| N'eût été ce chemin, on aurait pu croire la propriété abandonnée. | If it hadn't been for this path, you might have thought the estate was derelict. |

| | |
|---|---|
| N'eût été la crainte d'être importun, e me serais adressé à vous. | If it hadn't been for the fear of being a nuisance, I would have applied to you. |
| N'eût été son rhumatisme, il nous aurait accompagnés. | If it hadn't been for his rheumatism, he would have come with us. |

### 118.3. 'Que' + subjunctive, presenting a second condition, in a conditional sentence

| | |
|---|---|
| S'il fait beau et que vous ayez le temps, nous pouvons aller nous promener. | If it is fine and if you have the time, we can go for a walk. |
| Si elle regardait et qu'il ne fût pas là, elle en était toute triste. | If she looked and if he wasn't there, she was quite sad. |

### 119. 'Que' + subjunctive in a subordinate clause placed at the head of the sentence, in which the main clause would not normally induce the subjunctive

| | |
|---|---|
| Que les Français soient mal logés, tout le monde le sait. | That the French are badly housed, everybody knows. |
| Que maman ait eu peur après cet incident, c'est indiscutable. | That mother was frightened after this incident, there can be no argument. |
| Que le cinéma français n'aille pas bien, il n'était nul besoin d'un sondage pour le savoir. | That the French cinema is in a bad way, there was no need of an opinion poll to tell us. |
| Que les choses se soient passées ainsi, c'est un fait certain. | That things happened like this is a certainty. |
| Que la littérature, que l'art puissent servir la Révolution, il va sans dire. | That literature and art can serve the Revolution goes without saying. |
| Que les jeunes n'aient pas beaucoup de distractions, cela va de soi. | That the young have not many amusements goes without saying. |
| Que les prix des restaurants à Paris soient devenus indécents, personne ne le conteste. | That the prices in Paris restaurants have become indecently high, nobody denies. |
| Qu'il y entrât de la maladresse, c'était certain. | That a certain element of clumsiness came into it is certain. |

### 120. The subjunctive in a main clause, as an imperative

| | |
|---|---|
| Que je n'entende plus parler de cela! | Let me hear no more about that! |
| Qu'elle parte tout de suite! | Let her go at once! |
| Qu'il retourne à l'usine! | Let him go back to the factory! |
| Qu'on leur apprenne à lire et à se cultiver et que l'enseignement ne soit pas trop livresque. | Let them be taught to read and to cultivate their minds and let the teaching be not too bookish. |

## 121. The present subjunctive of 'pouvoir' as an optative subjunctive

Puissent les Alliés se souvenir, en ce 6 juin 1948, que la France, en 1919, avait déjà raison.

May the Allies remember, on this 6th of June 1948, that already, in 1919, France was right.

Puissent les hommes se persuader de cette vérité: 'L'on est aussi souvent dupe par la méfiance que par la confiance.'

May men become convinced of this truth: 'We are as often deceived by mistrust as by trust.'

## 122. Tense sequences with the subjunctive

*Since the subjunctive is the mood of subjective evaluation, emotional reaction, hypothesis and projection, it follows that it has a certain 'timelessness'.*

*The strict sequencing which would require the imperfect subjunctive after a main verb in the imperfect, pluperfect, past historic or even conditional or conditional perfect is rarely seen, and even more rarely heard, in contemporary French. The only form of the imperfect subjunctive which is likely to occur is the third person singular.*

*Anteriority or posteriority of the verb in the subjunctive will be indicated by a perfect subjunctive, but in most cases, it is the present subjunctive which will appear.*

## 122.1. Present subjunctive for imperfect subjunctive

Il fallait que je la voie tout de suite.

I had to see her immediately.

Avant que la nouvelle soit officielle, tout était déjà consommé.

Before the news was official, all was already accomplished.

Avant qu'on ne relève son niveau, le fleuve offrait ici le gué le plus praticable de son cours inférieur.

Before its level was raised, the river provided here the most easily utilisable ford on its lower course.

On voulait en effet que le stage soit une réponse aux besoins et aux demandes des participants.

We wanted the course to be a response to the needs and requests of the members.

Peu leur importait que je reste ou que je m'en aille.

It mattered little to them whether I stayed or went.

On lui conseilla de s'installer plutôt dans un hôtel en attendant que la question des locaux soit tranchée.

He was advised to take up residence rather in a hotel until the question of the premises was settled.

S'il parvenait à se glisser dans le lacis de ruelles avant que ses poursuivants ne le rejoignent, il était sauvé.

If he could manage to slip into the labyrinth of back streets before his pursuers caught up with him, he was saved.

Il annonça à Lisa qu'elle pouvait arranger une rencontre avec son cousin Mariotto, pour qu'ils puissent discuter de la dot.

He gave the news to Lisa that she could arrange a meeting with her cousin Mariotto, so that they could discuss the dowry.

L'on m'avait recommandé que la presse ne soit au courant de rien.

I had been strongly advised that the press should be kept in the dark.

## 122.2. Perfect subjunctive for imperfect or pluperfect subjunctive

| | |
|---|---|
| Ce qui était miraculeux, c'est qu'ils aient pu s'entendre. | What was miraculous, was that they were able to agree. |
| Elle était touchée que ce gars fruste ait pris un tel intérêt à toutes ces choses. | She was touched that this uncultivated lad took such an interest in all these things. |
| Il savait, du reste, sans qu'ils en aient encore parlé, que ceux-là étaient venus pour faire le mal. | He knew, moreover, without them having yet spoken of it, that those men had come to do evil. |
| Il était normal que pour un tel sujet le débat ait été d'une exceptionnelle tenue. | It was normal that for such a subject, the debate should have been of exceptional quality. |

# Some verbs and verbal expressions presenting peculiar difficulties to English speakers

## 123. The subject of the verb in French is the object in English

### 23.1. 'Manquer'

| | |
|---|---|
| Vous me manquerez. | I shall miss you. |
| Ses enfants lui manquent. | She misses her children. |
| C'était un ami qui m'écrivait. Il me demandait de mes nouvelles. Je leur manquais. | It was a friend writing to me. He was asking for news of me. They were missing me. |

### 23.2. 'Plaire'

| | |
|---|---|
| Il a visité la maison; elle lui a plu. | He visited the house; he liked it. |
| Elle ne lui plaît pas. | He doesn't like her. |
| Le plan d'ensemble ne plaira pas à tout le monde. | Not everyone will like this overall plan. |
| Tu me plais dans cette robe! | I do like you in that dress! |
| Cette situation plaît à votre fille? | Does your daughter like that job? |
| Ce spectacle m'a beaucoup plu. | I liked this show very much. |
| Un homme à qui personne ne plaît est bien plus malheureux que celui qui ne plaît à personne. | A man who likes nobody is much more unfortunate than the one whom nobody likes. |

## 124. With 'devenir' the subject of the verb in French is a complement in English

| | |
|---|---|
| Qu'est-il devenu? | What has become of him? |
| Qu'allons-nous devenir? | What is going to become of us? |
| Que deviendra sa fortune après sa mort? | What will become of his fortune after his death? |
| Que deviendrais-je sans le rire? | What would become of me without laughter? |
| Qu'est devenu mon chapeau? | What has become of my hat? |
| Qu'étiez-vous devenu? Nous vous cherchions depuis une heure. | What had become of you? We had been looking for you for an hour. |
| Qu'est-ce que vous devenez? | How have you been getting on? |

## 125. The English verb is modified by 'only'/ 'merely'/'just'

### 125.1. 'Ne faire que . . .'

| | |
|---|---|
| Cette tendance ne fait que s'accentuer. | This tendency is becoming only more obvious. |
| Je ne fais qu'exécuter les ordres que j'ai reçus. | I'm only carrying out the orders I have received. |
| La réaction de Wall Street ne fait qu'exprimer l'inquiétude profonde des milieux industriels. | Wall Street's reaction only expresses the deep anxiety of industrial circles. |
| En revendiquant le droit à la libération sociale, culturelle et politique, les peuples basque et breton ne font qu'exiger la reconnaissance de leurs justes droits. | In claiming the right to social, cultural and political liberation, the Basque and Breton peoples are only demanding recognition of their legitimate rights. |
| Son assaillant n'a fait que le blesser légèrement. | His attacker only wounded him slightly. |
| Je ne faisais que rouler du mauvais côté de la route. | I was only driving on the wrong side of the road. |

### 125.2. 'Se contenter de . . .'

| | |
|---|---|
| Il se contente de répéter la même chose. | He merely repeats the same thing. |
| Pour toute réponse, elle s'est contentée de sourire. | By way of answer, she only smiled. |
| Je me contenterai de dire ceci. | I shall merely say this. |
| Le Président pour le moment n'a pas tranché. Il s'est contenté d'écouter son Premier ministre. | For the time being, the President has not come to a decision. He has merely listened to his Prime Minister. |

| | |
|---|---|
| Il s'est contenté de répéter que les Français doivent changer leurs habitudes. | He only repeated that the French people must change their habits. |
| Ne vous contentez pas de balayer autour des meubles! | Don't just sweep round the furniture! |
| Cette fois, il ne s'est pas contenté d'incriminer les insuffisances de l'Administration. | This time he didn't just indict the shortcomings of the Civil Service. |

## 126. French verb (often of general meaning) + specifying adverbial phrase = English verb (more specific) + preposition

| | |
|---|---|
| Antoine traversa¹ la rivière à la nage.² | Antoine swam² across¹ the river |
| Les enfants sont entrés¹ en coup de vent.² | The children rushed² in.¹ |
| Il est sorti¹ en trébuchant.² | He staggered² out.¹ |
| L'inconnu s'éloigna¹ à pas pressés.² | The stranger hurried² away.¹ |
| Il écarta¹ du coude² la femme d'âge mûr. | He elbowed² aside¹ the middle-aged woman. |
| Nous sommes rentrés¹ en avion.² | We flew² home.¹ |
| Il lavait¹ le pont à jet de lance.² | He was hosing² down¹ the deck. |
| Il a renversé¹ le vélo d'un coup de pied.² | He kicked² over¹ the bike. |
| J'ai traversé¹ Lyon en auto.² | I drove² through¹ Lyon. |
| On l'eut vite retiré¹ à force de bras.² | He was soon dragged² off.¹ |
| Elle avançait¹ un peu plus en rampant.² | She crawled² a little further forward.¹ |

## 126.1. Expressions with 'les yeux'/'le regard'

| | |
|---|---|
| J'ai levé¹ les yeux.² | I looked² up.¹ |
| Il a plongé¹ les yeux² dans la cour. | He gazed² down¹ into the courtyard. |

Elle a détourné le regard. | She looked away.

Il a promené les yeux sur les persiennes closes. | He looked along the closed shutters.

# The past participle

## 127. Noun (or pronoun) + past participle in 'absolute' constructions

Le petit déjeuner avalé et la cigarette allumée, il sortit. | Having swallowed his breakfast and lit a cigarette, he went out.

La porte extérieure franchie, on pénètre dans un couloir. | Having gone through the outer door, you come into a corridor.

Le concert fini, je l'ai retrouvée à sa place ordinaire. | When the concert was over, I found her again in her usual seat.

Sa servante partie, Angélique acheva son travail. | When her servant-girl had left, Angélique completed her work.

Le jour venu, il partit. | When daylight came, he left.

Pâques venues, j'étais vraiment las. | When Easter came, I was really weary.

Après l'été, les jeunes vont arriver, leurs études terminées. | After summer, the youngsters are going to arrive, when their schooling is finished.

Cela dit, l'autre problème est d'un intérêt beaucoup plus important. | When that has been said, the other problem is of much greater interest.

La paix revenue, Churchill s'inclina devant le verdict politique de ses compatriotes. | When peace returned, Churchill bowed before the political verdict of his fellow-countrymen.

De Saint-Raphaël à Toulon, toute circulation bloquée, le Chef de l'Etat a déposé des gerbes, inspecté des troupes et prononcé des discours. | From Saint-Raphaël to Toulon, with all traffic at a standstill, the Head of State laid wreaths, inspected troops and delivered speeches.

La mesure présentait, tout bien pesé, plus d'avantages que d'inconvénients. | When all was carefully weighed up, the measure offered more advantages than drawbacks.

Ses copies corrigées, elle est allée se coucher. | When she had marked her papers, she went to bed.

Expérience faite, construire une centrale atomique qui puisse rivaliser avec les installations classiques productrices d'électricité apparaissait difficile. | In the light of experience, building an atomic power station capable of vying with the classical electricity producing installations appeared difficult.

Ses besoins matériels satisfaits, l'homme pourra se servir de ses facultés à d'autres fins qu'à se nourrir, s'abriter et se vêtir. | Once his material needs have been met, Man will be able to use his faculties for other ends than feeding, sheltering and clothing himself.

| | |
|---|---|
| Cette réserve faite, force est de constater que la Chambre est plus constamment déserte aujourd'hui que sous la Quatrième République. | This reservation having been made, one is forced to record the fact that the House is more constantly deserted today than during the Fourth Republic. |

## 128. With some transitive verbs, the past participle precedes the noun group in this absolute construction

| | |
|---|---|
| Mais, apaisées ces fureurs saisonnières, je retournais errer sur les berges de cette rivière. | But, once these seasonal furies had abated, I used to go back wandering on the banks of this river. |
| Mais, passé l'orage, ils se déclarent favorables à des conversations amicales. | But now that the storm has passed over, they state that they are agreeable to friendly conversations. |
| Passé la minute d'affolement, le parti s'est reformé. | Now that the minute of panic has gone by, the party has re-grouped. |
| Mais, passé la Mer Rouge, le système nerveux se transforme. | But, once beyond the Red Sea, the nervous system changes. |

## 129. The absolute construction with a time expression

| | |
|---|---|
| Dès le souper fini, la lampe éteinte, on s'installait devant la maison, sous la treille. | As soon as supper was finished and the lamp had been turned out, we used to settle down in front of the house, under the arbour. |
| Sitôt Mlle Prudence disparue, il traversa le jardin et poussa la porte. | As soon as Miss Prudence had disappeared, he went across the garden and pushed open the gate. |
| Il passera la frontière, une fois la nuit tombée. | He will cross the frontier, once night has fallen. |
| Une fois arrivés au sommet, nous verrons la mer. | Once we get to the top, we will see the sea. |
| Elle était incapable de cacher un sentiment: bons ou mauvais, elle les exprimait, sitôt ressentis. | She was incapable of hiding her feelings: good or bad, she gave expression to them, as soon as she experienced them. |
| Aussitôt leur service terminé, ils s'égaient en chahutant. | As soon as their spell of duty is over, they lark about. |
| Une fois les classes constituées, et la rentrée faite, chaque groupe d'élèves forme une petite société qui évolue à sa façon propre. | Once the classes have been made up, and school has re-started, each group of pupils constitutes a miniature society which evolves in its own way. |

## 130. The past participle alone, functioning as a clause or phrase

| | |
|---|---|
| Effrayée, elle posa un doigt sur la bouche. | In her fright, she put a finger on her lips. |

| | |
|---|---|
| **Affolée, elle essaya de tirer le signal d'alarme.** | In her panic, she tried to pull the communication cord. |
| **Surpris, ils s'arrêtèrent sur le seuil.** | Caught unawares, they stopped on the threshold. |
| **Désorientés, nous avons dû demander le chemin à un passant.** | Because we had completely lost our bearings, we had to ask the way from a passer-by. |
| **Terminé, cet avion aura coûté plus de 15 milliards de francs.** | When it is finished, this plane will have cost more than 15 thousand million francs. |
| **Usés, les pneumatiques n'échouent plus aussi nombreux dans les décharges publiques.** | When they are worn out, tyres do not now end up in such great numbers on public rubbish-tips. |

## 131. Past participle with a circumstantial group, functioning as a relative clause

| | |
|---|---|
| **'Qu'est-ce que c'est?' demanda ma mère, devenue toute blanche.** | 'What is it?' asked my mother, who had turned quite white. |
| **Gabriel lui raconta la catastrophe survenue la veille.** | Gabriel told him about the disaster which had occurred the previous day. |
| **Il sentit avec délices les semelles glisser sur la neige poudreuse tombée la veille.** | He felt with delight his soles slipping on the powdery snow which had fallen the night before. |

# The present participle

## 132. The present participle agrees when used adjectivally

| | |
|---|---|
| **Il répondit d'une voix tremblante.** | He answered in a quavering voice. |
| **C'est une situation mouvante et confuse.** | It's a changeable, confused situation. |
| **Une couleur voyante.** | A gaudy colour. |
| **Une personne bien portante.** | A healthy person. |
| **La Bretagne bretonnante.** | Breton-speaking Brittany. |
| **Une rue passante.** | A busy street. |
| **Des ombres flottantes.** | Fleeting shadows. |
| **La gratuité de transport est accordée à partir de 15 adultes payants, à raison d'un adulte par 50 adultes payants.** | Free transport is granted in groups of more than 15 paying adults, at the rate of one adult for every 50 paying adults. |

## 133.  When the present participle has an object or a complement, it is verbal in function and therefore invariable

| | |
|---|---|
| Une poupée fermant les yeux. | A doll closing its eyes. |
| Une femme parlant quatre langues. | A woman speaking four languages. |
| Voilà la petite gare, grelottant sous l'averse. | There is the little station shivering with cold in the rain-shower. |
| Ils apercevaient l'eau bouillonnant et luisant sous le soleil du matin. | They could glimpse the water seething and gleaming in the morning sun. |
| Les Américains, étant la puissance dominante, sont suspects dans chacune de leurs propositions et dans chacun de leurs actes. | The Americans, being the dominant power, are suspect in each of their proposals and in each of their acts. |
| L'U.R.S.S. orientale—Asie centrale et Caucase—forme un ensemble homogène caractérisé par une population croissant rapidement. | Eastern U.S.S.R.—Central Asia and the Caucasus—forms a homogeneous whole characterised by a rapidly growing population. |

## 134.  'Tout en' + present participle

| | |
|---|---|
| Tout en réfléchissant, elle promenait les yeux autour d'elle. | Meditating all the while, she was gazing around her. |
| Il introduisit la fiche dans son numéro, tout en regardant la petite horloge. | He slipped the card into his number, whilst at the same time looking at the little clock. |
| Le marché forain a un effet régulateur sur les prix, tout en constituant un lieu de rencontre. | The open-air market has a steadying effect on prices, whilst at the same time constituting a meeting-place. |

## 135.  Present participle, functioning as a clause

| | |
|---|---|
| Mais le monde changeant profondément, le journal s'est adapté. | But, since the world is changing greatly, the newspaper has adapted itself. |
| Philippe Cellier persévérant, les choses rentrèrent dans leur ordre naturel. | Because Philippe Cellier persevered, things went back to their normal state. |
| On avait l'impression d'avoir affaire à des issues dérobées, l'entrée principale se trouvant d'un autre côté. | You felt you were up against secret exits, since the main entrance was situated on another side. |
| La politique économique française pour les cinq ans à venir dépendant des choix opérés, il faut considérer tous les sujets d'un coup. | Since French economic policy for the coming five years depends on the choices made, all the topics have to be considered at one and the same time. |
| La situation étant très grave, il fallait un remède de choc. | Since the situation was very serious a drastic remedy was called for. |

D'autre part, ces programmes étant démesurés, les examinateurs en arrivent à une indulgence excessive.

On the other hand, because these syllabuses are unreasonably demanding, the examiners come to be excessively lenient.

Ceci étant, il reste à savoir quelle va être l'évolution du parti communiste.

This being so, it remains to be seen what will be the evolution of the communist party.

Les films que la télévision nous projette étant le plus souvent de valeur archi-médiocre, l'expérience passe généralement inaperçue.

Since the films shown us on television are most often the height of mediocrity, the experiment usually goes unnoticed.

C'est ainsi que notre aventure a commencé, elle ignorant tout de moi.

It is in this way that our adventure began, with her knowing nothing about me.

La compréhension, s'agissant d'un message ou d'un objet perçu, dépend de la connaissance qu'a le percepteur de ce qu'il perçoit.

Comprehension, when it is a matter of perception of a message or an object, depends on the knowledge which the perceiver has of what he perceives.

S'agissant de la France, la valeur stratégique de la bombe, l'efficacité de sa force de dissuasion paraissent beaucoup plus contestables.

As far as France is concerned, the strategic value of the bomb, the effectiveness of its deterrent power, appear much more debatable.

## 136. Present participle of 'avoir' or 'être' + past participle

Ayant pris un somnifère, il s'endormit.

Having taken a sleeping-tablet, he fell asleep.

Télé-Monte-Carlo ayant déjà manifesté à cette époque le désir d'étendre son rayon d'action en direction de Marseille, la R.T.F. l'accusait de vouloir faire un 'usage abusif' de son émetteur, planté au sommet du mont Agel.

Télé-Monte-Carlo having already at this time made evident the desire to extend its coverage in the direction of Marseille, R.T.F. was accusing it of intending to make 'unfair use' of its transmitter, installed on the top of Mont Agel.

Nous bûmes et mangeâmes avec un plaisir non dissimulé, étant venus de loin par la chaleur.

We ate and drank with unconcealed pleasure, having travelled from afar in the heat.

Les mariés s'étant assis, chacun en fit autant.

The bridal couple having sat down, everybody did the same.

## 137. A relative clause in French often corresponds to an English present participle

Elle a jeté un coup d'œil sur le public élégant qui se pressait au comptoir.

She glanced at the fashionable people thronging at the bar.

Il a entendu une voix qui disait: 'J'y vais' et des pas qui se rapprochaient.

He heard a voice saying: 'I'll go' and approaching foot-steps.

Il y aura sans doute d'autres crises dans les mois qui viennent.

There will probably be other crises in the coming months.

| | |
|---|---|
| La lumière bleuâtre baissait de minute en minute comme celle d'une lampe qui meurt. | The bluish light was getting lower every minute like that of a lamp dying away. |

# The infinitive

## 138. The infinitive as subject
### (often corresponding to the English verbal noun)

| | |
|---|---|
| Vivre est pénible. | Living is painful. |
| Toucher est la grande idée des enfants. | Touching is children's main preoccupation. |
| Voir, c'est croire. | Seeing is believing. |
| Penser, c'est opérer. | Thinking is manipulating. |
| Plaisanter, ce n'est pas répondre. | Joking is not answering. |
| Rédiger leur est tout à fait insupportable. | Written composition is quite unbearable for them. |
| Boire ne prouve pas que vous êtes un homme. | Drinking does not prove that you are a man. |

## 139. The infinitive as an exclamation

| | |
|---|---|
| Et dire que, pendant ce temps, elles croient qu'on s'amuse! | And to think that, all this while, the womenfolk think we are enjoying ourselves! |
| Et dire que ce chapeau ne coûte que cinquante francs! C'est donné! | And to think that this hat costs only fifty francs! It's a gift! |
| Autant enrubanner les accoudoirs d'une automobile sans moteur! | You might just as well decorate with ribbons the arm-rests of an engineless car! |

## 140. The infinitive as an imperative
### (Written style: official notices)

| | |
|---|---|
| Ralentir. | Slow. |
| Ne jeter dans cette boîte ni journaux ni imprimés. | Do not post newspapers or printed matter in this box. |

## 141. Interrogative word + infinitive, to form a question

| | |
|---|---|
| Que faire alors des 650 000 jeunes qui arriveront dès l'été sur le marché du travail? | What is to be done then, with the 650,000 young people who will come onto the labour market this summer? |
| Comment honorer la date de livraison maintenant? | How can we honour the delivery date now? |
| A quoi bon s'attarder à de vains préambules? | What is the use of lingering over vain preambles? |

| | |
|---|---|
| **A quoi bon se promener dans les rues quand il fait si chaud?** | What is the good of walking about in the streets when it is so hot? |
| **Pourquoi ne pas m'écrire et me dire tout cela?** | Why didn't you write to me and tell me all that? |
| **Que penser des risques d'accidents lorsque la multiplication des centrales rendra fréquents les transports d'éléments irradiés entre les centrales et les centres de traitement?** | What is one to think of accident risks when the proliferation of power stations necessitates frequent transportation of irradiated elements between the power stations and the treatment works? |
| **Comment s'y prendre et comment y parvenir?** | How are we to set about it and how are we to succeed? |
| **Il entra dans la petite église. Pourquoi y entrer? Depuis longtemps il avait abandonné toute pratique religieuse.** | He entered the little church. Why did he enter? For quite some time now he had ceased all religious observance. |
| **A quoi bon continuer?** | What is the use of going on? |

## 142. Verbs of perception followed by the infinitive (corresponding to the English present participle)

*There are two patterns, with different word-order:*

### 142.1. The infinitive is of an intransitive verb

| | |
|---|---|
| **Très vite, on sentit vibrer tout le navire.** | Very quickly, you could feel the whole ship throbbing. |
| **Il a entendu chanter une dame.** | He heard a lady singing. |
| **Je vois venir le facteur.** | I can see the postman coming. |
| **Je sens battre mon coeur.** | I can feel my heart beating. |

### 142.2. The infinitive is of a transitive verb

| | |
|---|---|
| **Bientôt ils ont vu les hélices battre l'eau.** | Soon they saw the propellers thrashing the water. |
| **J'ai entendu Pierre appeler.** | I heard Pierre calling. |
| **Je sentis Marie serrer mon bras.** | I felt Marie grip my arm. |

## 143. Infinitive preceded by 'à', with the value of a causal or conditional clause

| | |
|---|---|
| **A causer plus longuement, nous risquons de réveiller l'enfant.** | If we go on chatting much longer, we run the risk of waking the child. |
| **Allons, essuyez vos yeux. Que penserait-on à vous voir?** | Come along now, wipe your eyes. What would people think if they were to see you? |
| **A la regarder de loin, la montagne a l'air de n'être faite que d'un énorme bloc de roche.** | If you look at it from a distance, the mountain seems to be made out of one huge block of rock. |

| | |
|---|---|
| Le problème français actuel, à en croire les experts, n'est qu'un problème international. | France's present problem, if the experts are to be believed, is just an international problem. |
| A en juger par les discours des responsables chinois, l'attitude de la Chine à l'égard du monde extérieur n'a subi aucune variation. | To judge by the speeches of the Chinese leaders, China's attitude to the outside world has not undergone any change. |
| A y regarder de plus près, on s'aperçoit que le problème se présente d'une manière bien plus simple. | If you look more closely into the matter, you realise that the problem appears much simpler. |
| Selon le sondage de la semaine dernière, 63% des Français jugent, à y bien regarder, que depuis trois mois, il n'y a pas beaucoup de changements. | According to last week's opinion poll, 63% of the French people consider that, if you look closely into the matter, there haven't been many changes in the last three months. |
| On s'excuse ici de paraître rappeler des vérités premières. Mais, à les ignorer, on va au-devant des mécomptes graves. | We apologise here for appearing to recall elementary truths. But, if you overlook them, you court serious disappointments. |
| A lire le récit loyal et simple qu'il fait de sa vie, on le prendra difficilement pour un réfractaire. | If you read the honest straightforward account which he gives of his life, you won't easily take him for a lawless rebel. |
| A ne jamais défrayer la chronique, le vignoble alsacien est moins connu que les autres. | Because they never hit the headlines, the Alsatian vineyards are less well known than the others. |
| A vouloir se sauver tout seul, il risque de perdre tout le monde. | By trying to save himself alone, he is in danger of ruining everybody. |
| A y demeurer, il a pris de plus en plus goût à la maisonnette. | Living there, he took an ever greater fancy to the cottage. |
| A être moins conscient, cet ennui n'était pas moindre. | For being less conscious, this worry was no less great. |
| Mais, à s'attarder davantage, il allait manquer l'heure de sa prise de service. | But, by tarrying longer, he was going to be late going on duty. |
| La bombe, à proprement parler, ne sert à rien. | The bomb, strictly speaking, serves no useful purpose. |

## 144. Infinitive preceded by 'à', with intensifying value ( = 'de nature à . . .'/'jusqu'au point de . . .')

| | |
|---|---|
| Nous nous sommes ennuyés à mourir. | We were bored to death. |
| La grande salle de la mairie était pleine à craquer. | The assembly hall in the town hall was full to bursting point. |
| C'était à mourir de rire. | It was enough to make you die laughing. |

| | |
|---|---|
| **Le petit parlait à perdre haleine.** | The youngster was talking away breathlessly. |
| **Les spectateurs, debout, applaudissaient à tout rompre.** | The spectators, on their feet, were clapping loudly enough to bring the house down. |
| **L'abbé fit un sermon à ouvrir nos cœurs au surnaturel.** | The abbé gave a sermon calculated to open our hearts to supernatural things. |
| **Les maisons s'étendaient à n'en plus finir.** | The houses stretched out endlessly. |
| **Un générique d'une succulente drôlerie, à ne manquer sous aucun prétexte, vous met dans les meilleures dispositions pour le film.** | An appetisingly droll credit-titles sequence, not to be missed on any account, puts you in the best possible frame of mind for the film. |

## 145. Infinitive preceded by 'à'; after a numeral adjective or pronoun and functioning as a relative clause

| | |
|---|---|
| **Nous sommes plusieurs à nous réunir ici toutes les semaines.** | There are several of us who meet here every week. |
| **Les gens sont nombreux à s'asseoir dans les fauteuils et à regarder les tableaux.** | There are quite a few people who sit down in the armchairs and look at the pictures. |
| **Ils sont maintenant de plus en plus nombreux à s'en inquiéter.** | There are now more and more people who are worried about it. |
| **Ils sont nombreux à être soumis à chaque instant, chaque journée qui passe, à cette extraordinaire suggestion.** | There are many who, at every moment, every day that passes, are being submitted to this extraordinary hypnosis. |
| **Il est cultivateur à Lisle-sur-Tarn et un des rares Français à tenter l'aventure du soja.** | He is a farmer at Lisle-sur-Tarn and one of the few Frenchmen to venture into soya cultivation. |

## 146. 'Au moment de' + infinitive group, with the value of a time clause

| | |
|---|---|
| **Au moment de partir, j'ai changé d'avis.** | Just as I was about to leave, I changed my mind. |
| **Au moment de passer sur le quai, il a decouvert qu'il avait oublié d'apporter son passeport.** | Just as he was going on to the platform he discovered that he had forgotten to bring his passport. |
| **Au moment d'accrocher sa gabardine au porte-manteau, allait-il tirer de sa poche l'arsenal habituel?** | Just as he was hanging up his mackintosh on the coat-stand, was he going to pull out of his pocket the usual paraphernalia? |

# The linking of nouns to the infinitive

## 147. The majority of nouns are linked to the following infinitive by 'de'

| | |
|---|---|
| Quelle surprise de vous voir! | What a surprise to see you! |
| Quelle façon de conduire! | What a way to drive! |
| Quelle veine d'avoir une journée aussi parfaite! | What luck to have such a perfect day! |
| Je n'ai pas le temps de faire cela. | I haven't got the time to do that. |
| N'ai-je pas le droit de dire ce que je pense? | Haven't I got the right to say what I think? |
| Tu ressens toujours le besoin de me réprimander. | You always feel the need to take me to task. |
| Je n'ai pas le courage de lui refuser cette aide. | I haven't the courage to refuse him this help. |
| Ayez la bonté de me faire savoir la date de votre arrivé. | Would you be so kind as to let me know the date of your arrival. |
| Au plaisir de vous revoir. | Looking forward to seeing you again. |
| Les industriels ne fabriquent pas ce qui leur plaît, mais ce que les consommateurs ont le désir et la possibilité de leur acheter. | Industrialists do not manufacture what they like but what consumers have the desire and the capacity to buy from them. |
| Si vous avez l'occasion de voir ce film, ne la manquez pas. | If you have the opportunity of seeing this film, don't miss it. |
| Vous avez raison de vous en plaindre. | You are right to complain of it. |
| Il avait tort de tant fumer. | He was wrong to smoke so much. |

## 148. Even when the noun and infinitive are separated by the verb 'être', the preposition 'de' remains before the infinitive

| | |
|---|---|
| La première besogne était de creuser quatre trous. | The first job was to dig four holes. |
| Mon intention est d'étudier l'allemand. | My intention is to study German. |
| Le problème le plus difficile sera de trouver des utilisateurs. | The most difficult problem will be to find users. |
| Une phase de la politique française a été de constituer les moyens scientifiques de notre propre défense. | One phase of French policy has been to build up the scientific and technical means for our self defence. |

| | |
|---|---|
| Le premier réflexe de l'Amérique a été de ne pas croire à sa mort. | America's first reflex was not to believe in his death. |
| Son plus grand défaut, c'était de boire. | His greatest shortcoming was drinking. |

### 148.1.  In an expression of evaluation

| | |
|---|---|
| A vingt-cinq ans, c'était déjà pour moi l'aventure que d'avoir rompu avec ma famille. | Even at the age of twenty-five, it was for me a hazardous experience to have broken with my family. |

## 149.  Nouns indicating ability, readiness or tendency are linked to the infinitive by 'à'

| | |
|---|---|
| Ces progrès, ces résultats prouvent la capacité de notre type de société à conduire et à absorber le changement. | This progress, these results, prove the ability of our type of society to inaugurate and to absorb change. |
| J'ai une grande confiance dans la capacité française à maîtriser les techniques économiques. | I have great confidence in the French ability to master economic techniques. |
| C'était l'incapacité à résoudre les problèmes et même à les poser qui avait amené la disparition de la IVᵉ République. | It was the inability to solve the problems and even to formulate them which had brought about the disappearance of the Fourth Republic. |
| L'incapacité des pays européens à harmoniser leurs politiques économiques crée une situation difficile. | The European countries' inability to harmonise their economic policies creates a difficult situation. |
| Il a dénoncé l'inaptitude de la masse à discerner ses véritables intérêts et à choisir judicieusement les hommes chargés de la gouverner. | He denounced the proletariat's inability to discern its true interests and to make a judicious choice of the men entrusted with the task of governing it. |
| Chez les enfants favorisés, l'appétence à parler entraîne le plaisir de dénommer. | Amongst privileged children, readiness to speak brings in its train the delight in naming. |
| J'ai plutôt tendance à grossir qu'à maigrir. | I have a tendency to put on weight rather than to slim. |

# The linking of adjectives to the infinitive

## 150.  Expressions of emotion are linked to the following infinitive by 'de'

| | |
|---|---|
| Je suis enchanté de faire votre connaissance. | I'm delighted to make your acquaintance. |
| Ils seront heureux de vous revoir. | They will be happy to see you again. |

| | |
|---|---|
| Nous sommes contents d'être de retour. | We are pleased to be back. |
| Ils sont sûrement ravis d'aller coucher sans histoire ce soir dans le même palace que les Blancs. | They are certainly delighted to be going to sleep tonight, without any fuss, in the same luxury hotel as the white folk. |
| Je ne regrette pas d'avoir fait cette expérience. | I'm not sorry to have had this experience. |
| Il est absolument certain de gagner. | He is absolutely certain of winning. |

## 151. 'Etre forcé/obligé de faire quelque chose'

| | |
|---|---|
| Etes-vous vraiment forcé de partir? | Are you really forced to leave? |
| Les hommes ont été obligés d'appeler les femmes au secours. | Men have been obliged to call on women for help. |
| Le bénéficiaire de l'allocation-maladie est obligé de verser d'avance tous les frais. | The drawer of sickness benefit is obliged to pay out all costs in advance. |
| Finalement, je n'ai pas été obligé d'assister à la conférence. | In the end, I didn't have to attend the lecture. |

## 152. Adjectives of readiness, skill or tendency are linked to the infinitive by 'à'

| | |
|---|---|
| Un enfant qui naît dans une certaine profession est plus apte à embrasser celle-là qu'une autre. | A child who is born into a certain profession is more likely to take up that one rather than another. |
| Cet artiste est aussi habile à rendre la beauté sur la toile que dans le marbre. | This artist is as skilful in rendering beauty on canvas as in marble. |
| Un défilé naval propre à frapper les imaginations. | A naval review likely to stir the (popular) imagination. |
| Je suis enclin à penser que l'apprentissage d'une langue étrangère est propre à aiguiser l'intelligence. | I am inclined to think that learning a foreign language is apt to sharpen the wits. |
| Vous êtes prêt à partir? | Are you ready to leave? |
| Ce sont des vêtements prêts à porter. | They are ready-made clothes. |
| Il n'était pas propre à remplir cet emploi. | He wasn't fit to fill that post. |

## 153. Curiously, 'capable' and 'incapable' are linked to the following infinitive by 'de', despite 'la capacité/l'incapacité à . . .'

| | |
|---|---|
| Cette émotion est capable de la tuer. | This emotion might well kill her. |

| | |
|---|---|
| Ce sont des mots incapables d'être définis. | Those are words incapable of being defined. |

## 154. 'Il est (adjective) de faire quelque chose'

| | |
|---|---|
| Il est embêtant d'être myope. | It is annoying to be short-sighted. |
| Il est honteux de mentir. | It is shameful to lie. |
| Qu'il est agréable d'être chez soi! | How nice it is to be at home! |
| Il est interdit de fumer à l'intérieur. | It is forbidden to smoke inside. |
| Il n'était pas possible de lui laisser tout ignorer. | It wasn't possible to let him remain in complete ignorance. |

## 155. There is a contrasting pattern: noun group + 'être' + adjective + 'à' + infinitive

| | |
|---|---|
| Les vagues sont impossibles à prévoir. | The waves are impossible to anticipate. |
| C'est un texte facile à expliquer. | This is an easy text to explain. |
| C'est trop difficile à faire. | It is too difficult to do. |
| Le maquis est difficile à percer. | The scrubland is difficult to break through. |
| Le problème est difficile à résoudre lorsqu'il s'agit d'un contrat déjà signé. | The problem is difficult to solve when it is a question of an already signed contract. |
| Combien y a-t-il d'alcooliques en France? C'est difficile à dire. | How many alcoholics are there in France? It is difficult to say. |

# The linking of verbs to the infinitive

## 156.  Direct infinitive—no prepositional link

### 156.1.  'Sembler/paraître faire quelque chose'

| | |
|---|---|
| Il nous semble les connaître déjà. | We seem to know them already. |
| L'atmosphère lui sembla s'être raréfiée. | The atmosphere seemed to him to have become rarefied. |
| Une famille française paraît vouloir pique-niquer sur la Nationale. | A French family appears to intend to picnic on the highway. |
| Elle ne paraissait pas remarquer leur présence. | She appeared not to notice their presence. |

### 156.2.  'Oser faire quelque chose'

| | |
|---|---|
| Je n'ose plus rien dire. | I dare say nothing more. |

| | |
|---|---|
| Il faut oser regarder la vérité en face. | We must dare to look the truth in the face. |
| Il n'osait faire un mouvement. | He didn't dare to make a movement. |
| Allait-elle oser franchir le portail? | Was she going to dare to go through the ornamental gate? |

## 156.3. 'Espérer faire quelque chose'

| | |
|---|---|
| J'espère vous voir vendredi. | I hope to see you on Friday. |
| Espérant avoir bientôt le plaisir de vous lire. | Hoping to hear from you soon. |
| J'espère avoir fait ce qu'il fallait. | I hope I have done what was necessary. |

## 156.4. 'Compter/penser faire quelque chose'

| | |
|---|---|
| Que pensez-vous faire aujourd'hui? | What are you thinking of doing today? |
| J'ai pensé mourir de rire. | I thought I should die laughing. |
| Jérôme pensait revenir sur ses pas quand il découvrit un sentier. | Jérôme was thinking of retracing his steps when he discovered a path. |
| Il compte pouvoir partir demain. | He expects to be able to leave tomorrow. |

## 156.5. 'Aimer/aimer mieux/préférer/détester faire quelque chose'

| | |
|---|---|
| Aimeriez-vous aller au théâtre? | Would you like to go to the theatre? |
| Il aime mieux jouer que travailler. | He likes playing better than working. |
| Ils préférèrent mourir que de se rendre. | They preferred to die rather than to surrender. |
| Je déteste arriver au milieu d'un film. | I hate arriving in the middle of a film. |

## 156.6. 'Faillir faire quelque chose'

| | |
|---|---|
| Vous avez failli manquer le train. | You nearly missed the train. |
| Il faillit commander au conducteur de s'arrêter. | He nearly ordered the driver to stop. |
| J'ai failli me faire écraser. | I nearly got myself run over. |
| Ils ont failli me gâcher ma soirée. | They nearly ruined my evening for me. |
| Elle faillit ne pas le reconnaître, tant il avait grandi. | She nearly didn't recognise him, he had grown so much. |

## 156.7. 'Valoir mieux faire quelque chose'

| | |
|---|---|
| Il vaut mieux ne pas en parler. | It is better not to speak about it. |
| Il vaudrait mieux prendre le métro. | It would be better to take the Underground. |

### 156.8. 'Etre censé faire quelque chose'

| | |
|---|---|
| **Il est censé être à Paris.** | He is supposed to be in Paris. |
| **Je ne suis pas censé le savoir.** | I'm not supposed to know. |
| **Nul n'est censé ignorer la loi.** | No one is supposed to be ignorant of the law. |
| **La petite Lebleye était censée accompagner Louise.** | The Lebleye girl was supposed to be going with Louise. |
| **Les professeurs de langues sont censés former en quatre ou cinq ans des gens qui devraient pratiquer de façon raisonnable la langue enseignée.** | Language teachers are supposed to train in four or five years people who ought to have a reasonable command of the language taught. |

### 156.9. 'Se rappeler avoir fait quelque chose'

| | |
|---|---|
| **Je me rappelle l'avoir vu.** | I remember seeing him. |
| **Elle s'est rappelé avoir pleuré en cette occasion.** | She remembered weeping on that occasion. |

## 157.  Verbs linked to the infinitive by 'à'

### 157.1. 'Apprendre/commencer/continuer à faire quelque chose'

| | |
|---|---|
| **Quand avez-vous appris à conduire?** | When did you learn to drive? |
| **Tu commences à m'ennuyer.** | You're beginning to get on my nerves. |
| **Va-t-il continuer à s'opposer à notre projet?** | Is he going to continue to oppose our plan? |

### 157.2. 'Réussir/arriver/parvenir à faire quelque chose'

| | |
|---|---|
| **Vous n'avez pas réussi à me convaincre.** | You haven't succeeded in convincing me. |
| **Nous n'arriverons jamais à monter dans cet autobus.** | We'll never manage to get on this bus. |
| **J'espérais, à force de travail, arriver à reconstruire notre fortune.** | I hoped, by dint of hard work, to manage to rebuild our fortune. |
| **Des gens arrivaient à s'insinuer dans le tas de chair humaine charriée.** | People were managing to worm their way into the mass of human flesh being carted along. |
| **Je parviens généralement à me faire comprendre.** | I usually manage to make myself understood. |
| **Il est parvenu à s'échapper.** | He made good his escape. |
| **Nous ne parviendrons jamais à sécher nos vêtements.** | We shall never manage to dry our clothes. |

| | |
|---|---|
| Si nous arrivons à en vendre une centaine, nous pourrons le construire en série et abaisser son prix de moitié. | If we manage to sell a hundred of them, we will be able to mass-produce it and bring down its price by a half. |

### 157.3. 'Avoir à faire quelque chose'

| | |
|---|---|
| Nous avons encore quelques courses à faire. | We still have some shopping to do. |
| J'ai quelque chose à lui dire. | I have something to say to him. |
| Vous n'avez qu'un instant à attendre. | You've only a moment to wait. |
| Tu n'as qu'à t'en aller si ça ne te plaît pas! | All you've got to do is leave, if you don't like it! |
| Anne n'avait plus qu'à pousser la grille. | Now Anne had only to push open the gate. |

### 157.4. 'Hésiter à faire quelque chose'

| | |
|---|---|
| J'hésite à vous déranger. | I am reluctant to disturb you. |
| Elle hésitait à répondre. | She hesitated about answering. |
| L'abbé n'hésitait pas à aborder les problèmes les plus graves. | The abbé was not reluctant to tackle the most serious problems. |
| Si tout devait recommencer j'hésiterais cette fois à m'engager dans cette folie. | If everything was to begin all over again, I would hesitate this time to involve myself in this madness. |

### 157.5. 'Persister/s'obstiner à faire quelque chose'

| | |
|---|---|
| Je persiste à croire qu'on aurait pu facilement résoudre ce problème avec un peu de bonne volonté. | I still believe that this problem could have been solved with a bit of good will. |
| Les Français sont beaucoup plus intelligents, et réalistes, que ne persistent à le croire leurs dirigeants. | The French are much more intelligent, and realistic, than their rulers persist in believing. |
| La bourgeoisie s'obstinait à rabaisser le métier de domestique. | The middle classes obstinately continued to disparage domestic service. |
| Il s'obstinait à se taire. | He remained stubbornly silent. |

### 157.6. 'Etre à faire quelque chose'

| | |
|---|---|
| Mon mari est encore à se changer. | My husband is still busy changing. |
| Ils sont toujours à parler de la même chose. | They are always talking about the same thing. |

### 157.7. 'S'amuser à faire quelque chose'

| | |
|---|---|
| Je m'amuse à compter les voitures étrangères. | I am amusing myself by counting the foreign cars. |

| | |
|---|---|
| Les enfants s'amusaient à le mettre en colère. | The children used to delight in making him angry. |

## 157.8. 'Eprouver (de la honte etc.) à faire quelque chose'

| | |
|---|---|
| Il éprouvait une sorte de honte à dispenser à ce corps sans défense un air vicié. | He felt a kind of shame at infusing a tainted air into this defenceless body. |
| J'ai éprouvé un soulagement à voir arriver le médecin. | I felt relief on seeing the doctor arrive. |
| N'avez-vous éprouvé aucun remords à mentir ainsi ? | Didn't you feel any remorse in lying like that? |

## 157.9. 'Avoir du mal/de la peine à faire quelque chose'

| | |
|---|---|
| C'était une pièce que certaines personnes ont eu du mal à comprendre. | It was a play which some people had difficulty in understanding. |
| Les Français d'aujourd'hui ont du mal à comprendre la société dans laquelle ils vivent. | French people today have difficulty in understanding the society in which they are living. |
| S'il était littéraire, il aurait beaucoup plus de mal à trouver une situation. | If he were an arts student, he would have much more difficulty in finding a post. |
| Nous n'avons pas de peine à le croire. | We have no difficulty in believing it. |
| J'ai eu toutes les peines du monde à le trouver. | I had the utmost difficulty in finding him. |
| Il eut de la peine à sortir de sa cachette. | He had difficulty in getting out of his hiding-place. |

## 157.10. 'Mettre/passer/perdre (du temps etc.) à faire quelque chose'

| | |
|---|---|
| J'ai mis une heure à arriver au centre. | I took an hour to get to the centre. |
| Cent mille hectares ont flambé. Et pas seulement de la broussaille, mais de beaux arbres adultes qui mettent cinquante ou soixante ans à repousser. | A hundred thousand hectares have gone up in flames. And not only brushwood, but fine fully-grown trees which take fifty or sixty years to grow again. |
| Ils ont passé l'après-midi à lire. | They spent the afternoon reading. |
| Je passai la fin de l'après-midi à me promener dans les vieux quartiers de la ville. | I spent the latter part of the afternoon walking in the old parts of the town. |
| Nous avons perdu des minutes à errer dans les boyaux du métro. | We wasted minutes wandering about in the subterranean corridors of the Underground. |

## 157.11. 'Servir à faire quelque chose'

| | |
|---|---|
| Ce train spécial servira à présenter les produits français à l'étranger. | This special train will be used to present French products abroad. |
| La langue parlée sert aux hommes à communiquer entre eux. | Spoken language is used by men to communicate among themselves. |
| Cette espèce de couteau servait à découper la viande. | This sort of knife was used for cutting up meat. |
| C'étaient des pelles qui avaient servi à creuser des trous. | These were shovels which had been used for digging holes. |
| —A quoi sert le vide entre le plancher et le plafond? | —What is the gap between the floor and the ceiling for? |
| —Il sert à cacher toutes les canalisations de chauffage, d'eau, d'électricité. | —It's for concealing all the piping for heating, water, electricity. |

## 157.12. 'Répugner à faire quelque chose'

| | |
|---|---|
| Il s'agit souvent d'affaires familiales dont les patrons répugnent à engager leurs avoirs personnels. | These are often family businesses whose owners are reluctant to commit their personal fortunes. |

# 158. Verbs and verbal expressions linked to the infinitive with 'de'

## 158.1. '(S')arrêter/cesser/finir de faire quelque chose'

| | |
|---|---|
| Elle n'arrête jamais de parler. | She never stops talking. |
| Vous êtes-vous arrêté de fumer? | Have you stopped smoking? |
| Il a cessé de pleuvoir. | It has stopped raining. |
| Les voitures immobilisées par l'embouteillage ne cessaient de klaxonner. | The cars held up by the traffic jam were hooting unceasingly. |

## 158.2. 'Offrir/proposer/projeter de faire quelque chose'

| | |
|---|---|
| Les lâches ont offert de se rendre. | The cowards offered to surrender. |
| J'ai proposé d'aller au marché. | I suggested going to the market. |
| M. Mitterand projette de faire entrer dans les instances dirigeantes des jeunes vainqueurs des municipales. | M. Mitterand plans to bring into the executive committees some young victors of the municipal elections. |

## 158.3. 'Choisir/décider/résoudre de faire quelque chose'

| | |
|---|---|
| Avez-vous choisi de rester ou de partir? | Have you chosen to stay or to go? |
| Nous avons décidé de nous retrouver à huit heures. | We have decided to meet at eight. |

| | |
|---|---|
| Il avait décidé d'accompagner sa femme dans cette première promenade en auto. | He had decided to go with his wife on this first drive in the car. |
| J'ai résolu de visiter cette île. | I have resolved to visit that island. |

## 158.4. 'Accepter/convenir/refuser de faire quelque chose'

| | |
|---|---|
| Il a accepté de venir faire une conférence. | He accepted the invitation to come and give a lecture. |
| Le Président accepte d'engager le débat sur une réforme qui touche à certains privilèges exorbitants. | The President agrees to institute a debate about a reform which affects certain exorbitant privileges. |
| Ils sont convenus de partir ensemble. | They have agreed to leave together. |
| Je refuse de reconnaître que j'étais dans mon tort. | I refuse to recognise that I was in the wrong. |
| Ces députés de droite refusent de s'attaquer au moindre privilège. | These right-wing M.P.s refuse to attack the slightest privilege. |

## 158.5. 'Oublier de faire quelque chose/se souvenir d'avoir fait quelque chose'

| | |
|---|---|
| Il a oublié de nous prévenir. | He forgot to warn us. |
| Vous avez oublié de signer. | You have forgotten to sign. |
| Il se souvenait d'avoir posé le paquet à cette place. | He remembered having put the parcel in that place. |
| Je me souviens de n'avoir regardé qu'imparfaitement. | I remember not having looked properly. |

## 158.6. 'Essayer/éviter de faire quelque chose'

| | |
|---|---|
| J'ai essayé de freiner. | I tried to brake. |
| Je vais essayer de vous montrer tout. | I'm going to try to show you everything |
| Comme ça, nous éviterons de devoir faire la queue au guichet. | In that way, we shall avoid having to queue at the box-office. |
| Il évita de faire mousser la bière. | He avoided making the beer froth. |

## 158.7. 'Risquer de faire quelque chose'

| | |
|---|---|
| On risque d'avoir tort si l'on est absent. | You run the risk of being wrong if you are absent. |
| Cet événement risque d'accroître les difficultés. | There is a danger that this event will increase the difficulties. |
| La boulangerie risque d'être fermée. | There is a strong possibility that the baker's will be closed. |

| | |
|---|---|
| Huit jours après la catastrophe, personne n'était en mesure de dire la quantité de pétrole qui risquait encore de s'échapper du pétrolier. | A week after the disaster, nobody was in a position to say how much oil was still in danger of escaping from the tanker. |
| Les centrales nucléaires risquent d'infliger des dommages à l'environnement. | There is a danger that nuclear power stations will inflict damage on the environment. |

## 158.8. 'Faire semblant/feindre de faire quelque chose'

| | |
|---|---|
| Les enfants font semblant de dormir. | The children are pretending to be asleep. |
| Il croyait que j'avais fait semblant d'oublier. | He thought that I had pretended to forget. |
| Il fait le sourd, feint de ne rien comprendre aux allusions. | He turns a deaf ear, pretends to understand nothing in the allusions. |
| Elle feignait de s'intéresser à la fermeture-éclair. | She was pretending to be interested in the zip-fastener. |

## 158.9. 'Faire mieux de faire quelque chose'

| | |
|---|---|
| Il ferait mieux de se taire. | He would do better to remain silent. |
| Vous feriez mieux de m'écouter. | You would be better advised to listen to me. |
| J'aurais mieux fait de louer un cabanon au milieu des vignes. | I would have done better to rent a cottage in the middle of the vineyards. |

## 158.10. 'Valoir la peine de faire quelque chose'

| | |
|---|---|
| Cela ne vaut pas la peine d'en parler. | It's not worth speaking about. |
| Cela valait la peine de regarder autour de nous. | It was worth while looking around us. |
| Cela vaudra la peine de faire le voyage. | It will be worth while making the journey. |

# 159. Verbs and verbal expressions linked to the infinitive with 'pour'

## 159.1. 'Insister pour faire quelque chose'

| | |
|---|---|
| Il a insisté pour être reçu. | He insisted on being received. |
| Il faut insister pour obtenir le remboursement de vos frais. | You must insist on obtaining the repayment of your expenses. |

## 159.1.1. 'Insister pour que' + subjunctive

| | |
|---|---|
| Ils ont insisté pour que je prenne le déjeuner avec eux. | They insisted on my having lunch with them. |

## 159.2. 'Il faut (du temps) pour faire quelque chose'

| | |
|---|---|
| **Combien de temps faut-il pour aller au centre commercial?** | How long does it take to get to the shopping centre? |
| **Il a fallu de longs mois pour obtenir l'expropriation.** | It took long months to obtain the compulsory purchase order. |

## 159.2.1. 'Il faut (du temps) pour que' + subjunctive

| | |
|---|---|
| **Il faudra vingt et un ans pour que les Français disposent de logements convenables en nombre suffisant.** | It will take twenty-one years for the French people to have an adequate supply of suitable housing. |

# 160. Verbs with an object, followed by an infinitive phrase

## 160.1. Type A: Verb + 'à quelqu'un de faire quelque chose' ('conseiller, déconseiller, défendre, demander, dire, ordonner, permettre, persuader, promettre')

| | |
|---|---|
| **Il se soumit à tout ce qu'on lui conseilla de faire.** | He complied with all that he was advised to do. |
| **Le médecin lui a fortement déconseillé de prendre l'avion.** | The doctor strongly advised him against going by plane. |
| **Quant à Véronique, je lui défends de me parler sur ce ton.** | As for Véronique, I forbid her to speak to me in that tone. |
| **Je leur ai demandé de me fournir les renseignements nécessaires.** | I asked them to provide me with the necessary information. |
| **A quelle heure avez-vous dit au chauffeur de venir nous chercher?** | What time did you tell the driver to come for us? |
| **Le médecin a ordonné à mon oncle de se reposer à la montagne.** | The doctor ordered my uncle to rest in the mountains. |
| **Cette infrastructure permet à des avions de plus en plus grands d'évoluer en toute securité.** | This infrastructure allows bigger and bigger 'planes to manoeuvre in complete safety. |
| **Nous leur avons persuadé de nous prêter leurs vélos.** | We persuaded them to lend us their bicycles. |
| **Je leur ai promis d'être discret.** | I promised them to be discreet. |

## 160.2. Type B: Verb + 'à quelqu'un à faire quelque chose' ('apprendre, enseigner')

| | |
|---|---|
| **Une des choses les plus difficiles à faire, c'est d'apprendre à lire à un enfant.** | One of the most difficult things to do is to teach a child to read. |
| **On lui apprend à jouer au bridge.** | He is being taught to play bridge. |
| **Un bon maître enseigne à ses élèves à se passer de lui.** | A good master teaches his pupils to do without him. |

| | |
|---|---|
| L'expérience a enseigné aux hommes que la dictature conduit à la guerre. | Experience has taught men that dictatorship leads to war. |

## 160.3. Type C: Verb + 'quelqu'un de faire quelque chose' ('accuser, empêcher, prier, remercier')

| | |
|---|---|
| Certains accusent les méthodes de culture intensive de rendre les campagnes plus vulnérables aux variations climatiques. | Some people accuse intensive farming methods of making the country districts more vulnerable to climatic variations. |
| Il fait des bêtises exprès, pour empêcher les autres de travailler. | He does stupid things on purpose, to prevent the others from working. |
| Il a reçu une lettre du curé qui le priait, en termes pressants, de passer chez lui. | He received a letter from the parish priest begging him, urgently, to call round. |
| Je les ai remerciés de m'avoir aidé. | I thanked them for helping me. |

## 160.4. Type D: Verb + 'quelqu'un à faire quelque chose' ('aider, conduire, contraindre, décider, déterminer, encourager, forcer, inviter, obliger')

| | |
|---|---|
| Je lui ai tendu la main pour l'aider à se relever. | I held out my hand to him to help him up. |
| Les pistes de plus en plus longues qu'exigent les avions modernes ont conduit les aéroports à déborder leurs limites primitives. | The longer and longer runways required by modern 'planes have led to airports encroaching beyond their original boundaries. |
| L'Etat ne peut pas contraindre les éditeurs à faire imprimer leurs magazines en France. | The State cannot compel publishers to have their magazines printed in France. |
| Je n'ai pu le décider à partir. | I was unable to induce him to leave. |
| Voilà donc ce qui a déterminé les urbanistes à implanter villes modernes et grands ensembles. | That is then what impelled town-planners to establish new towns and housing estates. |
| L'allocation de salaire unique est nettement insuffisante pour encourager la maman à rester chez elle. | The single salary allowance is clearly inadequate to encourage the mother to stay at home. |
| La situation financière a forcé les dirigeants à accepter une association avec Peugeot. | The financial situation has forced the directors to accept a partnership with Peugeot. |
| J'avais invité quelques amis à se réunir chez moi. | I had invited a few friends to meet at my house. |
| La persécution religieuse les a obligés à passer à l'étranger. | Religious persecution forced them to go abroad. |

## 160.5. Type E: Verb + 'quelqu'un faire quelque chose' ('laisser')

| | |
|---|---|
| Il s'est effacé pour laisser descendre ses compagnons de voyage. | He stood back to let his travelling companions get out. |
| Nos officiers nous ont laissés tomber. | Our officers left us to fend for ourselves. |
| Ne laissez pas les enfants jouer avec la serrure! | Don't let the children play with the lock! |
| La police n'a pas laissé se développer cette manifestation. | The police did not let this demonstration spread. |

# Verbs linked to an object by preposition

## 161. Verb + 'à quelque chose/quelqu'un'

### 161.1. 'S'attaquer à . . .'

| | |
|---|---|
| Ses doigts s'attaquèrent ensuite aux contrevents. | Next her fingers tackled the outer shutters. |
| Il faut s'attaquer, sans attendre davantage, aux réformes difficiles. | The difficult reforms must be tackled, without waiting any longer. |
| Les plus grands penseurs se sont attaqués à ce problème. | The greatest thinkers have grappled with this problem. |
| Un traducteur ne doit pas s'attaquer à des ouvrages que lui-même n'aurait pas aimé écrire. | A translator must not tackle works which he himself would not have liked to write. |

### 161.2. 'S'attendre à . . .'

| | |
|---|---|
| Il s'attend à des choses que nous ne pouvons pas lui acheter. | He expects things which we cannot buy for him. |
| De sa part, il faut s'attendre à tout. | From him, you must expect anything. |
| Les céréaliers s'attendent à une moisson aussi belle mais un peu plus tardive que celle de l'an dernier. | Cereal growers expect a harvest as good as last year's, but a little later. |
| Comme il s'y attendait, la ligne de partage de la mer et de la nuit n'est pas nette. | As he expected, the demarcation line between the sea and the darkness is not clear. |

### 161.2.1. For 's'attendre à ce que . . .', see 100.1

### 161.3. 'Croire à . . .'

| | |
|---|---|
| Je ne crois plus à vos promesses. | I don't believe in your promises any more. |

| | |
|---|---|
| L'éducation qu'il avait reçue l'empêchait de croire au supernaturel. | The upbringing which he had had prevented him from believing in the supernatural. |
| Il ne croit pas à l'Etat-Providence ni aux subventions massives pour remédier à tous les maux. | He doesn't believe in the Welfare State or in huge subsidies to counteract all evils. |
| Il croyait à sa terrible déveine. | He believed in his terrible ill-luck. |
| C'est à ne pas y croire. | It is unbelievable. |

## 161.4. 'Convenir à . . .'

| | |
|---|---|
| La bibliothèque qu'on m'a livrée ne convient pas du tout au style de mon salon. | The book-case which was delivered to me doesn't at all suit the style of my lounge. |
| Ce livre conviendra aux débutants. | This book will suit beginners. |
| Cet emploi lui aurait bien convenu. | That job would have suited her very well. |

## 161.5. 'Déplaire à . . .'

| | |
|---|---|
| Cette solution ne leur déplairait pas. | They wouldn't dislike that solution. |
| C'est une oeuvre qui a déplu au public. | It's a work which the public disliked. |
| Cette réponse lui a déplu. | She didn't like this answer. |

## 161.6. 'Echapper à . . .'

| | |
|---|---|
| L'humanité avait échappé au travail à la chaîne. | Humanity had escaped from work on the production line. |
| Elle s'était réfugiée au Maroc afin d'échapper à la police. | She had taken refuge in Morocco in order to escape from the police. |
| Rien ne lui échappe. | Nothing escapes him. |
| Rien ne paraît devoir échapper à la destruction. | It looks as though nothing is to escape destruction. |
| L'économie mondiale échappe aux pouvoirs publics au moment même où se produit une poussée inflationniste. | Public authorities are losing control of world economy at the very moment when inflationary pressure is occurring. |
| Voilà dix ans que les cinq pays riverains du Rhin doivent s'accorder pour nettoyer le fleuve. Cette semaine les ministres de l'Environnement n'échapperont plus au problème. | The five countries on the banks of the Rhine have had ten years in which to agree to clean up the river. This week the Environment ministers will no longer be able to evade the problem. |
| Il n'y a pas moyen d'y échapper. | There is no escaping it. |

| | |
|---|---|
| Ces perspectives plus favorables n'ont pas échappé aux chefs d'entreprise, qui semblent sortir de l'attentisme. | These more favourable prospects have not escaped the attention of the heads of business firms, who seem to be emerging from the 'wait and see' attitude. |

## 161.7. 'Se fier à . . .'

| | |
|---|---|
| On ne sait plus à qui se fier. | You no longer know whom to trust. |
| Fiez-vous à moi. | Leave it to me. |
| Ne vous y fiez pas! | Don't reckon on it! |
| Il y a des candidats aux examens qui se fient à la chance. | There are some examination candidates who trust to luck. |

## 161.8. 'S'intéresser à . . .'

| | |
|---|---|
| Il ne s'intéresse qu'aux sports. | He is interested only in sport. |
| Elle habitait un immeuble où personne ne s'intéressait à son voisin. | She lived in a block of flats in which nobody was interested in his neighbour. |
| Ça fait partie de notre responsabilité civique de nous intéresser à ce que font les dirigeants de notre pays. | It is part of our responsibility as citizens to be interested in what the leaders of our country are doing. |
| Même des jeunes qui avaient manifesté un certain dédain de la politique s'y intéressent beaucoup maintenant. | Even young people who had shown a certain scorn for politics are now very much interested in it. |
| Les choses sont intéressantes dans la mesure où nous nous y intéressons. | Things are interesting to the extent to which we are interested in them. |
| A quoi vous intéressez-vous? | What are you interested in? |

## 161.9. 'Nuire à . . .'

| | |
|---|---|
| Cela nuira à nos intérêts. | That will prejudice our interests. |
| La liberté consiste à pouvoir faire ce qui ne nuit pas à autrui. | Liberty consists in being able to do that which does not harm others. |
| Les femmes mariées qui travaillent, je pense que si ça ne nuit pas à leurs enfants, ça peut apporter un certain épanouissement. | As regards married women who work, I think that if it doesn't harm their children, it can bring a certain fulfilment. |
| Les gelées tardives nuisent aux récoltes. | Late frosts are injurious to the crops. |

## 161.10. 'Obéir à . . . désobéir à . . .'

| | |
|---|---|
| Il nous faudra obéir à cet ordre. | We shall have to obey this order. |

| | |
|---|---|
| Les corps matériels obéissent à la loi de la gravitation. | Physical bodies obey the law of gravity. |
| Il a désobéi à ses parents. | He disobeyed his parents. |

## 161.11. 'Penser à . . .' = 'to think about/to reflect upon/ to have present in one's mind'

| | |
|---|---|
| À quoi pensez-vous? | What are you thinking about? |
| Le soir venu, elle ne pense qu'à tomber endormie comme une masse. | When evening comes, all she can think of is falling asleep like a log. |
| Pensez-vous quelquefois à lui? | Do you sometimes think about him? |
| Avez-vous pensé à commander un taxi pour demain? | Did you think of ordering a taxi for tomorrow? |
| Je l'ai fait sans y penser. | I did it without thinking (about it). |
| N'y pensez plus! | Think no more about it! |

## 161.11.1. But 'penser de' = 'to have an opinion of'

| | |
|---|---|
| Que pensez-vous des piétons? | What do you think of pedestrians? |
| Les usagers de la voie publique ne pensent pas beaucoup de bien des chauffeurs de taxi. | Road-users don't think highly of taxi-drivers. |
| Ils ne pensent pas beaucoup de bien d'eux. | They don't think highly of them. |
| Je pense beaucoup de bien du Code de la Route. | I think highly of the Highway Code. |
| J'en pense beaucoup de bien. | I think highly of it. |

## 161.12. 'Plaire à . . .'

| | |
|---|---|
| J'ai beaucoup trop cherché à plaire aux autres. | I have tried much too hard to please other people. |
| S'il avait moins plu, cela leur aurait plus plu. | If it had rained less, they would have liked it better. |

*(See also 123.2.)*

## 161.13. 'Remédier à . . .'

| | |
|---|---|
| Un expédient ne remédie jamais à rien. | An expedient never puts anything right. |
| Le ministre de l'agriculture a annoncé que le gouvernement prendrait des mesures importantes pour remédier aux difficultés présentes des agriculteurs. | The Minister of Agriculture announced that the government would take important measures to meet the farmers' present difficulties. |

| | |
|---|---|
| Les moyens de remédier à cette situation. | The means of remedying this situation. |

## 161.14. 'Renoncer à . . .'

| | |
|---|---|
| J'ai renoncé à la lutte. | I have given up the struggle. |
| L'abbé nous exhortait à renoncer à nos amusettes. | The abbé was exhorting us to give up our childish pleasures. |
| Laid comme il était, il dut renoncer à se marier. | Ugly as he was, he had to give up the idea of marrying. |
| L'énergie nucléaire est, sans doute, inévitable; y renoncer serait une capitulation devant l'avenir. | Nuclear energy is, doubtless, inevitable; to give it up would be a failure to face up to our obligation to the future. |

## 161.15. 'Résister à . . .'

| | |
|---|---|
| C'est un métal qui résiste à la chaleur. | It is a heat-resistant metal. |
| Les murailles épaisses ont résisté aux coups de bélier. | The thick walls resisted the blows of the battering-ram. |
| Il y a des cas où le gouvernement a le droit et le devoir de résister à l'opinion publique. | There are cases where the government has the right and the duty to stand out against public opinion. |
| Cette preuve ne résiste pas à une analyse sérieuse. | This proof doesn't stand up to a serious analysis. |

## 161.16. 'Ressembler à . . .'

| | |
|---|---|
| Il y a des gens qui ressemblent à des singes de façon remarquable. | There are people who look remarkably like monkeys. |
| Le crocodile ressemble au lézard. | The crocodile is like the lizard. |
| C'est un tableau abstrait qui ne ressemble à rien. | It's an abstract painting which looks like nothing on earth. |
| Cela lui ressemble tout à fait. | That is just like him. |

## 161.17. 'Toucher à . . .'

| | |
|---|---|
| On ne peut pas toucher au feu sans se brûler. | You can't touch fire without burning yourself. |
| Je lui dis depuis des années de ne pas toucher à cette table. | I've been telling her for years not to interfere with this table. |
| Défense absolue de toucher aux fils même tombés à terre. | It is expressly forbidden to touch the wires, even if they have fallen to the ground. |
| Les domaines couverts par le Traité de Rome touchent à tous les aspects de la vie quotidienne. | The fields covered by the Treaty of Rome affect all aspects of daily life. |

| | |
|---|---|
| Ce problème touche à la qualité même de la vie. | This problem affects the quality of life itself. |
| Toucher à l'école, même pour l'améliorer, est ressenti comme une agression par des milliers de parents. | To interfere with the school, even to improve it, is felt as an act of aggression by thousands of parents. |

## 161.18. 'Veiller à . . .'

| | |
|---|---|
| Le contrôleur du trafic aérien veille à la sécurité des avions aux abords de l'aéroport. | The air traffic controller looks after the safety of aircraft in the vicinity of the airport. |
| Un comité permanent a été nommé pour veiller à l'ordre public. | A standing committee was appointed to see to public order. |
| Allumez vos feux de croisement et veillez à leur propreté. | Put on your dipped head-lights and make sure that they are clean. |
| Nous devons veiller à être toujours très solides dans le domaine de l'information. | We must make sure that we are always very sound in the field of information. |

**161.18.1.** *For 'veiller à ce que . . . + subjunctive', see 100.2*

## 162. Verb + 'de quelque chose/quelqu'un'

### 162.1. 'S'apercevoir de . . .'

| | |
|---|---|
| Elle feignit de ne pas s'apercevoir de l'attention dont elle était l'objet. | She pretended not to be aware of the attention focused on her. |
| Il s'aperçut du piège qu'on lui avait tendu. | He realised the trap that had been laid for him. |
| Je ne m'en suis pas aperçu. | I didn't notice it. |

### 162.2. 'S'approcher de . . .'

| | |
|---|---|
| —Je crois que nous nous approchons de Paris. | —I think we're getting near to Paris. |
| —Oui, nous nous en approchons. | —Yes, we are. |
| Il s'approcha du tableau et le regarda attentivement. | He went up to the picture and looked at it carefully. |
| Flaubert n'écrivait guère que pour s'approcher le plus près de la perfection. | Flaubert hardly ever wrote otherwise than to get as close as possible to perfection. |
| La fillette s'est approchée de lui sans méfiance. | The little girl came up to him trustingly. |

### 162.3. 'Changer de . . .'

| | |
|---|---|
| Je vais changer de complet. | I'm going to change my suit. |
| Elle avait changé de coiffure. | She had changed her hair-style. |

| | |
|---|---|
| **Avez-vous changé d'avis?** | Have you changed your mind? |
| **C'est ici qu'il nous faut changer de train.** | It's here that we have to change trains. |
| **La rue a changé de nom.** | The street has changed its name. |

## 162.4. 'Convenir de . . .'

| | |
|---|---|
| **Ils sont convenus d'un lieu de rendez-vous.** | They agreed on a meeting-place. |
| **Nous étions convenus la veille des mesures à prendre.** | We had agreed the night before on the measures to be taken. |
| **Car il y a là quelque chose de saisissant, il faut en convenir.** | For there is something startling, it must be agreed. |

## 162.5. 'Dépendre de . . .'

| | |
|---|---|
| **Tout dépendra des circonstances, de la conjoncture et de l'opinion publique du moment.** | Everything will depend on the circumstances, the general situation and public opinion at the time. |
| **Si cela ne dépendait que de moi!** | If it only depended on me! |
| **Il dépend de ton patron que tu puisses t'absenter cet après-midi ou non.** | It depends on your boss whether you can take this afternoon off or not. |
| **La garderie d'enfants dépend des allocations familiales.** | The day nursery is dependent upon family allowances. |
| **Tout dépendra de notre capacité à résoudre les problèmes de l'inflation et du commerce extérieur.** | Everything will depend on our ability to solve the problems of inflation and overseas trade. |

## 162.6. 'Disposer de . . .'

| | |
|---|---|
| **Les professeurs disposent d'un studio moderne d'enregistrement.** | The teachers have at their disposal a modern recording studio. |
| **Je ne dispose que de quelques minutes.** | I've only got a few minutes available. |
| **Trente pour cent d'enfants ne disposent pas d'une pièce où ils puissent travailler seuls.** | Thirty per cent of children do not have the use of a room where they can work on their own. |
| **Il disposait de capitaux pour monter des installations frigorifiques.** | He had capital at his disposal to set up refrigerating plant. |
| **Les parlementaires qui auront à examiner ce rapport ne disposeront pas de tous les éléments d'appréciation.** | The M.P.s who will have to examine this report will not have available all the data necessary for a correct evaluation. |
| **Le comité d'entreprise devra disposer des meilleurs experts-comptables payés par l'entreprise.** | The works committee will have to have the services of the best accountants, paid for by the firm. |

## 162.7. 'Se douter de . . .'

| | |
|---|---|
| Il se doute de quelque chose. | He suspects something. |
| Je ne me doutais de rien. | I didn't suspect anything. |
| Nous ne nous en serions jamais doutés. | We would never have suspected it. |
| —Il est très mécontent. | —He is very displeased. |
| —Je m'en doute. | —I'm sure he is/I bet he is. |

## 162.8. 'Jouir de . . .'

| | |
|---|---|
| Tout Français jouira des droits civils.' | 'Every French citizen shall enjoy civil rights.' |
| Il jouit de la vie. | He enjoys life. |
| Ils vont enfin jouir de leurs richesses. | At last they are going to enjoy their wealth. |
| Les deux frères jouissaient d'une santé parfaite. | The two brothers enjoyed perfect health. |
| Cet appartement jouit d'une belle vue. | This flat enjoys a beautiful view. |

## 162.9. 'Se méfier de . . .'

| | |
|---|---|
| Je me méfie de tous les salons et surtout du Salon des Arts Ménagers. | I distrust all exhibitions and above all the Ideal Homes Exhibition. |
| L'idée de me méfier de lui ne m'a même pas effleuré. | The idea of distrusting him has not even crossed my mind. |
| Les prolétaires se méfient des intellectuels. | Proletarians distrust intellectuals. |
| Méfiez-vous des pickpockets. | Beware of pickpockets. |

## 162.10. 'Se passer de . . .'

| | |
|---|---|
| Les pays industrialisés ne peuvent se passer de pétrole. | Industrialised countries cannot do without oil. |
| Ce que les hommes pardonnent le moins, c'est qu'on puisse se passer d'eux. | What men find least excusable is that they are not indispensable. |
| Moi, j'ai toujours refusé d'acheter un poste de télévision. Et je vous jure que je m'en passe très bien! | As for me, I have always refused to buy a television set. And I can assure you that I do very well without it! |
| Nous sommes persuadés que vous ne pouvez maintenant plus vous passer de votre hebdomadaire français favori. | We are quite sure that now you can no longer do without your favourite French weekly. |
| Voilà ce qui se passe de commentaires! | That requires no comment! |

## 162.11. 'Profiter de . . .'

| | |
|---|---|
| Il faut profiter de l'occasion. | You must take advantage of the opportunity. |
| Le marchand de volailles profita de la hausse des prix. | The poultry merchant took advantage of the price rise. |
| Profitez de nos occasions! | Take advantage of our bargains! |
| Il fallait profiter de ce que M. Larousselle faisait sa tournée en Belgique. | Advantage had to be taken of the fact that M. Larousselle was on his round of visits in Belgium. |

## 162.12. 'Se rendre compte de . . .'

| | |
|---|---|
| Je me rends compte des difficultés. | I realise the difficulties. |
| Nous nous sommes rendu compte de notre erreur. | We realised our mistake. |
| S'étaient-ils rendu compte de ce qui leur arrivait? | Had they realised what was happening to them? |
| J'ai mis assez longtemps à me rendre compte que, dans ses lectures, il cherche surtout à se renseigner. | I was quite a long time in realising that, in his reading, he seeks above all to inform himself. |

## 162.13. 'Se servir de . . .'

| | |
|---|---|
| De quelle pâte dentifrice vous servez-vous? | Which tooth-paste do you use? |
| Je ne me sers pas de ce stylo. | I'm not using that pen. |
| Ils avaient résolu d'apprendre à se servir de leurs poings. | They had resolved to learn to use their fists. |
| Reconnaître un objet usuel consiste surtout à savoir s'en servir. | Recognising a common object consists above all in knowing how to use it. |

## 162.14. 'Se souvenir de . . .'

| | |
|---|---|
| Je ne me souviens pas d'eux mais ils se sont souvenus de moi. | I don't remember them but they remembered me. |
| Qui se souvient d'Alexandrine, morte il y a vingt ans? | Who remembers Alexandrine, who died twenty years ago? |
| Martine se souvenait d'être descendue de voiture. | Martine could remember getting out of the car. |
| Autant que je m'en souviens. | To the best of my recollection. |
| Je m'en souviendrai! | I'll not forget that! |

## 162.15. 'Se tromper de . . .'

| | |
|---|---|
| Nous nous sommes trompés de route. | We went the wrong way. |

| | |
|---|---|
| Vous vous êtes trompé d'adresse. | You've got the wrong address. |
| Je me suis trompé de maison. | I went to the wrong house. |
| Il s'est trompé d'heure. | He mistook the time. |

## 163. 'Privative verbs': 'acheter/arracher/cacher/ enlever/emprunter/prendre/voler quelque chose à quelqu'un'

| | |
|---|---|
| J'ai acheté cette voiture à mon neveu. | I bought this car from my nephew. |
| Il avait acheté ce lopin de terre à son voisin. | He had brought this plot of ground from his neighbour. |
| Le voleur lui arracha les billets de banque. | The thief snatched the bank-notes from her. |
| Pour l'opposition, les réformes engagées ont été arrachées au gouvernement plutôt qu'octroyées par celui-ci. | For the opposition, the reforms undertaken have been extorted from the government rather than granted by the latter. |
| Je ne lui ai pas caché que j'étais assez mécontent. | I didn't hide from him that I was quite displeased. |
| Cachons-leur notre inquiétude. | Let us hide our anxiety from them. |
| Il enleva le bol au guéridon. | He removed the bowl from the pedestal table. |
| On lui a enlevé les amygdales. | He had his tonsils removed. |
| Il nous a emprunté le prix du voyage. | He borrowed the fare from us. |
| Se trouver obligé d'emprunter une voiture à la famille, à mon âge, c'est honteux. | To find oneself obliged to borrow a car from the family, at my age, is shameful. |
| C'est une mitrailleuse prise aux rebelles. | It's a machine-gun taken from the rebels. |
| Je vais prendre de l'argent à la banque. | I'm going to get some money from the bank. |
| Un pickpocket lui a volé son portefeuille. | A pickpocket robbed him of his wallet. |

# Adverbs

## 164. Position of certain adverbs and adverbial phrases with a negative

| | |
|---|---|
| Ce n'est même pas vrai. | It is not even true. |
| Ces corvées ne m'ennuyaient même pas. | These tasks did not even bore me. |

Voilà deux siècles que le problème frontalier existe et qu'il n'a toujours pas été réglé.

The frontier problem has existed for two centuries and it still has not been settled.

La date n'a toujours pas été fixée.

The date still has not been fixed.

Il ne se doutait vraisemblablement pas de l'écho que ces quelques mots allaient avoir.

In all likelihood, he didn't suspect the impact that these few words were going to have.

Il n'a certes toujours pas annoncé sa volonté d'être candidat.

Certainly he still has not announced his intention of standing as a candidate.

Je ne vous reverrai certainement pas avant le premier janvier.

I certainly won't see you again until the first of January.

Mon chien ne s'éloignait généralement pas beaucoup de moi.

Usually my dog didn't go far away from me.

Les images qu'on nous montre sur les écrans n'ont souvent pas beaucoup plus d'intérêt que les lettres de l'alphabet.

The pictures which we are shown on the screen have often not much more interest than the letters of the alphabet.

Ce n'est tout de même pas fréquent.

All the same, it isn't frequent.

Les usines ne tournent pour ainsi dire pas.

The factories are virtually at a standstill.

La commission ne s'est jusque-là réunie que deux fois.

The committee only met twice until then.

Mais une solution de ce type n'a en définitive pas été retenue.

But a solution of this type was not finally adopted.

Ils ne l'ont en définitive pas évité.

They couldn't eventually avoid it.

La situation de l'emploi n'est pour l'instant pas dramatique dans la région grenobloise.

The employment position is not serious for the moment in the Grenoble area.

## 165. Position of bien/mal/mieux/beaucoup/peu/ plus, with the infinitive and past participle

J'ai cru bien faire.

I thought I was doing the right thing.

Vous avez mal prononcé ce mot-là.

You pronounced that word wrongly.

C'est mal poser la question.

That's putting the question the wrong way.

Il ne faut pas s'y mal prendre.

You mustn't go about it the wrong way.

Pour mieux voir la couleuvre, nous restions immobiles.

The better to see the grass-snake, we used to stand still.

Il a beaucoup aimé ça.

He liked that very much.

Ce n'est pas peu dire.

That's saying quite a lot.

'Encore plus investir pour encore mieux servir.'

'To invest even more in order to serve even better.'

# 166. Adverbial phrases, often replacing a long adverb in '-ment'

## 166.1. Adverbial phrase with 'avec'

| | |
|---|---|
| La pluie tombait maintenant avec rage. | The rain was now falling furiously. |
| On dormait bien mal en écoutant avec anxiété la rivière en crue. | People slept uneasily, anxiously listening to the river in spate. |
| Il nous faudra agir avec prudence. | We shall have to act carefully. |
| Plus on est sujet aux coups de soleil, plus il faut s'exposer aux rayons, naturels ou artificiels avec modération. | The more you are subject to sunburn the more moderation you should exercise in exposing yourself to natural or artificial rays. |

*Cases with no corresponding adverb :*

| | |
|---|---|
| Elle a tourné avec circonspection autour de la villa. | She went circumspectly around the villa. |
| Il a servi son maître avec dévouement. | He served his master devotedly. |
| Il partit avec regret, en grommelant. | He went away regretfully, grumbling. |

## 166.2. Adverbial phrase with 'par'

| | |
|---|---|
| Cette nuit, par inadvertance, on avait laissé entr'ouverte la porte de la chambre. | That night the bedroom door had been left open inadvertently. |
| Par bonheur, pèrsonne ne se trouvait dans la maison quand le toit s'est effondré. | Fortunately nobody was in the house when the roof collapsed. |
| Par malheur, le médecin était parti en tournée. | Unfortunately, the doctor had gone off on his rounds. |

## 166.3. Adverbial phrase with 'à'

| | |
|---|---|
| Ils se sont efforcés de régler l'incident à l'amiable. | They strove to settle the incident amicably. |
| La terre bretonne, morcelée à l'infini, reste divisée en innombrables parcelles. | The land of Brittany, infinitely parcelled out, remains divided into countless plots. |

## 166.3.1. 'A la' + feminine adjective

| | |
|---|---|
| Il ne faut pas en parler à la légère. | It is not to be spoken of lightly. |

## 166.4. A few adverbial phrases are formed with 'de'

| | |
|---|---|
| 'Se placer à un mètre environ de la lampe, de préférence dans un fauteuil.' | 'Place yourself about a yard from the lamp, preferably in an arm-chair.' |
| J'accepte de grand coeur. | I willingly accept. |

## 166.5. Adverbial phrases formed with 'd'un air', 'd'un ton', 'd'une manière', 'd'un pas', 'd'une voix'

| | |
|---|---|
| **Je parlais d'une manière générale.** | I was speaking generally. |
| **Il partit d'un pas tranquille vers le carrefour.** | He set off calmly towards the cross-roads. |
| **'Et mon demi?' dit Vincent d'un ton sec.** | 'What about my beer?' said Vincent curtly. |
| **'Ca m'est égal' dit-elle d'une voix triste.** | 'It's all the same to me' she said, sadly. |

*Cases with no corresponding adverb:*

| | |
|---|---|
| **'N'est-ce pas?' dit-elle d'un air ravi.** | 'Isn't it?' she said delightedly. |
| **Le client s'épongeait le front d'un air fatigué.** | The customer was wearily mopping his brow. |
| **Ils m'ont regardé d'un air fâché.** | They looked at me crossly. |
| **Le cafetier regardait d'un air content la terrasse pleine de consommateurs.** | The café proprietor was contentedly surveying the terrace, full of customers. |

# Negatives

## 167. 'Ne pas' before the present infinitive

| | |
|---|---|
| **J'ai peur de ne pas comprendre.** | I'm afraid of not understanding. |
| **Vous avez décidé de ne pas vous présenter à cet examen?** | You've decided not to sit for that examination? |
| **Pourquoi ne pas rentrer?** | Why not go home? |
| **Pourquoi ne pas lui écrire?** | Why not write to him? |

## 168. 'Peu' before an adjective, with negative sense

| | |
|---|---|
| **Ce bar avait un aspect peu engageant.** | This bar had an uninviting appearance. |
| **Ce garçon a l'air peu intelligent.** | That waiter looks unintelligent. |
| **Cette attitude me semble peu honnête.** | That attitude seems dishonest to me. |
| **Etes-vous si peu soucieux de l'avenir?** | Are you so unconcerned about the future? |
| **Je trouve cette solution peu satisfaisante.** | I find this solution unsatisfactory. |
| **Ces perspectives sont peu riantes.** | These prospects are pretty grim. |

| | |
|---|---|
| Les premières réactions de l'opposition sont peu favorables. | The opposition's first reactions are unfavourable. |
| Je ne le reconnaissais plus du tout, lui qui était si calme, si peu prolixe d'habitude. | I could no longer recognise him at all, he who was usually so calm, so laconic. |
| Il déplore la persistance de certaines caractéristiques peu encourageantes du communisme mondial. | He deplores the persistence of certain disturbing characteristics of world communism. |
| L'avantage serait pour les enseignants de travailler sur le terrain un domaine peu habituel. | The advantage for the teachers would be to work in an unusual area by 'experience teaching'. |
| Une rivière peu profonde. | A shallow river. |

( *There is no one adjective corresponding to 'shallow'.* )

## 168.1. A double negative is sometimes found

| | |
|---|---|
| Elle n'est pas peu fière de sa cuisine. | She is quite proud of her cooking. |

## 169. 'Sans' before a noun, acting as a negative adjective or adverb

| | |
|---|---|
| Des hôtels sans prétention. | Unpretentious hotels. |
| Un homme sans peur. | A fearless man. |
| Des plaintes sans fin. | Endless complaints. |
| Il frôle sans cesse l'infraction. | He is continually on the verge of breaking the law. |
| Elle embraya sans secousse. | She let in the clutch smoothly. |

## 170. 'Sans . . . ni . . .'

| | |
|---|---|
| Il est parti sans manger ni boire. | He left without having anything to eat or drink. |
| Nous nous sommes séparés sans parler ni faire un signe de tête. | We parted without speaking or nodding. |
| Sans broncher ni faire une erreur, il distribuait les consommations. | Without stumbling or making a mistake, he was handing round the drinks. |
| Notre intérêt, c'est de coopérer étroitement avec l'Algérie, sans rancoeur ni souvenir. | Our interest lies in cooperating closely with Algeria, without rancour or remembrance. |

## 171. Negation of a present or past participle with 'non'

| | |
|---|---|
| Le personnel non-navigant. | The ground-crew. |
| Un droit non revendiqué. | An unclaimed right. |

| | |
|---|---|
| Un champ non labouré. | An untilled field. |
| Une tradition non formulée. | An unwritten tradition. |

## 172. 'Ne' as the single negation with 'cesser/oser/pouvoir/savoir'

| | |
|---|---|
| La part des importations dans la consommation française de textiles ne cesse de s'enfler. | The share of the French textile market taken by imported goods is continually growing. |
| Je ne cessais donc de remonter le noeud de ma cravate. | So I was continually pulling up the knot of my tie. |
| L'inflation n'a cessé de progresser ces dernières années en France. | There has been no let-up in the progress of inflation in recent years in France. |
| Nous n'osons le déranger si tôt. | We daren't disturb him so early. |
| Il n'osait fumer, par égard pour sa mère. | He didn't dare to smoke, out of regard for his mother. |
| On ne peut affirmer, on peut tout supposer. | You can't state definitely, you can suppose anything. |
| Il ne put s'empêcher de rire. | He couldn't help laughing. |
| Je ne saurais vous dire combien j'ai été impressionné. | I simply couldn't tell you how impressed I was. |
| On ne saurait penser à tout. | You simply can't think of everything. |

## 173. 'Ne . . . pas non plus'

| | |
|---|---|
| Elle n'a pas fait la vaisselle non plus. | She hasn't done the washing-up either. |
| Ce n'est pas non plus un cours d'enseignement ménager. | Nor is it a course in Home Economics. |
| Il n'y a pas non plus de commune mesure entre les deux. | Nor is there any common measure between the two. |
| Si la gauche ne peut pas gouverner sans les communistes, alors elle ne gouvernera jamais. D'ailleurs, si elle gouverne avec les communistes, elle ne gouvernera pas non plus. | If the Left cannot govern without the Communists, then it will never govern. In any case, if it governs with the Communists, it won't govern either. |

## 174. 'Plus de . . .' = 'no more . . .'

| | |
|---|---|
| Paris était mort: plus d'autos, plus de passants. | Paris was dead: no more cars, no more passers-by. |
| Plus de guerres, plus d'effusion de sang! | No more wars, no more bloodshed! |

| | |
|---|---|
| Au lycée, plus de frontières, plus de classes sociales, plus de préjugés. | In the grammar school, no more frontiers, no more social classes, no more prejudices. |

## 175. Multiple negation: the set order: 'plus/jamais/rien/personne/que/aucun/nulle part'

| | |
|---|---|
| Si on doutait tout le temps, on finirait par ne plus jamais rien entreprendre. | If you doubted all the time, you would end up by never again undertaking anything. |
| Nous ne devons plus penser qu'à l'avenir. | We must now think only of the future. |
| Elle n'avait jamais été si contente d'aucune domestique. | She had never been so pleased with any maidservant. |
| Dans une guerre de religion, il n'y a jamais que des vaincus. | In a war of religion, there are only ever losers. |
| Il n'y avait plus que le choix entre la capitulation et l'armistice. | There was now only the choice between surrender and armistice. |
| Il n'y aura plus jamais, nulle part, un instant possible de solitude. | There will never be again, anywhere, the possibility of a moment's solitude. |
| Plus aucun pays ne veut accepter de conserver des dollars qu'il ne peut échanger. | No country is willing any longer to keep dollars which it cannot exchange. |
| D'ici à dix ans nous pourrions ne plus trouver de pétrole à importer, d'aucun pays, à aucun prix acceptable. | In ten years from now we might no longer find oil to import, from any country, at any acceptable price. |
| Depuis ce jour-là il n'avait plus jamais dormi que dehors. | From that day onwards, he had never again slept anywhere but outside. |

## 175.1. The combinations 'ne . . . pas que' and 'ne . . . pas rien' are possible

| | |
|---|---|
| Ce livre ne s'adresse pas qu'aux enseignants. | This book is not intended only for teachers. |
| Il n'y a pas que nous qui soyons touchés par ce phénomène. | It is not only we who are concerned by this phenomenon. |
| Il n'y a pas que les lois qui aient changé. | It is not only the laws which have changed. |
| Il n'y a pas uniquement que les cours d'enseignement ménager, il n'y a pas uniquement que la couture et la cuisine. | There are not just Home Economics classes, there are not only needlework and cookery. |
| Au total, l'effort gouvernmental représente 15 milliards et demi de Francs. Ce n'est pas rien. | All in all, the government's effort amounts to 15½ milliard Francs. That is not a mere nothing. |

## 176. 'Rien que . . .' = 'solely, merely'

| | |
|---|---|
| Jurez-vous de dire la vérité, rien que la vérité? | Do you swear to tell the truth, nothing but the truth? |
| Nous pénétrions dans ces vergers, rien que pour le plaisir de respirer leurs feuilles. | We used to get into these orchards, just for the pleasure of breathing the fragrance of the foliage. |
| Il parlait ainsi, rien que pour les faire enrager. | He used to speak in this way, merely to annoy them. |
| Rien qu'à les voir, on devinait leur inquiétude. | Merely by seeing them, you could imagine their anxiety. |

## 177. 'Ne . . . que': the 'que' precedes the element which it modifies

| | |
|---|---|
| Ce ne pourrait être qu'un accident mécanique. | It could only be a mechanical failure. |
| C'était une ancienne chapelle qui n'était ouverte et décorée qu'une fois par an. | It was an old chapel which was only open and decorated once a year. |
| Je n'avais jamais loué une voiture que lorsque je le devais à cause de ma malle. | I had only ever hired a car when I had to because of my travelling trunk. |

## 177.1. The English 'only' modifying a verb is rendered by a verb in French: 'se contenter de faire quelque chose'/ 'ne faire que' + infinitive

*See 125.*

## 178. 'Pleonastic' or 'epenthetic' or 'expletive' 'ne' in a subordinate clause

*This 'ne' is a purely automatic mechanism and has no negative value.*

### 178.1. In a subordinate clause after a comparison

| | |
|---|---|
| Il parle mieux qu'il n'écrit. | He speaks better than he writes. |
| Plus tôt que tu ne crois, tu l'oublieras. | Sooner than you think, you will forget it. |
| La pièce lui sembla beaucoup plus petite qu'elle n'avait cru la veille. | The room seemed much smaller to her than she had thought the night before. |
| Je dînai, beaucoup mieux que je ne m'y attendais, dans un café du quartier. | I dined, much better than I expected to, in a neighbourhood café. |
| Nous refusons plus de clients que nous n'en acceptons. | We turn away more customers than we accept. |
| Nous gâchons plus d'énergie que nous n'en importons. | We waste more energy than we import. |

## 178.1.1. Often there is also a 'le' in the subordinate clause

| | |
|---|---|
| La situation est beaucoup plus grave qu'on ne le dit. | The situation is much more serious than people admit. |
| Paris semble en ce début d'août moins désert qu'il ne l'était l'été dernier. | At the beginning of this month of August, Paris seems less deserted than it did last summer. |
| La rive était plus loin qu'il ne le disait et le courant plus fort qu'il ne l'avait pensé. | The river bank was further away than he said and the current stronger than he had thought. |
| C'est tellement plus compliqué que je ne l'imaginais. | It is so much more complicated than I imagined. |
| Cette modeste expérience nous a entraînés beaucoup plus loin que nous ne le pensions. | This modest experiment has taken us much further than we thought. |
| La mer était beaucoup plus calme qu'il ne le pensait. | The sea was much calmer than he thought. |
| Cette majorité sera plus solide que l'on ne veut bien le dire. | This majority will be stronger than people are willing to admit. |

## 178.2. In a subordinate clause after verbs of fearing

| | |
|---|---|
| Je crains que ce que j'ai à dire ne soit très confidentiel. | I am afraid that what I have to say is very confidential. |
| Il était comme un homme qui retient son souffle et craint de respirer, de peur que l'illusion ne cesse. | He was like a man holding his breath, and afraid to breathe, for fear lest the illusion should cease. |

*See also 94.1.*

## 178.3. After 'à moins que'

| | |
|---|---|
| A moins que le printemps n'arrive bientôt, je ne sais pas ce que nous allons faire. | Unless spring comes soon, I don't know what we're going to do. |

*See also 107.*

## 178.4. After verbs expressing a precaution

| | |
|---|---|
| Prenez garde qu'on ne vous voie. | Take care lest you are seen. |
| C'est précisément pour éviter que ces rejets n'aient des conséquences pour l'environnement que l'on prévoit des tours de refroidissement. | It is precisely to avoid these waste products having an impact on the environment that cooling towers are planned. |

## 178.5. After verbs expressing a hindrance

| | |
|---|---|
| Rien n'empêche que vous ne veniez me voir. | There is nothing to prevent you from coming to see me. |

| | |
|---|---|
| Empêchez que la discussion ne dévie ou ne s'éternise. | Prevent the discussion from straying from the subject or from dragging on interminably. |

## 178.6. After 'plutôt que', 'autrement que'

| | |
|---|---|
| Je tombai plutôt que je ne m'assis sur le banc. | I collapsed rather than sat down on the bench. |
| La question se posa sur mes lèvres autrement que je ne l'aurais voulu. | The question formulated itself on my lips otherwise than I would have liked. |
| Il agit autrement qu'il ne parle. | He acts differently from how he speaks. |

## 179. 'Tellement' before a comparative

| | |
|---|---|
| C'est tellement plus pratique. | It is so much more practical. |
| Il est tellement plus gentil que toi! | He is so much nicer than you! |
| Elle était tellement plus intelligente, tellement plus riche, surtout tellement plus à la mode que ses soeurs. | She was so much more intelligent, so much richer, above all so much more fashionable than her sisters. |

## 180. 'Tant' + noun/pronoun + 'être' + adjective

*( A literary usage, setting forth a cause.)*

| | |
|---|---|
| C'est un problème particulièrement difficile, tant la situation économique est mauvaise. | It is a particularly difficult problem, so bad is the economic situation. |
| Je dus fermer les yeux tant la douleur fut vive. | I had to close my eyes, so acute was the pain. |
| Il était impossible de sortir tant le froid était violent. | It was impossible to go out, so bitter was the cold. |
| François fut stupéfait, tant les propos de son interlocuteur avaient jusqu'ici été empreints de tolérance. | François was flabbergasted, so markedly tolerant had been his interlocutor's remarks so far. |

## 180.1. The same construction is sometimes found with other verbs

| | |
|---|---|
| Louise s'arrêta de beurrer les toasts, tant cette nouvelle la surprenait. | Louise stopped buttering the slices of toast, so much did this news surprise her. |
| Sitôt franchie la porte d'entrée, on oublie les alentours, tant a de charme le décor de cette nouvelle maison. | As soon as you have gone through the front door, the surroundings are forgotten, so charming is the interior decoration of this new house. |

## 181. Exclamatory 'que' in a main clause

| | |
|---|---|
| Qu'il est bête de vous tourmenter comme cela! | How stupid it is to torture yourself like that! |

| | |
|---|---|
| Que je regrette de ne pas avoir pris mes chaussures au cordonnier! | How I regret not having collected my shoes from the shoe-repairer! |
| Que cela doit être pénible! | How painful that must be! |
| Qu'ils sont lents! | How slow they are! |

## 181.1. In a subordinate clause, 'combien' is used

| | |
|---|---|
| Si vous saviez combien je les aime! | If you knew how I love them! |
| Vous verrez combien le monde est méchant. | You will see how wicked people are. |
| Un sondage a révélé combien les Français sont préoccupés par la question de l'administration de la justice. | An opinion poll has revealed how deeply concerned the French are by the question of the administration of justice. |

## 182. 'Que de . . .', in an exclamation = 'what a lot of . . .'

| | |
|---|---|
| Que de monde! | What a lot of people! |
| Que de minutes perdues aux tourniquets! | What a lot of minutes wasted at the turnstiles! |
| Que de difficultés je prévois! | What a lot of difficulties I foresee! |
| Que d'idées fausses sur les jeunes! | What a lot of wrong ideas about young people! |

## 183. 'Comme' = 'so to say' or 'a kind of . . .'

| | |
|---|---|
| J'eus comme une sensation de malaise. | I experienced, as it were, a feeling of uneasiness. |
| Je sens comme une condamnation qui pèse sur ma tête. | I feel a kind of condemnation hanging heavy over my head. |
| Il resta comme pétrifié. | He remained as if turned to stone. |
| Dans cet article, il se situe comme au carrefour des diverses tendances exprimées jusqu'ici. | In this article, he takes up a position as it were at the intersection of the different tendencies expressed so far. |

## 184. 'Là où'

| | |
|---|---|
| On arrive en vue des pâturages, là où paissent des vaches noires et blanches. | You come in sight of the pastures, where black and white cows are grazing. |
| Elle le retrouva là où elle l'avait laissé. | She found him where she had left him. |
| Là où je demeure, il n'y a pas de haies. | Where I live, there are no hedges. |

| | |
|---|---|
| L'autoroute va se faire là où était prévu un poumon vert. | The motorway is going to be built where a green belt was planned. |

## 185. 'Plus/moins . . . plus/moins . . .' = 'the more/the less . . . the more/the less . . .'

| | |
|---|---|
| Plus l'on produit, plus les prix baissent. | The more is produced, the more prices come down. |
| Plus la ville est grande, plus les habitants maudissent la circulation. | The bigger the city, the more the inhabitants curse the traffic. |
| Plus le monde se rétrécit, plus il faut accepter la notion de concurrence entre nations plutôt qu'entre individus. | The more the world shrinks, the more you have to accept the concept of competition between nations rather than between individuals. |
| Plus longtemps vous vous tairez, plus cela paraîtra suspect. | The longer you remain silent, the more suspicious it will appear. |
| Plus un article est vu, plus il est demandé. | The more an article is seen, the more it is in demand. |
| Plus votre dose d'alcool augmente, plus elle vous diminue. | The more your intake of alcohol increases, the more it lowers you. |
| Plus il y a d'ordre, plus vite ce sera fait et moins nous courrons de risque. | The more orderliness there is, the quicker it will be done and the less risk we will run. |
| Moins le cerveau est sollicité, moins les parents l'obligent à réagir, et moins il se développera. | The less demand is made on the brain, the less parents force it to react, the less it will develop. |
| Plus les gens parlent, moins ils arrivent à se mettre d'accord. | The more people talk, the less they manage to agree. |
| Plus les vacances s'approchent, mieux je me sens. | The closer the holidays come, the better I feel. |

## 186. Superlative absolute: 'des plus' + plural adjective

| | |
|---|---|
| Bien que votre attitude me semble des plus étranges, je puis vous communiquer son adresse. | Although your attitude seems most strange to me, I can let you have his address. |

*(See also 36.)*

## 186.1. A variant is 'on ne saurait plus' (or 'on ne peut plus') + adjective

| | |
|---|---|
| Une exploration analytique on ne saurait plus complète. | A most complete analytical exploration. |
| Des obsèques on ne peut plus simples. | A most simple funeral. |

## 187. Agreement of adverbial 'tout'

*'Tout' agrees in gender and number before feminine adjectives beginning with a consonant or 'h aspirate':*

| | |
|---|---|
| **Notre curé maniait les lieux communs avec une application toute paysanne.** | Our parish priest manipulated edifying platitudes with wholly rustic diligence. |
| **Une toute jeune fille.** | A quite young girl. |
| **Elle est toute honteuse.** | She is quite ashamed. |

*It does not agree in other cases:*

| | |
|---|---|
| **Il était tout ému.** | He was quite upset. |
| **Elle est tout aimable.** | She is quite agreeable. |
| **Mes vacances en furent tout enchantées.** | My holidays were made quite magical by it. |
| **C'est une tout autre affaire.** | That is quite another matter. |
| **Tout enfant, elle faisait des vers.** | When she was quite a child, she was writing poetry. |
| **Les tout derniers chapitres me paraissent beaucoup moins bons.** | The very last chapters seem much less good to me. |
| **Les gens du premier rang s'étaient reculés sur leurs chaises, tout intimidés.** | The people in the first row had recoiled on their chairs, quite intimidated. |

## 187.1. In the feminine plural, there is a possibility of ambiguity

| | |
|---|---|
| **Elles étaient toutes joyeuses.** | 1. They were quite cheerful. |
| | 2. They were all cheerful. |

*This ambiguity does not arise for 'tout à fait', which is invariable:*

| | |
|---|---|
| **Les deux choses ne sont pas tout à fait pareilles.** | The two things are not quite the same. |

# LINKING WORDS

## Prepositions

### 188. Repetition of the preposition

Le maçon garnissait les intervalles de briques et de mortier.

The bricklayer was filling the gaps with bricks and mortar.

Immédiatement, ils furent entourés d'hommes, de femmes et d'enfants.

Immediately, they were surrounded by men, women and children.

Tout ce qu'elle voit lui donne des idées: de robes, de jupes, de tricots.

Everything she sees gives her ideas: for dresses, skirts, knitwear.

C'étaient les rayons des disques, de la papeterie, des marteaux et des clous.

These were the record, stationery, hammers and nails departments.

Il était possible de fournir dans toutes les langues un flot continu de détails, de statistiques et de développements dans les débats.

It was possible to provide in all the languages a continuous flow of details, statistics and developments in the debates.

L'institutrice maternelle doit avoir l'oeil et l'oreille partout, être prête à intervenir, à consoler, à prévoir.

The nursery school mistress must be all eyes and ears, ready to intervene, console, foresee.

La solution dépend en effet, à la fois de la démographie, de l'économie, de la sociologie du travail et des loisirs, de la prévision sociale, de la biologie et de la psychologie du troisième âge.

The solution does indeed depend, at one and the same time, on demography, economics, the sociology of work and leisure, social forecasting, and the biology and psychology of senior citizens.

La pollution et la destruction de la nature provoqueront d'autres famines: d'air pur, d'eau potable, de végétation, d'espace, de ciel, de silence, de solitude.

Pollution and destruction of nature will bring in their wake other shortages: of pure air, drinking water, vegetation, space, sky, silence, solitude.

### 189. Reinforcement of a preposition by a past participle

Il a regardé l'étroit corridor ménagé entre les tables.

He looked at the narrow corridor between the tables.

Il y avait un guichet pratiqué dans le fond de la pièce.

There was a serving-hatch at the back of the room.

Des touristes venus des quatre coins du monde.

Tourists from the four corners of the world.

| | |
|---|---|
| Il faut rendre l'économie française moins vulnérable aux influences et aux incidents venus de l'extérieur. | The French economy must be made less vulnerable to influences and upsets from abroad. |
| Des événements surgis depuis 1939. | Events since 1939. |
| La déclaration faite par le premier ministre. | The statement by the Prime Minister. |
| L'accueil négatif fait par les Américains à sa proposition. | The Americans' negative reaction to his proposal. |
| On n'avait pas trouvé la moindre preuve des accusations portées contre lui. | Not the slightest proof had been found of the accusations against him. |
| On a dépêché sur place une commission d'enquête en raison des allégations portées contre l'Administration pénitentiaire. | A commission of enquiry has been sent to the spot as a result of the allegations against the prison administrative service. |
| Les soixante-quatre bandes enregistrées des conversations tenues dans son bureau. | The sixty-four tape recordings of conversations in his office. |
| L'appui donné par la France à l'Agence de coopération culturelle et technique semble désormais sans réserve. | France's support for the cultural and technical cooperation agency seems henceforth to be unreserved. |

## 189.1. Reinforcement is sometimes supplied by a relative clause

| | |
|---|---|
| Le peu d'intérêt que le monde témoigne pour la science pure. | The world's lack of interest in pure science. |

# 190. Time prepositions used to indicate distance, space

## 190.1. 'Pendant'

| | |
|---|---|
| Il marcha ainsi pendant trois bons kilomètres. | He walked in this way for a good three kilometres. |
| Le rivage est couvert pendant un demi-mille d'une rangée de maisons qui se touchent les unes les autres. | The shore is covered for half a mile with a row of contiguous houses. |
| Pendant des centaines de kilomètres, le train roule dans un corridor de pins. | For hundreds of kilometres, the train runs through a corridor of pine-trees. |

## 190.2. 'Depuis . . . jusqu'à . . .'

| | |
|---|---|
| Depuis le haut jusqu'en bas. | From top to bottom. |
| La France s'étend depuis les Alpes jusqu'à l'Océan. | France extends from the Alps to the (Atlantic) Ocean. |

| | |
|---|---|
| Le sapin s'élève, d'un seul élan, depuis le fond de mousse où ses racines s'enfoncent, jusqu'au bout aigreté d'épines vertes de sa cime. | The fir-tree rises in one soaring leap, from the mossy foundation in which its roots plunge, right up to the green-needled plume of its topmost bough. |
| Il y a des snobs partout depuis le mendiant jusqu'au milliardaire. | There are snobs everywhere from the beggar to the multimillionaire. |
| Un grand mouvement est rendu possible à tous les niveaux, depuis l'école jusqu'aux diplômes finaux. | A great advance is made possible at all levels, from school to final degrees. |

## 190.2.1.　The following usage of 'depuis' has been criticised:

| | |
|---|---|
| Ce concert est retransmis depuis Rome. | This concert is relayed from Rome. |

'(A partir) de' is to be preferred.

**191–204.** *There seems to be much semantic 'wear and tear' on prepositions, with the result that 'à' and 'de', for example, can be mere link-words between verbs, nouns, adjectives and a following infinitive, without any 'meaning' at all:* 'commencer à', 'esayer de', 'le plaisir de', 'content de', 'prêt à', 'la capacité à' (*see 147 to 155*).

　　*Likewise, the commonly used prepositions can have very varied meanings, with the consequence that prepositional usage is rarely the same in different languages in set phrases:* '*in* my opinion', '*à* mon avis', 'me*i*ner Meinung *nach*'.

## 191.　The preposition 'à'

### 191.1.　To express distance away from

| | |
|---|---|
| Sarcelles est à onze kilomètres de Paris. | Sarcelles is eleven kilometres from Paris. |
| Je connais un café à deux pas d'ici. | I know a café a stone's throw from here. |
| Ils habitent un appartement dans une cité neuve à quatre kilomètres du centre de Bordeaux. | They live in a flat in a new development four kilometres from the centre of Bordeaux. |
| Son fils, sa bru et leurs deux enfants habitent à cinq minutes de chez lui. | His son, his daughter-in-law and their two children live five minutes away from him. |

### 191.2.　With a stressed pronoun to indicate possession, and particularly to make the distinction between 'his' and 'her'

| | |
|---|---|
| Ce cabas est à toi, petit? | Is this shopping bag yours, sonny? |
| Son père à lui; son père à elle. | **His** father; **her** father. |
| Il avait de la charité une notion bien à lui. | He had his own idea of charity. |

## 191.3.  'A' + stressed pronoun = 'of'

| | |
|---|---|
| C'est gentil à vous d'accepter. | It's nice of you to accept. |

## 191.4.  'Etre à quelqu'un de faire quelque chose' = 'to be for/up to someone to do something'

| | |
|---|---|
| C'est aux autres de réduire leur inflation et non à l'Allemagne d'augmenter la sienne. | It is for others to reduce their inflation and not for Germany to increase hers. |
| La responsabilité de cet accident malheureux incombe à la société Philips et c'est à elle d'en assumer les conséquences. | The responsibility for this unfortunate accident lies with the Philips company and it is up to it to face up to the consequences. |
| Ce n'est pas à vous de me faire la leçon. | It is not for you to lecture me. |
| Ce n'est pas à moi de les prévenir. | It is not for me to warn them. |
| L'ordre et le progrès, c'est à nous de les assurer. | As for order and progress, it is up to us to ensure that they exist. |

## 191.5.  'A' = 'by': 'à la lumière de . . .'; 'reconnaître/voir/juger . . . à quelque chose'

| | |
|---|---|
| Ils travaillaient parfois la nuit à la lumière des phares. | They sometimes used to work at night by the light of the headlights. |
| A la lueur des étoiles. | By starlight. |
| Je l'ai reconnu à son allure. | I recognised him by his walk. |
| Vous venez de la campagne, n'est-ce pas? On le voit bien, rien qu'à votre chapeau. | You come from the country, don't you? It is easy to see it, merely by your hat. |
| On le voit à votre visage. | It can be seen, by your face. |
| C'est un affreux gâchis, à ce que je vois. | It's an awful mess, as far as I can see. |
| C'est à l'honneur qu'elle rend aux femmes qu'on juge une civilisation. | It is by the honour it does to women that a civilisation is judged. |

## 191.6.  'A' = 'by' (manner, rate)

| | |
|---|---|
| Cette poterie est faite à la main. (More usually, in the trade, 'fait(e) main'.) | This pottery is made by hand. |
| Les oeufs se vendent à la douzaine ou à la demi-douzaine. | Eggs are sold by the dozen or by the half-dozen. |
| Alors ils sont entrés, un à un. | Then they came in, one by one. |

| | |
|---|---|
| **Deux cent cinquante mille par jour, ça fait dix mille à l'heure et cent soixante-six à la minute.** | Two hundred and fifty thousand per day, that makes ten thousand by the hour and one hundred and sixty-six by the minute. |

## 191.7. 'A' = 'in'

| | |
|---|---|
| **Au loin.** | In the distance. |
| **Au soleil.** | In the sun(shine). |
| **Ecrire à l'encre/au crayon.** | To write in ink/in pencil. |
| **Arriver à temps.** | To arrive in time. |
| **A mon avis.** | In my opinion. |
| **A votre place, je ne ferais rien.** | In your place, I would do nothing. |
| **Il n'y a rien d'étonnant à cela.** | There is nothing astonishing in that. |
| **Laissez-moi faire à ma manière.** | Let me do it in my own way. |
| **Un tableau à la manière de Monet.** | A painting in the style of Monet. |
| **Un jardin à la française.** | A garden in the French style. |

## 191.8. 'A' = 'on'

| | |
|---|---|
| **Vous trouverez la citation à la page cent deux.** | You will find the quotation on page one hundred and two. |
| **Il y avait un morceau de viande pendu à un crochet.** | There was a piece of meat hanging on a hook. |
| **Il est tout le temps pendu au téléphone.** | He is on the 'phone all the time. |
| **A cette occasion.** | On this occasion. |
| **A plusieurs occasions.** | On several occasions. |
| **A mon arrivée.** | On my arrival. |
| **A pied; à cheval; à vélo; à genoux; à croupetons.** | On foot; on horseback; on a bicycle; on one's knees; on one's haunches. |

## 191.9. 'A' = 'with'

| | |
|---|---|
| **Son visage entier était enveloppé de lumière, à l'exception du front.** | His whole face was bathed in light, with the exception of his forehead. |
| **Il les a reçus à bras ouverts.** | He received them with open arms. |
| **Ils avancèrent à grands pas.** | They strode forward. |
| **Des gens à l'aspect étranger.** | Foreign-looking people. |

*(See also 38 and 39.)*

## 192. The preposition 'de'

### 192.1. 'Bordé/couvert/décoré/encombré/entouré/garni/ orné/rempli/suivi/tapissé/vêtu de . . .'

| | |
|---|---|
| Je me suis engagé dans une rue bordée de pavillons et de jardinets. | I turned into a street lined with detached houses and little gardens. |
| Les bus étaient couverts d'inscriptions comme un mur d'affiches. | The buses were covered with slogans as a wall is with posters. |
| La salle des fêtes était decorée de guirlandes et de drapeaux. | The assembly hall was decorated with garlands and flags. |
| Elle le fit entrer dans un vestibule encombré de malles. | She showed him into a hall cluttered with travelling trunks. |
| Le jardin était entouré d'une clôture. | The garden was surrounded by a fence. |
| Les murs sont tout garnis de livres chez lui. | In his house, the walls are completely lined with books. |
| Elle portait une robe un peu sévère, ornée d'un bijou. | She was wearing a rather plain dress, adorned with a jewel. |
| C'est un texte rempli d'erreurs. | It is a text full of mistakes. |
| Nous avons regardé passer un remorqueur, suivi de son chapelet de péniches. | We watched a tug-boat go by, followed by its string of barges. |
| Le couloir était tapissé de papier gris. | The corridor was papered in grey. |
| Il était vêtu d'un pantalon noir et d'un chandail olive. | He was dressed in black trousers and an olive sweater. |

**192.1.1.** *For the agent introduced by 'de', with the passive, see 66.3*

### 192.2. 'De' followed by an abstract noun, as an extension of cause

| | |
|---|---|
| Une moitié du monde meurt de faim. | One half of the world is dying of hunger. |
| Soixante pour cent des femmes souffraient d'obésité. | Sixty per cent of the women were suffering from over-weight. |
| De quoi vivent-ils? | What do they live on? |
| Pierre Catroux était rouge d'orgueil. | Pierre Catroux was flushed with pride. |
| Je tombe de fatigue. | I'm dropping with fatigue. |
| Il était blême de peur. | He was white-faced with fear. |

| | |
|---|---|
| **Le ministre tremblait de froid, malgré son pardessus énorme.** | The minister was shivering with cold, despite his huge overcoat. |
| **Bleuet piétinait d'impatience.** | Bleuet was stamping his feet with impatience. |
| **Les enfants sautaient de joie.** | The children were jumping for joy. |

## 192.3. 'De' as a supporting particle

### 192.3.1. Before an infinitive

| | |
|---|---|
| **Notre propos est d'étudier les métropoles régionales.** | Our intention is to study the regional capitals. |

*(See also 148.)*

## 192.3.2. Before an adjective, after an indefinite pronoun

| | |
|---|---|
| **Y a-t-il quelqu'un de blessé?** | Is there anyone hurt? |
| **N'y a-t-il personne d'autre ici?** | Is there nobody else here? |
| **Il n'y a rien de nouveau.** | There is nothing new. |
| **Je croyais profondément qu'il était nécessaire de faire quelque chose de nouveau. Le gaullisme ne réussirait pas à faire quelque chose de durable.** | I firmly believed that it was necessary to do something new. Gaullism would not succeed in doing anything lasting. |
| **Pour moi, la justice n'est pas quelque chose de littéraire, ce n'est pas quelque chose d'électoral, c'est quelque chose qui se décide.** | For me, justice is not something literary, it is not something electoral, it is something which is decided upon. |
| **Son allure n'a rien de pompeux.** | There is nothing pompous about his demeanour. |

## 192.3.3. After 'ce qu'il y a . . .'/'ce que X a . . .'/'ceci . . .'

| | |
|---|---|
| **Ce qu'il y a peut-être de plus anglais dans la peinture anglaise, c'est la représentation de ces animaux domestiques dont les Britanniques raffolent.** | What is perhaps most typically English in English painting is the representation of those domestic animals which the British are mad about. |
| **Cette modification de la situation politique de la France lui permettra de dépasser ce qu'il y a d'excessif dans ses divisions actuelles.** | This modification in France's political situation will allow her to emerge from the extremist nature of her present divisions. |
| **Ce que notre quartier avait de particulier et même d'étrange, c'est qu'y habitaient aussi des gens aux professions bizarres.** | What was unique and even strange about our district was that people with odd professions lived there as well. |
| **Ce que les biens de consommation ont de plus durable, c'est le besoin qu'ils créent.** | The most lasting thing about consumer goods is the need which they create. |

| | |
|---|---|
| La radio a ceci de bon qu'elle est une discipline de l'oreille, qu'elle force à guetter et à deviner. | Radio has this good thing about it, that it is a discipline of the ear, that it forces you to pay close attention and to guess. |

### 192.3.4. Linking a noun and a past participle

| | |
|---|---|
| C'est un pas de fait. | That's one step taken. |
| C'est une étape importante de franchie. | That's an important stage passed. |
| Voilà encore un problème de réglé. | That's one more problem solved. |
| Il n'y a pas encore de décret de paru. | As yet there is no bill published. |

**192.3.5.** *For 'Noun + de + Noun' = compound noun in English, see 17*

## 192.4. 'De' = 'To the extent of', before numerals

### 192.4.1. 'Distant/épais/haut/large/long/profond de . . .'

| | |
|---|---|
| Ces deux villes sont distantes l'une de l'autre d'environ vingt kilomètres. | These two towns are about twenty kilometres away from each other. |
| Une couche épaisse d'un centimètre. | A layer one centimetre thick. |
| Le barrage de Génissiat est haut de cent trois mètres. | The Génissiat dam is one hundred and three metres high. |
| A cet endroit, le lac est large de cent cinquante mètres. | At this spot, the lake is one hundred and fifty metres wide. |
| La Loire est longue de mille huit kilomètres. | The Loire is one thousand and eight kilometres long. |
| C'était un puits profond de six mètres. | It was a well six metres deep. |

### 192.4.2. 'Plus/moins de . . .'

| | |
|---|---|
| La ferme est distante de moins de cent mètres. | The farm is less than one hundred metres away. |
| A la réunion, il y avait moins de deux cents personnes. | At the meeting, there were fewer than two hundred people. |
| Il n'est jamais arrivé que le même numéro soit sorti plus de sept fois de suite. | It has never happened that the same number has turned up more than seven times in succession. |
| Tout cela est arrivé il y a plus de cinquante ans. | All that happened more-than fifty years ago. |

## 192.4.3. 'De'+numeral, after 'être' stating quantity, price

Le président de la République est
élu au suffrage universel. Son
mandat est de sept ans.

The President of the Republic is elected
by universal franchise. His term of office
is seven years.

Il faut un nombre de députés
déterminé qui est, je crois, de
quarante, pour constituer un
groupe à l'Assemblée.

A certain number of deputies is required
which is, I think, forty, to constitute a
group in the Assembly.

Le montant de la quittance
mensuelle est de cent cinquante-
quatre francs.

The grand total of the monthly bill is
one hundred and fifty-four francs.

L'âge moyen parmi nous était de
onze ans et demi.

Our average age was eleven and a half.

## 192.4.4.  Other examples of 'de' = 'to the extent of'

Elle était alors âgée de seize ans.

She was aged sixteen at the time.

Avancez d'un pas!

Take one step forward!

Ma montre retarde de cinq minutes.

My watch is five minutes slow.

Il est plus grand que moi de la tête.

He is a head taller than me.

## 192.5.  An ambiguous use of 'de'

*Whilst it is clear that*
**'Le député de Nice'** *is*
**'Le train de Paris'** *could be*

'The M.P. for Nice'
1. 'The train for Paris'
2. 'The train from Paris'.

*In case of doubt, the following periphrases are used:*

L'avion à destination de Londres.

The 'plane for London.

L'avion en provenance de Rome.

The 'plane from Rome.

## 192.6.  'De' = 'by'

Il travaille de nuit.

He works by night.

De jour, la ville avait un aspect tout
différent.

By day, the town had a quite different
appearance.

Je la connais de vue.

I know her by sight.

## 192.7.  'De' indicating manner

Je cite de mémoire.

I am quoting from memory.

Ils ont agi de concert.

They acted in unison.

Il a accepté de grand coeur.

He accepted willingly.

De l'avis de tous.

In the general opinion.

Je l'ai fait de ma propre main.

I did it with my own hand.

| | |
|---|---|
| **Il a saisi l'occasion des deux mains.** | He took the opportunity with both hands. |
| **Nous l'avons fait de nous-mêmes.** | We did it on our own account. |
| **Comme de juste.** | As is only right. |

*(For 'd'un air/d'une voix/d'un geste/d'un ton/d'une manière', see 166.5.)*

## 192.8. 'De' = 'from'

| | |
|---|---|
| **De vingt à trente personnes.** | From twenty to thirty people./Between twenty and thirty people. |
| **Du matin au soir.** | From morning to night. |

*(For 'de' with names of countries, see 27.4(b) and 27.7(b).)*

## 193. The preposition 'en'

## 193.1. '(Se) transformer/(se) changer/(se) diviser/ traduire en . . .'

| | |
|---|---|
| **Les garçons se divisent en clans, en dehors de toute hiérarchie extérieure.** | The boys divide up into clans, irrespective of any hierarchy imposed from without. |
| **Le château sera transformé en village de vacances.** | The country house will be transformed into a holiday camp. |
| **Le képi du garde-champêtre fut transformée en galette.** | The gamekeeper's peaked cap was transformed into a flat cake. |
| **L'incompétence des généraux a changé une défaite en déroute.** | The generals' incompetence turned a defeat into a rout. |
| **Le rôle du gouvernement est d'abord de décider des grandes directions qu'il entend suivre, puis de traduire en actes, en mesures concrètes, le programme sur lequel il s'est engagé.** | The government's rôle is first of all to decide on the main lines which it intends to follow, then to translate into deeds, into concrete measures, the programme to which it has committed itself. |

## 193.2. 'En' = 'in the capacity of/in the manner of'

| | |
|---|---|
| **Il a pris la chose en philosophe.** | He took the matter philosophically. |
| **C'est moi qui vous le dis en expert.** | I'm telling you, as an expert. |
| **Voici de très bons cigares que je vous recommande en connaisseur.** | Here are some very good cigars which I recommend to you as a good judge. |
| **Les médecins vont donc avoir à se battre en aveugles contre une maladie dont ils ignorent les origines.** | So the doctors are going to have to fight like blind men against an illness the origin of which they know nothing about. |
| **Voici le livre que j'ai reçu en cadeau.** | Here is the book which I received as a present. |

| | |
|---|---|
| **Ils ont agi en traîtres.** | They have acted as traitors. |
| **Il l'avait accueilli en naufragé qui, sur son île déserte, voit débarquer un compagnon de misère.** | He had welcomed him like a castaway who, on his desert island, sees a companion in misfortune coming ashore. |

### 193.2.1.   Also 'en tant que . . .'

| | |
|---|---|
| **Nous sommes tous concernés directement en tant que travailleurs et citoyens.** | We are all directly concerned, in our capacity as workers and citizens. |
| **Voilà ce que je pense, en tant que parent.** | That is what I think, speaking as a parent. |
| **Je suis au Collège d'Enseignement Secondaire, en tant que surveillante.** | I am at the High School, employed as a student-supervisor. |

## 193.3.   General guide-line: 'en' is usually followed by zero article

| | |
|---|---|
| **En mer; en guerre; en classe; en faute; mille francs en jeu.** | At sea; at war; at school; at fault; a thousand francs at stake. |
| **Il est fort en mathématiques.** | He is good at mathematics. |
| **Les économistes communistes sont très habiles en casuistique marxiste, mais connaissent peu les faits contemporains.** | Communist economists are very clever at Marxist casuistry, but know little of contemporary facts. |
| **En taxi; en avion; en auto.** | By taxi; by 'plane; by car. |
| **Ils sont arrivés par air et par mer, en cars, en trains, en voitures.** | They arrived by air and by sea, in buses, in trains, in cars. |
| **En larmes; en prison; en colère.** | In tears; in prison; in anger. |
| **En théorie et en pratique.** | In theory and in practice. |
| **Les arbres fruitiers sont en fleurs.** | The fruit-trees are in blossom. |
| **En ville; en province; en deuil.** | In town; in the provinces; in mourning. |
| **La plus grande partie de l'émission a été réalisée en studio.** | The greater part of the programme was produced in the studio. |
| **En vente; en congé; en vacances.** | On sale; on leave; on holiday. |
| **Il est en voyage.** | He is away on a trip. |
| **Du sucre en poudre ou en morceaux.** | Caster or lump sugar. |
| **En moyenne.** | On average. |

### 193.3.1.   With adjectives

| | |
|---|---|
| **En général et en particulier.** | In general and in particular. |

| | |
|---|---|
| **En vain.** | In vain. |
| **Cela fait en tout dix mille francs.** | That makes ten thousand francs in all. |
| **Cela est vrai en gros.** | That is true in the main. |

### 193.3.2. 'En' = 'material of which something is made'

| | |
|---|---|
| **Un buste en marbre.** | A marble bust. |
| **Une montre en or.** | A gold watch. |
| **Cette chemise est en coton.** | This shirt is cotton. |

### 193.3.3. With names of feminine countries or masculine countries beginning with a vowel

| | |
|---|---|
| **Ce globe-trotter est allé en Italie, en Iran, en Inde, en Angola.** | This globe-trotter has been to Italy, Iran, India, Angola. |

*(See also 27.4(a), 27.8, 27.11.)*

### 193.4. 'En' = 'time within which'

| | |
|---|---|
| **J'ai écrit ma lettre en dix minutes.** | I wrote my letter in ten minutes. |
| **Livraison en quinze jours.** | Delivery within a fortnight. |
| **En moins de temps qu'il ne faut pour le dire.** | In less time than it takes to tell. |

### 193.5. The exceptions to this general trend are all set expressions—relics of earlier stages in the language, when 'en' was used with the definite article

| | |
|---|---|
| **Nous écoutions, la fourchette en l'air.** | We were listening, with our forks poised. |
| **Regardez en l'air!** | Look up! |
| **Ce sont des paroles en l'air.** | Those are idle words. |
| **En l'an dix-neuf cent quinze.** | In the year nineteen fifteen. |
| **Il y aura une réception en l'honneur du Président du Conseil.** | There will be a reception in honour of the Prime Minister. |
| **Il est expert en la matière.** | He is an expert in the matter. |

## 194. The preposition 'dans'

### 194.1. 'Dans' = 'out of'

| | |
|---|---|
| **Elle prit une nappe dans le buffet.** | She took a table-cloth out of the sideboard. |
| **Tu as pris les valises dans le coffre de la voiture?** | Have you taken the suit-cases out of the boot of the car? |

| | |
|---|---|
| **Nous mangions toujours dans des assiettes de faïence.** | We always ate off earthenware plates. |
| **Le café se boit quelquefois dans un bol.** | Coffee is sometimes drunk out of a bowl. |
| **Vous avez copié tout cela dans un livre.** | You have copied all that out of a book. |
| **J'ai découpé cet article dans le journal.** | I have cut this article out of the newspaper. |

## 194.2. 'Dans' to indicate 'point of time', 'time at the end of which'

| | |
|---|---|
| **Je serai prêt dans cinq minutes.** | I shall be ready in five minutes. |
| **—Quand partez-vous?** <br> **—Dans quinze jours.** | —When do you leave? <br> —In a fortnight. |
| **Cela lui arriva dans son enfance.** | That happened to him in his childhood. |

## 194.3. In contrast with 'en', 'dans' is followed by an article or article-substitute

| | |
|---|---|
| **Dans toute la France.** | In the whole of France. |
| **Dans le Jura.** | In the Jura. |
| **Qu'est-ce que vous avez dans la main?** | What have you got in your hand? (**i.e. hidden/clasped in your hand.**) |
| **Dans le commerce.** | In trade/business. |
| **Dans l'espoir de la revoir.** | In the hope of seeing her again. |
| **'Dans l'attente de vous lire.'** | 'Looking forward to hearing from you.' |
| **Je me trouve dans la nécessité d'accepter.** | I find myself under the necessity of accepting. |
| **Dans ce but.** | With this object. |
| **Dans le but de frauder.** | With intent to defraud. |
| **Dîner dans le train.** | To have dinner on the train. |
| **Dans le cas où vous arriveriez tard, je laisserais la clef chez mon voisin.** | In case you arrived late, I would leave the key with my neighbour. |
| **Cela coûte dans les deux cents francs.** | It costs in the region of two hundred francs. |
| **Il est tombé dans la misère.** | He has fallen upon evil days. |
| **On l'admire dans tout ce qu'il fait.** | He is admired in everything he does. |

# 195. The preposition 'par'

## 195.1. Followed by an abstract noun

| | |
|---|---|
| J'ai fait cela par amitié pour vous. | I did that out of friendship for you. |
| Il y a des gens qui vont au musée par snobisme. | There are people who go to the museum out of snobbery. |
| Je venais par là un peu par curiosité. | I used to come that way a little out of curiosity. |
| Dans le passé, les désastres prenaient l'humanité par surprise. | In the past, disasters used to take humanity by surprise. |
| Il peut écrire au sujet du capitalisme et du socialisme autrement que par imagination. | He can write of capitalism and socialism not just through imagination. |
| Par bonheur, nous avons pu le joindre à son bureau. | By good fortune, we were able to contact him at his office. |
| Ce n'est pas par mauvaise volonté que pèchent les milieux économiques, c'est par ignorance. | It is not through ill-will that economic circles are at fault, it is through ignorance. |
| S'ils ont apporté ce démenti si rapidement après le discours du premier ministre, ce n'est pas par provocation. | If they have issued this denial so rapidly after the Prime Minister's speech, it is not by way of provocation. |
| Un architecte à qui le maire de Montpellier demandait pourquoi, au Polygone, nouveau coeur administratif et commercial de la ville, tous les murs étaient inclinés, lui fit cette réponse: 'Par déférence, monsieur le maire.' | An architect of whom the mayor of Montpellier was asking why, in the Polygone, the new administrative and commercial nerve-centre of the city, all the walls bent forward, made this reply: 'Out of deference, Mr. Mayor.' |

## 195.2. Weather conditions

| | |
|---|---|
| Par les journées chaudes d'été. | On hot summer days. |
| Par un jour froid de décembre. | On a cold December day. |
| Par un temps pareil. | In such weather. |
| 'Route inondée par forte pluie.' | 'Road (liable to be) flooded in heavy rain.' |
| Par temps de brouillard, allumez vos feux de croisement. | In foggy weather, put on your dipped headlights. |
| Il faut arroser le jardin par temps sec. | The garden must be watered in dry weather. |
| Ces trois îlots sont inaccessibles par tempête, par grosse mer. | These three islets are inaccessible in stormy weather, in heavy seas. |

| | |
|---|---|
| A Wimbledon, 15 000 personnes occupent le court central et y restent par n'importe quel temps, parfois pendant six ou sept heures. | At Wimbledon, 15,000 people fill the centre court and remain there in any weather, sometimes for six or seven hours. |

## 195.3. Distributive

| | |
|---|---|
| Plusieurs fois par jour. | Several times a day. |
| Le prix de pension est de quatre-vingt-neuf francs par personne et par jour. | The full board tariff is eighty-nine franc per person, per day. |
| Nous sommes entrés par petits groupes. | We went in in little groups. |
| Les élèves marchaient deux par deux. | The pupils were walking in pairs (two by two). |
| Nous suivons les événements heure par heure. | We are following events hour by hour. |
| Les blessés mouraient par milliers. | The wounded were dying in (their) thousands. |
| Par ordre alphabétique. | In alphabetical order. |
| Par deux fois, l'Europe a déchaîné une guerre mondiale. | On two successive occasions, Europe ha unleashed a world war. |

## 195.4. Location (with or without movement)

| | |
|---|---|
| Venez par ici. | Come this way. |
| Allez par là. | Go that way. |
| Par où a-t-il passé? | Which way did he go? |
| Par mer et par terre. | On land and sea. |
| Par monts et par vaux. | Over hill and dale. |
| Il courait par les rues. | He was running about the streets. |
| Par tout le pays. | All over the country. |
| Par ci, par là. | Here and there. |
| Par endroits. | In places. |
| Ils étaient assis par terre. | They were seated on the ground. |

**195.5.** *For 'par' introducing the agent with the verb in the passive, see 66.1*

# 196. The preposition 'pour'

## 196.1. Indicating future time

| | |
|---|---|
| Elle se trouvait donc libre pour la semaine entière. | So she was free for the whole week. |

| | |
|---|---|
| -Pour quand est-ce? | —When is it for? |
| -Pour dans huit jours. | —For a week from now. |

## 96.2. Indicating attitude towards

| | |
|---|---|
| lle est bonne pour lui. | She is kind to him. |
| l faut être bon pour les animaux. | You must be kind to animals. |

## 96.3. Intensifying

| | |
|---|---|
| our un orateur, c'est un orateur. | He's a real orator, he is. |
| our une retraite, c'était une etraite. | It wasn't half a retreat. |
| Iais c'était pour de bon, pour de rai cette fois. | But it was real, true, this time. |

## 197. The preposition 'sous'

## 97.1. Weather conditions

| | |
|---|---|
| u veux sortir sous cette pluie? | You want to go out in this rain? |
| ous la chaleur, il faut boire, eaucoup boire, uniquement de eau. | In the heat, you must drink, drink a lot, nothing but water. |
| e n'est pas un ciré comme les utres. Quand le porte-t-on? Tout le emps, par tous les temps. Sous la rume, la pluie, l'arc-en-ciel, le oleil. | It is not an oilskin like other oilskins. When do you wear it? All the time, in all weathers. In mist, rain, rainbow, sunshine. |

## 97.2. Historical periods, political régimes

| | |
|---|---|
| ous Louis XIV. | In the reign of Louis XIV. |
| ous l'Ancien Régime. | Under the Ancien Régime. |
| ous l'Empire. | At the time of the Empire. |
| 'est sous Charles X que la petite st née. | It was in Charles X's reign that the little girl was born. |
| ous un régime socialiste. | Under a socialist régime. |

## 97.3. Set expressions

| | |
|---|---|
| e n'ai pas ce document sous la ain. | I haven't got that document to hand. |
| e médicament est administré sous rme de pilules. | This medicine is administered in the form of pills. |
| ous tous les rapports. | In all respects. |

| | |
|---|---|
| Ce serait même une belle question à étudier, tant sous le rapport pathologique que sous le rapport physiologique. | It would even be a fine question to study, as much from the pathological angle as from the physiological angle. |
| Examinée sous cet aspect, l'affaire paraît bonne. | Seen from this point of view, the proposition seems good. |
| Il sera de retour sous peu. | He will be back shortly. |
| Il était connu sous le nom de Céline. | He went under the name of Céline. |
| Sous peine de mort. | On pain of death. |

## 198.  The preposition 'sur'

### 198.1.  'Sur' = 'off'

| | |
|---|---|
| J'ai ramassé des coussins sur un autre fauteuil. | I picked up some cushions off another armchair. |
| Ôte tes mains de sur la table! | Take your hands off the table! |
| J'enlevai les journaux de sur les meubles. | I removed the newspapers from off the furniture. |

### 198.2.  'Sur' = 'concerning'

| | |
|---|---|
| On avait débité mille bêtises sur ce prototype de l'usine presse-bouton. | A lot of nonsense had been talked about this prototype of the push-button factory. |
| Il faillit dire des choses désagréables sur Electricité de France. | He nearly said some unpleasant things about the French National Electricity Board. |
| Je l'ai interrogé sur ses motifs. | I questioned him about his motives. |
| Il gémissait sur ses malheurs. | He was moaning about his misfortunes. |
| Le ministre de l'Intérieur ouvre une enquête sur deux associations qui organisaient des voyages en Inde. | The Home Secretary is opening an enquiry about two associations which were organising journeys to India. |
| Il a parlé longuement sur cette affaire. | He spoke at length about this matter. |

### 198.3.  Proportion. 'Sur' = 'out of/in'

| | |
|---|---|
| Dix-neuf sur vingt. | Nineteen out of twenty. |
| Une fois sur mille. | Once in a thousand times. |
| Un cas sur cent. | One case in a hundred. |
| Un jour sur quatre. | One day in four. |
| Sur onze camarades qu'ils étaient, il ne reste que trois hommes. | Out of the eleven comrades that they were, only three men remain. |

## 198.4. Measurements. 'Sur' = 'by'

Six mètres sur quatre.　Six metres by four.

## 198.5. 'Sur' = 'at'

Sur un signe du chef, il obéit.　At a sign from the chief, he obeyed.

Sur ces paroles, une tempête de huées éclata.　At these words, a storm of booing burst out.

Sur ce, il nous a quittés.　At which/Whereupon, he left us.

## 198.6. 'Sur' = 'over'

Le pont sur la rivière Kwai.　The bridge over the river Kwai.

Sur huit mètres de longueur.　Over a length of eight metres.

Elle se penchait sur l'enfant.　She was bending over the child.

Il y a longtemps qu'il se penche sur ce problème.　For a long time he has been looking into this problem.

## 198.7. Judgements. 'Sur' = 'by'

Il ne faut pas juger les gens sur les apparences.　You must not judge people by their appearance.

Que le monde juge sur les faits.　Let people judge by the facts.

Sur sa bonne mine, on lui a prêté cent francs.　On the strength of his appearance, he was lent a hundred francs.

## 198.8. Repetition

Il a fait sottise sur sottise.　He has committed blunder after/upon blunder.

Il m'a fallu attendre près d'une heure, buvant tasse de thé sur tasse de thé.　I had to wait nearly an hour, drinking cup after cup of tea.

Une année sur l'autre.　One year after another.

# 199. 'Contre'

## 199.1. Opposition

Il ne fait que déblatérer contre le gouvernement.　He does nothing but rail against the government.

Je me suis fâché contre lui.
(Je me suis fâché avec lui.)　I got angry with him.
(I have fallen out with him.)

Il invectivait contre Gertrude qui le regardait, stupide.　He was reviling Gertrude who was looking at him, flabbergasted.

Toute sa vie, il s'était battu contre le fascisme.　His whole life long, he had fought fascism.

## 199.2. 'Contre' = 'in exchange for'

| | |
|---|---|
| Nous échangeons nos produits contre de l'argent. | We exchange our products for money. |
| Tant de gens échangent volontiers l'honneur contre les honneurs. | So many people are willing to barter honour for honours. |
| Livraison contre remboursement. | Cash on delivery. |

## 199.3. 'Contre' = 'to defend oneself against'

| | |
|---|---|
| Vous êtes bien équipé contre le mauvais temps. | You are well equipped against bad weather. |
| Nous nous sommes abrités contre la pluie. | We sheltered from the rain. |
| On peut s'assurer contre l'incendie et les inondations. | You can insure against fire and flood. |

# 200. 'Dès'

## 200.1. Time

| | |
|---|---|
| Dès la première bouchée, je pâlis. | At the very first mouthful, I turned pale. |
| Dès l'aube du lendemain, je fus réveillé par des grondements. | At the first light of dawn on the following day, I was awakened by rumblings. |
| Vous viendrez me voir dès mon retour. | You will come and see me immediately on my return. |
| Dès lors, il décida de partir. | From that moment onwards, his mind was made up to leave. |
| Je commencerai dès aujourd'hui. | I will begin this very day. |
| Dès l'abord, je sus que j'allais me plaire chez eux. | From the very first, I knew that I was going to like it at their house. |
| Dès maintenant, c'est à moi que vous aurez affaire. | Henceforth, you will deal with me. |
| Dès 1922, Harold Palmer avait déjà publié trois livres remarquables sur la pédagogie des langues vivantes. | As far back as 1922, Harold Palmer had already published three remarkable books on the teaching of modern languages. |

## 200.2. Space

| | |
|---|---|
| Dès le seuil, on entendait battre l'horloge. | From the door-step, you could hear the clock ticking. |

# 201. 'Entre'

## 201.1. 'Entre' = 'in'

| | |
|---|---|
| Ne le laissez pas entre ses mains. | Don't leave it in his hands. |

| | |
|---|---|
| Entre parenthèses. | In brackets. |
| Entre guillemets. | In inverted commas. |
| Tomber entre les mains de l'ennemi. | To fall into the enemy's hands. |

## 201.2. Selective. 'Entre' = 'out of'

| | |
|---|---|
| Lequel d'entre vous accepte? | Which one of you accepts? |
| Deux d'entre eux sont morts. | Two of them died. |
| Quelques-uns d'entre nous ne sommes pas d'accord. | Some of us do not agree. |
| Moi, entre autres, je m'y opposerai. | I, for one, will oppose it. |
| Ce jour entre tous. | This day of all days. |

## 202. 'Envers'

| | |
|---|---|
| Il est bien disposé envers vous. | He is well disposed towards you. |
| Ils sont pleins d'indulgence envers les enfants. | They are full of indulgence towards children. |
| Vous n'avez pas agi loyalement envers moi. | You haven't dealt honestly with me. |
| Il s'était montré d'une avarice révoltante envers les femmes. | He had shown himself to be revoltingly miserly with women. |
| Il ne se montrait vraiment hostile qu'envers certaines de mes propres hostilités. | He only showed himself to be hostile to some of my own aversions. |
| De plus, il avait des remords envers Paule, car il la négligeait depuis un mois. | Moreover, he felt remorse regarding Paule, for he had neglected her for a month. |

## 203. 'Auprès'

| | |
|---|---|
| Je me plaindrai auprès des responsables. | I shall complain to those responsible. |
| Ambassadeur auprès du roi de Suède. | Ambassador to the king of Sweden. |
| Arrêtés devant la grille d'une belle propriété, nous enquêtons auprès des voisins pour savoir si l'on se souvient de l'auberge. | Having stopped in front of the gate of a fine property, we make enquiries among the neighbours to find out if people remember the inn. |
| Ce service n'est rien auprès de ce qu'il a fait pour moi. | That service is nothing compared with what he did for me. |
| Que la réalité était triste et ennuyeuse auprès de mon songe! | How sad and boring reality was compared with my dream! |

## 204. 'Chez'

| | |
|---|---|
| Chez Balzac, le réalisme s'allie au romantisme. | In the work of Balzac, realism is allied to romanticism. |
| Il en est ainsi chez les Français. | It is so with the French. |
| Chez les animaux, l'instinct règle le comportement. | In the animal kingdom, instinct rules behaviour. |
| Il a porté la guerre chez l'ennemi. | He carried the war into the enemy's territory. |
| C'est une réaction courante chez lui. | It is a customary reaction with him. |

# Compound prepositions, prepositional phrases and preposition equivalents

## 205. 'D'après' = 'after/according to'

| | |
|---|---|
| D'après ce qu'il a dit. | According to what he said. |
| D'après ce que j'ai entendu dire. | From what I have heard. |
| D'après ce que disent les journaux. | According to what the newspapers say. |
| Il faut juger d'après l'expérience, d'après les faits. | You have to judge from experience, according to the facts. |
| C'est un paysage d'après Turner. | It is a landscape in the style of Turner. |
| Un dessin d'après Raphaël. | A drawing after the manner of Raphael. |
| Monet peignait d'après nature. | Monet painted from nature. |

## 206. 'D'avec' = 'separation from'

| | |
|---|---|
| Séparer l'ivraie d'avec le bon grain. | To separate the tares from the wheat. |
| Quand je l'ai connu, il venait de divorcer d'avec sa première femme. | When I made his acquaintance, he had just divorced his first wife. |
| Elle vit séparée d'avec son mari. | She lives separated from her husband. |

## 207. 'A l'égard de/à cet égard/à (mon etc.) égard'

| | |
|---|---|
| La sollicitude des pouvoirs publics à l'égard des mal logés. | The authorities' concern for the badly housed. |
| L'indifférence des enfants à l'égard des adultes. | Children's indifference towards adults. |
| Le plan d'économie sur l'énergie vise à diminuer la dépendance de la France à l'égard de l'étranger. | The energy economy plan aims at reducing France's dependence on foreign countries. |

| | |
|---|---|
| Nous avons à cet égard une histoire contée par son biographe. | We have in this connection a story told by his biographer. |
| Il s'est toujours comporté très correctement à mon égard. | He has always behaved very correctly towards me. |

## 208. 'A propos de/à ce propos/à (mon etc.) propos'

| | |
|---|---|
| Ils se disputaient à propos du fonctionnement des machines. | They were arguing about how the engines worked. |
| Il se monte la tête à propos de rien. | He gets excited over nothing. |
| A ce propos, il faut que je vous dise ce qu'il a fait tout récemment. | In this connection, I must tell you what he did quite recently. |
| Qu'a-t-elle dit à mon propos? | What did she say about me? |

## 209. 'Au sujet de/à ce sujet/à (mon etc.) sujet'

| | |
|---|---|
| En France, cette année, on a beaucoup débattu au sujet de l'automobile. | In France, this year, there has been much debate about the car. |
| Que savez-vous à ce sujet? | What do you know about this topic? |
| Ne vous inquiétez pas à mon sujet. | Don't worry on my account. |
| Je n'ai jamais éprouvé de craintes à son sujet. | I have never entertained any fears about him (her). |

## 210. 'A l'intention de/à cette intention/ à (mon etc.) intention'

| | |
|---|---|
| Des confidences calculées à l'intention de la presse. | Deliberate leaks intended for the press. |
| Cette remarque est à notre intention. | That remark is meant for us. |
| Voici quelque chose que j'ai acheté à votre intention. | Here is something I have bought specially for you. |
| Nous allons organiser une petite fête à leur intention. | We are going to give a little party in their honour. |

## 211. 'Concernant/pour ce qui est de/quant à/ relatif à'

| | |
|---|---|
| Le débat sur la ratification de l'accord concernant l'arrêt des essais nucléaires. | The debate on the ratification of the agreement about the halting of nuclear tests. |
| Les Suisses sont imbattables, pour ce qui est du paquetage. | The Swiss are unbeatable, as far as parcelling is concerned. |
| Le conseil a également noté l'accord général quant à un calendrier proposé par la délégation française. | The council also took note of the general agreement about a time-table put. forward by the French delegation. |

| | |
|---|---|
| Il faudra que l'on aboutisse à une décision quant à l'aide européenne au développement régional. | A decision will have to be reached on European aid to regional development. |
| La chaleur des propos relatifs à l'amitié franco-américaine. | The warmth of the remarks about Franco-American friendship. |

## 212. 'De la part de/de (ma etc.) part'

| | |
|---|---|
| Je viens de la part des locataires. | I have come on behalf of the tenants. |
| (*Au téléphone*) C'est de la part de qui? | (*On the 'phone*) Who is speaking? |
| Ce serait très aimable de votre part. | It would be very kind of you. |
| C'est une insolence de sa part. | It's a piece of insolence on his part. |
| Dites-lui de ma part que je n'ai nulle intention de vendre à ce prix-là. | Tell him from me that I have no intention of selling at that price. |

## 213. 'A destination de/en provenance de'

| | |
|---|---|
| Des trains à destination de Paris. | Trains for Paris. |
| Un avion à destination de Marseille. | A 'plane for Marseille. |
| Un navire à destination de Bordeaux. | A ship bound for Bordeaux. |
| Un train en provenance de Strasbourg. | A train from Strasbourg. |
| Des lignes aériennes à destination ou en provenance d'Amérique. | Air lines to or from America. |

## 214. 'Lors de' + noun

| | |
|---|---|
| Lors de l'atterrissage, vous pourrez constater de fréquents changements dans le bruit des moteurs. | At the time of landing, it may be that you will become aware of frequent changes in the noise of the engines. |
| Il l'a dit clairement lors de sa dernière conférence de presse. | He said so clearly on the occasion of his last press conference. |
| Lors de leur installation à Paris, ils sont venus me voir. | At the time when they were settling in in Paris, they came to see me. |
| Lors des journées de 'portes ouvertes', les parents peuvent visiter les casernes. | On 'open days', relatives can visit the barracks. |
| Il n'y aura pas de chasse aux sorcières lors de la venue de la gauche au pouvoir. | There will be no witch-hunt when the Left comes to power. |

## 215. 'A partir de'

| | |
|---|---|
| A partir d'aujourd'hui. | From today onwards. |
| A partir du quinze courant. | On and after the 15th inst. |
| Des produits chimiques obtenus à partir de la houille. | Chemical products derived from coal. |
| La possibilité de produire de l'électricité à partir de déchets de bois. | The possibility of generating electricity from wood shavings. |

# Conjunctions

## 216. 'Que' with temporal value, in the second and subsequent time-clause of a series

| | |
|---|---|
| Il commençait à désespérer quand il entendit traînasser des savates, que l'électricité s'alluma et que la porte s'entr'ouvrit. | He was beginning to despair when he heard the shuffling of well-worn slippers, when the electric light came on and when the door half-opened. |
| Que faire quand il pleut à verse et qu'on est obligé de rester à la maison? | What can you do when it is pouring with rain and when you have to stay at home? |
| Lorsque la paix fut revenue et que le pays eut repris des forces, la ville de Paris décida de restaurer l'hôtel de ville. | When peace had returned and when the country had recovered strength, the city of Paris decided to restore the town-hall. |
| Quand il descendit le lendemain à la petite gare et qu'il eut remis son billet pour franchir la barrière, il aperçut une automobile d'où sortit une jeune fille en imperméable blanc. | When he got off the next day at the little station and when he had given up his ticket to go through the barrier, he caught sight of a car from which emerged a girl in a white raincoat. |
| Quand un ministre visite le Salon des Arts Ménagers et qu'il s'arrête devant un stand, la caméra prend en même temps que la poignée de main officielle, les appareils qu'un exposant a judicieusement placés pour qu'ils apparaissent dans le champ. | When a minister visits the Ideal Homes Exhibition and when he stops in front of a stand, the camera takes in, simultaneously with the official handshake, the appliances which an exhibitor has judiciously placed in the field of vision. |

## 217. 'Que' with temporal value, to indicate immediate succession

| | |
|---|---|
| Un quart d'heure ne s'était pas écoulé que M. Bordes parlait de romans modernes. | A quarter of an hour had not elapsed before M. Bordes was talking about modern novels. |
| Il ne s'était pas passé une heure qu'il fut terrassé par une migraine. | An hour had not gone by before he was laid low by a bad headache. |

| | |
|---|---|
| Il n'avait pas fait deux cents pas qu'il fut arrêté. | He hadn't gone two hundred yards before he was arrested. |
| L'heure du souper était venue que Maria n'avait pas encore fini de répondre aux questions. | Supper-time had come and Maria still hadn't finished answering the questions. |
| Le lendemain il faisait encore nuit que j'étais déjà sur le quai. | The next day it was still dark when I was already on the platform. |

## 218. 'Que' with temporal value after 'à peine'

| | |
|---|---|
| J'étais à peine à la hauteur de la voiture de première classe que l'homme avait déjà disparu. | I was hardly level with the first class carriage when the man had already disappeared. |
| Nous étions à peine sortis qu'il s'est mis à pleuvoir. | We had hardly got out when the rain began. |
| Elle était à peine arrivée qu'un orage violent éclata. | She had hardly arrived when a violent storm broke out. |

## 218.1. 'A peine', with inversion, followed by 'que'

| | |
|---|---|
| A peine eut-il fait cent pas qu'il décida de prendre un chemin charretier sur la gauche. | Hardly had he taken a hundred steps when he decided to take a cart track on the left hand side. |
| A peine l'arbitre eut-il paru sur le terrain que la foule le siffla. | Hardly had the referee appeared on the field than the crowd booed him. |
| A peine nous fûmes-nous engagés sur ce chemin que nous vîmes la ferme. | Hardly had we turned into this lane when we saw the farm. |
| A peine avait-on balayé les feuilles qu'il fallait recommencer. | Hardly had we swept up the leaves when we had to start all over again. |

## 219. 'Il y a (une heure etc.) que . . . voilà (quelques semaines etc.) que . . .'

| | |
|---|---|
| Il y a une heure qu'elle a fini ses labeurs ménagers. | It's an hour since she finished her household tasks. |
| Il y a quelque temps qu'ils ont déménagé. | It's some time since they moved house. |
| Voilà des mois que des pourparlers ont été engagés sur ce point. | It's some months since negotiations were begun on this point. |

## 220. 'Ne . . . que' = 'not until . . .'

| | |
|---|---|
| On ne pourra descendre à terre qu'à huit heures. | We will not be able to go ashore until eight o'clock. |
| Vous ne le verrez que demain. | You won't see him until tomorrow. |
| Je ne partirai que lorsque vous serez revenu. | I shan't leave until you have returned. |

*(See also 105.4.)*

## 221. 'Attendre que . . .' = 'to wait until . . .'

J'attends que cette émission soit finie.

I'm waiting until this programme is finished.

Nous attendons que l'infirmière revienne.

We are waiting for the nurse to come back.

*(See also 105.3.)*

## 222. Optionally, 'que' can replace other conjunctions

Mais comme dix heures sonnaient à la mairie et que mes parents étaient couchés depuis quelque temps déjà, je ne pus attendre.

But as ten o'clock was striking at the town-hall and (as) my parents had already been in bed for some time, I could not wait.

Approchez que je vous voie.

Come nearer so I can see you.

Asseyez-vous là que nous causions.

Sit there so that we can chat.

Il ne se passait pas une semaine qu'il ne fût absent.

Not a week went by without his being absent.

*(For conjunctions followed by the subjunctive see 88 and 101–107.)*

## 223. Reinforcement of the conjunction 'que', particularly after a prepositional phrase

La déclaration du président de la République affirmant que les problèmes agricoles européens devaient être résolus avant la fin de l'année . . .

The President of the Republic's statement that the European agricultural problems must be solved before the end of the year . . .

Il n'accordait pas non plus beaucoup de valeur à la thèse suivant laquelle un chef politique pouvait modifier l'état d'esprit d'un peuple.

Nor did he give much credence to the argument that a political leader was able to modify the state of mind of a nation.

## 224. 'Que' in a formula of appreciation

C'est un héros que cet homme.

He is indeed a hero, that man.

C'est une période odieuse que celle des formalités, des entrevues.

It's a horrible period, that of formalities and interviews.

Il n'y avait pas de savon mais c'était déjà une délivrance que ce premier décrassage.

There was no soap but this first removal of dirt was in itself a deliverance.

C'était un plaisir que de les mâcher.

It was a pleasure to chew them.

C'est un étrange spectacle que de voir un peuple réputé par sa non-violence se lancer avec enthousiasme dans une guerre.

It is a strange sight to see a people reputed for its rejection of violence hurling itself enthusiastically into a war.

## 225.  Reinforcement of 'si' = 'whether'

**On discutera longtemps** sur le point de savoir **si le lancement de la bombe sur les Japonais était nécessaire ou non.**

People will argue for a long time to come whether the dropping of the bomb on the Japanese was necessary or not.

**Il y a une grande difficulté** sur le point de savoir **s'il faut choisir l'anglais ou l'allemand comme première langue étrangère.**

There is a great difficulty as to whether to choose English or German as the first foreign language.

**Une grande question était** de savoir si **l'on devait appliquer cette réduction des horaires à tous les niveaux.**

A great question was whether this reduction of working hours was to be applied at all levels.

**Je pense que votre question est** de savoir si **la France contribue plus ou moins à cette réduction du risque de la guerre ou non.**

I think that your question is whether France is contributing in some measure to this reduction of the risk of a war or not.

**Il a fait part à la conférence de son inquiétude** quant à la question de savoir si **une réforme du statut de la R.T.F. était du domaine de la loi.**

He expressed to the conference his anxiety as to whether a reform of the charter of the French Radio and Television Service came within the purview of the law.

# SENTENCE STRUCTURE

## Patterns of accentuation

### 226. The presentative 'c'est' to stress a word or group of words

| | |
|---|---|
| C'est Antoine qui a frappé Bernard. | **Antoine** hit Bernard. |
| C'est moi qui ai dit cela. | **I** said that. |
| C'est nous qui sommes les rebelles maintenant. | **We** are the rebels now. |
| Ce ne fut pas lui qui profita de la hausse des prix. | He wasn't the one who benefited from the rise in prices. |
| C'était de là que partaient la plupart des camions. | That's where most of the lorries used to leave from. |
| Ce n'est pas à mon mari que tu devrais t'adresser. | It's not my husband you should speak to. |
| C'est à vous que je parle. | I'm talking to **you**. |
| Car c'est de la mort qu'il s'agit et de la mort d'innocents, à chaque prise d'otages. | For it's a question of **death** and the death of innocent people, each time hostages are taken. |

### 227. 'C'est là . . .' to stress a noun or a clause

| | |
|---|---|
| C'est là une denrée vulgaire. | That's a very ordinary foodstuff. |
| Ce ne sont pas là mes affaires. | Those are not my belongings. |
| C'est là ce que je veux dire. | That's what I mean. |

### 228. Emphatic statement with 'ce qui . . . , c'est . . .'

| | |
|---|---|
| Ce qui est amusant, c'est de regarder les vitrines. | What's really amusing is to look at the shop windows. |
| Ce qui est le plus dur, c'est l'incertitude du lendemain. | The hardest thing is uncertainty about tomorrow. |
| Ce qui me grisa, ce fut d'abord ma liberté. | What exhilarated me, was, in the first place, my liberty. |
| Ce qui m'avait frappé, c'était l'enseigne. | What had impressed me was the shop sign. |

## 229. Stressing of the direct object, placed at the head of the sentence and referred to by a pronoun

*This structure is far more common in French than in English, where emphasis is shown by voice-stress or intonation, but retaining the normal word order.*

| | |
|---|---|
| Cela, le pays le ressent profondément. | That is something which the country feels deeply. |
| Ce grand ensemble, on l'avait collé astucieusement contre la voie ferrée. | They had craftily stuck this housing estate against the railway line. |
| Cette dame-là, je ne la connais pas. | I don't know that lady. |
| Et cette promesse, il l'accomplira. | And that promise he will carry out. |
| L'insatisfaction, le président du conseil la ressentait lui-même. | Frustration was something the Prime Minister experienced himself. |
| Cette lettre, tu l'as envoyée? | Have you sent that letter? |
| Cette critique radicale de la société industrielle, les écologistes la développaient un an avant la crise pétrolière. | This radical criticism of industrial society was being developed by ecologists a year before the oil crisis. |
| Vous avez déclaré que le budget, vous ne le voteriez pas. | You stated that you wouldn't vote the budget. |
| Des cachets d'aspirine, oui, j'en ai pris. | Yes, I've taken aspirin tablets. |
| Des fautes de français, ils en font souvent. | They often make mistakes in French. |
| Vos manuels, je n'en veux pas. | I don't want anything to do with your textbooks. |

## 229.1. The direct object can also be placed at the end of the sentence and anticipated by a pronoun

| | |
|---|---|
| Tu les as, les cartes? | Have you got the cards? |
| J'en ai vu, des pays! | I've certainly seen some countries! |
| Il faut bien les meubler, ces vacances. | You have to do something to fill up these holidays. |

## 230. Stressing of the complement, placed at the head of the sentence and referred to by a pronoun ('y/en')

| | |
|---|---|
| De l'économie, on en reparlera cette semaine. | There will be more talk of the economy this week. |
| Le rationnement, on n'y coupera pas. | We shan't escape rationing. |

| | |
|---|---|
| Des nuages, de la pluie, nous n'en sortons pas. | We haven't seen the end of clouds and rain. |

## 230.1. The complement can also be placed at the end of the sentence and anticipated by a pronoun

| | |
|---|---|
| Pourquoi y tient-il tant que cela, le Premier Ministre, au bloquage des salaires? | Why is the Prime Minister so keen on the wage-freeze? |

## 231. Stressing of the subject, placed at the end of the sentence and referred to by a pronoun

| | |
|---|---|
| Il ne changera jamais, ce gars-là! | That lad will never change! |
| Comme elles ont de la chance de pratiquer la journée continue, les Suédoises! | How lucky Swedish women are to have the continuous working-day! (*i.e. without the French 2-hour lunch break*). |

## 232. Stressing of the adjective, by post-position of the subject

| | |
|---|---|
| Ils étaient obscurs, ces ateliers! | These workshops were really dark! |
| Il est incroyable, ce garçon! | That boy is incredible! |
| Mais il sera furieux, le patron! | But the boss will be furious! |
| Il seront givrants, ces brouillards. | These will be freezing fogs. |

## 233. Stressing of the adjective or complement, by ante-position, with neutral pronoun 'le' referring back

| | |
|---|---|
| Poussiéreux, étouffants, ils l'étaient aussi, ces ateliers. | Dusty and stiflingly hot as well were these workshops. |
| Intelligents, ils le sont. | Intelligent they certainly are. |
| Courageux, vous l'êtes. | Brave you certainly are. |
| Réalistes, actuels, les impressionnistes le sont par le choix des sujets. | The impressionists certainly are realist and contemporary by the choice of subjects. |
| Sacrés, ils le sont, car personne n'y touche. | Sacred they certainly are, for nobody touches them. |
| Seule, elle savait désormais qu'elle l'était. | She knew that henceforth she was alone. |
| Premières victimes de l'inflation, les paysans le sont de la pagaille des marchés. | The farmers are the first victims of inflation, as a result of the chaos in the markets. |
| Banquier, Renault l'est aussi, par sa filiale Diac, organisme de crédit. | A banker, Renault is that as well, through its subsidiary Diac, a credit organisation. |
| Mécontents, les motards le sont. | The motorcyclists are really annoyed. |

## 234. Stressing of the adjective or complement by ante-position, together with deletion of the verb 'être'

| | |
|---|---|
| **Curieux, ce personnage.** | He's certainly odd, that character. |
| **Ahurissante, cette histoire.** | It's staggering, that story. |
| **Pas facile, la tâche des journalistes lors des manifestations.** | It's not easy, the journalists' task, at the time of demonstrations. |
| **Réunion intéressante que celle de cette après-midi.** | An interesting meeting, the one this afternoon. |

**235.** *It will be seen then that, since emphasis cannot usually be indicated by voice-stress in French, as in English, three major syntactic devices are used :*

1) *The presentative* **'c'est . . .'**
   *a)* **C'est . . . qui/que . . .**
   *b)* **C'est là . . .**
   *c)* **Ce qui/que . . . c'est . . .**
2) *Ante-position, with a pronoun later referring back.*
3) *Post-position, with a pronoun earlier referring forward.*

# Sentence building devices

## 236. Copulative 'et' with deletion of second verb

| | |
|---|---|
| **M. Leblanc abandonna son journal et le petit Robert son œuf.** | M. Leblanc abandoned his newspaper and little Robert his egg. |
| **L'explosion d'un fil métallique au moyen d'une décharge électrique dégage une température de 10 000°C., et l'arc electrique une température de 4 500°C.** | The explosion of a metallic wire by means of an electric discharge releases a temperature of 10,000°C., and the electric arc a temperature of 4,500°C. |

## 237. Deletion of the verb 'être'

| | |
|---|---|
| **Au cours de la rencontre, des idées ont été émises, des questions posées, des hypothèses de travail proposées.** | In the course of the meeting, ideas were put forward, questions asked, working hypotheses suggested. |

## 238. 'Et . . . et . . .' = 'both . . . and . . .'

| | |
|---|---|
| **C'est partout pareil et à Paris et en province.** | It's the same everywhere, both in Paris and in the provinces. |
| **Le temps lui-même abolirait entièrement et les roses réelles et les roses de cire.** | Time itself would completely do away with both real roses and wax roses. |

## 239. Simultaneity: 'à la fois/en même temps'

| | |
|---|---|
| Deux hommes ont réussi à être à la fois président, poète et paysan: Mao-Tsé-Toung et Georges Pompidou. | Two men have succeeded in being, at one and the same time, president, poet and peasant: Mao-Tse-Tung and Georges Pompidou. |
| Il était à la fois aimable et distant. | He was, at one and the same time, affable and distant. |
| La Chambre de Commerce a à la fois une action d'ordre général et des actions d'ordre particulier. | The Chamber of Commerce undertakes both action of a general nature and actions of a private nature. |
| Je me suis orienté à la fois dans les mouvements d'Action Catholique et dans la Résistance. | I found my way at the same time both into Catholic Action movements and the Resistance. |
| Le père était en même temps juge et maître. | The father was both judge and master. |
| Eugène Delacroix était, en même temps qu'un peintre épris de son métier, un homme d'éducation générale. | Eugène Delacroix was, as well as a painter in love with his profession, a man of wide culture. |

## 240. Simultaneous variation: 'au fur et à mesure que/de'

| | |
|---|---|
| Au fur et à mesure que les enfants vieillissent, leur perception du message est de moins en moins global, de plus en plus analytique. | Progressively, as children grow older, their perception of the message is less and less global, more and more analytical. |
| Je le voyais pâlir au fur et à mesure qu'il entendait la lecture de cette terrible lettre. | I could see him growing ever paler as he heard this terrible letter being read (out). |
| Au fur et à mesure de leur arrivée, les petits garçons, soulevant leur casquette, passaient devant lui. | As they arrived, the little boys, raising their caps, filed past him. |
| La tension montait parmi nous au fur et à mesure que le temps passait. | Tension was rising among us as time passed. |

## 241. Complementary information is given: 'ce qui' in an intercalated clause

| | |
|---|---|
| Le temps s'est gâté, ce qui rendra notre tâche plus difficile. | The weather has deteriorated, which will make our task more difficult. |

*For further examples, see 52.*

## 242. Explanatory information is given: 'c'est que . . .'

| | |
|---|---|
| S'il est malade, c'est qu'il a trop travaillé. | If he is ill, it's because he has over-worked. |

| | |
|---|---|
| Puisque vous m'avez appelé, c'est donc que vous voulez me parler. | Since you called me, it must be that you want to speak to me. |
| C'est que, de ce côté, c'est le combat des eaux et des forêts. | You see, on this side, it is the conflict of waters and forests. |
| C'est que le car ne circule pas tous les jours. | You see, the bus doesn't run every day. |

## 243. Adversative: both sides of the argument are presented: 'd'une part . . . d'autre part . . .'

| | |
|---|---|
| D'une part il est paresseux, d'autre part il n'a pas eu de chance. | On the one hand he is lazy, but then he has been unlucky. |
| Nous avons pu réaliser depuis 1965 sur des terrains communaux, d'une part 28 logements H.L.M., destinés au personnel de la Ville et de l'autre, 63 studios à l'intention des personnes âgées, de condition modeste. | Since 1965 we have been able to complete, on municipal land, on the one hand 28 council dwellings, intended for municipal employees and on the other hand, 63 flatlets for elderly people of modest means. |
| Le linguiste peut faire état d'une part d'un réseau de rapports linguistiques, d'autre part d'un réseau d'activités impliquant une conception du monde. | The linguist can note, on the one hand, a network of linguistic relationships, on the other hand a network of activities implying a conception of the world. |

## 244. Two factors are considered: 'tant . . . que . . .'

| | |
|---|---|
| C'est pour combattre les dangers du nationalisme que l'on a formulé l'idée de la Communauté Européenne, tant politique qu'économique. | It was to combat the dangers of nationalism that the idea of the European Community was devised, as much political as economic. |
| Je ne sais que trop combien la passion de la collection, tant chez les gens sérieux que chez les gens pris tout simplement par la folie du moment, s'empare de ses adeptes. | I know only too well how the passion for collecting, just as much among serious people as among people merely caught by the current craze, takes hold of its followers. |

## 245. Alternation: 'tantôt . . . tantôt . . .'

| | |
|---|---|
| Il arrivait tantôt à pied, tantôt en auto. | He would arrive sometimes on foot, sometimes by car. |
| Les lents bateaux plats que mènent tantôt une voile gonflée, tantôt des chevaux percherons. | The slow flat boats impelled sometimes by a swelling sail, sometimes by Percheron horses. |
| Tantôt un domestique l'escortait et tantôt un prêtre. | Sometimes a servant escorted her and sometimes a priest. |
| Et comme, tantôt le chaud, tantôt le froid, tantôt nous attaquent, tantôt nous défendent, ainsi le vrai et le faux. | And as, sometimes heat, sometimes cold, at one time attack us, at another defend us, so it is with truth and falsehood. |

## 246. Disjunction: 'ou (bien) . . . ou (bien)/soit . . . soit . . .'

| | |
|---|---|
| Ou vous obéirez ou vous serez puni. | Either you will obey or you will be punished. |
| Ils exigeaient ou bien du blé ou bien de l'argent. | They were demanding either corn or else money. |
| Le substantif désigne soit une plante soit une mouette. | The noun refers to either a plant or a seagull. |
| Il n'y a pratiquement pas d'entreprises qui n'utilisent le pétrole soit comme source d'énergie, soit comme matière première, soit pour les deux à la fois. | There are hardly any firms which do not use oil either as a source of energy or as a raw material or even as both. |

## 247. Contrary or contrasting information is given

### 247.1. Contrary information: 'alors que . . .'

| | |
|---|---|
| Deux cents appartements sont vides depuis des années parce que leurs loyers sont trop élevés, alors que la liste des mal logés s'allonge. | Two hundred flats have been empty for years because their rents are too high, whereas the housing list grows ever longer. |
| En France, en 15 ans, alors que le nombre de ceux qui vivent du travail de la terre a diminué de 20 %, l'indice de production a doublé. | In France, within a period of 15 years, whereas the number of those gaining a living from working on the land has decreased by 20 %, the index of production has doubled. |

### 247.2. Contrasting information: 'à l'encontre de . . .'

| | |
|---|---|
| Il a fait le départ entre la tâche du mémorialiste et celle de l'historien. A l'encontre de celui-ci, celui-là a le droit de ne pas tout dire. | He has made the distinction between the task of the writer of mémoires and that of the historian. Unlike the latter, the former has the right not to say everything. |
| A l'encontre des idées reçues, le nombre des femmes qui travaillent en France n'est pas plus élevé qu'en 1900. | Contrary to popular belief, the number of women working in France is no higher than in 1900. |

### 247.3. Contrary information: negative to positive: 'en revanche'

| | |
|---|---|
| La moisson a été médiocre, en revanche la récolte des fruits a été excellente. | The harvest has been only moderate, on the other hand the fruit crop has been excellent. |
| A Lens, 16 400 emplois masculins ont disparu en cinq ans. En revanche, à Mulhouse, la fermeture des mines de potasse ne crée pas la même inquiétude. | In Lens, 16,400 jobs for men have disappeared in the space of five years. On the other hand, in Mulhouse, the closing of the potash mines is not creating the same anxiety. |

## 247.4. Contrary information: positive to negative: 'par contre'

Le magasin est bien situé; par contre il est assez exigu.

The shop is well sited; on the other hand it is rather tiny.

C'est un garçon charmant; par contre, son frère a un caractère détestable.

He is a charming boy; on the other hand, his brother has an execrable character.

## 248. A reason is given

### 248.1. 'Etant donné que ...'

Bien sûr, tous les enfants peuvent continuer leurs études, mais il y a à un certain moment un barrage, étant donné les frais que les études vont demander.

Of course, all children can continue their studies, but at a certain stage there is a barrier, taking into account the expenses which studies are going to entail.

### 248.2. 'D'autant plus que ...'

Le film est impressionnant, d'autant plus que le metteur en scène a veillé scrupuleusement à l'authenticité du décor.

The film makes a strong impression, all the more so as the director has paid scrupulous attention to the genuineness of the background.

L'homme qui travaille dans une grande usine boit, d'autant plus qu'il veut oublier son existence monotone.

The man working in a big factory drinks, all the more so because he wants to forget his monotonous existence.

### 248.3. 'Vu/vu que ...'

Vu l'heure tardive, il a fallu ajourner la discussion.

In view of the late hour, the discussion had to be postponed.

Vu la quantité, ce n'est pas trop cher.

Taking into account the quantity, it isn't too dear.

Je pensais qu'il ne dirait rien, par peur du scandale, vu qu'il est sénateur.

I thought that he wouldn't say anything, for fear of the scandal, seeing that he is a senator.

Il faut renoncer à cette dépense, vu que les crédits sont épuisés.

We shall have to forgo this expenditure, seeing that the credits are exhausted.

### 248.4. 'Attendu/attendu que ...'

Attendu la situation internationale, le cabinet se réunira d'urgence.

In view of the international situation, the cabinet will meet as a matter of urgency.

Attendu ses réserves, cela m'étonnerait qu'il s'engage.

Considering his reservations, it would astonish me if he committed himself.

On ne peut pas se fier à ces résultats, attendu que les calculs sont approximatifs.

No reliance can be placed on these results, seeing that the calculations are approximate.

## 248.5. 'Du moment que . . .'

| | |
|---|---|
| **Du moment que tu sais que ce n'est pas lui, pourquoi dire ces bêtises?** | Since you know that it is not he, why say those stupid things? |
| **Du moment que vous vous connaissez, je ne vous présente pas.** | Since you know each other, I shan't introduce you. |
| **Du moment que vous le dites, je vous crois.** | Seeing that you say so, I believe you. |

## 248.6. 'Tenir à (ce que) . . .'

| | |
|---|---|
| **La force des peuples barbares tient à leur jeunesse.** | The strength of barbaric peoples lies in their youth. |
| **Cette crise ne tient pas à une contradiction entre le développement des forces productives et la structure du capitalisme.** | This crisis is not the result of an incompatibility between the development of productive capacity and the structure of capitalism. |
| **A quoi tient donc son illusion?** | So what is the cause of his delusion? |
| **Cela tient à ce que nous n'avons pas la même nature.** | That stems from the fact that our natures are different. |

## 248.7. A reason of doubtful validity is given: 'sous prétexte de/sous prétexte que . . .'

| | |
|---|---|
| **Sous prétexte de prendre des leçons de piano, elle sortait tous les soirs après le dîner.** | Under the pretext of taking piano lessons, she used to go out every evening after dinner. |
| **Sous prétexte d'aider son frère, Alissa avait appris avec moi le latin.** | Ostensibly to help her brother, Alissa had learned Latin with me. |
| **Il est sorti, sous prétexte que son ami l'attendait.** | He went out under the pretext that his friend was waiting for him. |
| **Sous prétexte que rien ne vous amuse, vous croyez que tout le monde est degoûté de tout.** | On the basis that nothing amuses you, you believe that everybody is fed up with everything. |

## 248.8. The reason is false or supposed: 'ce n'est pas que . . .; non que . . .'

*See 96.3 and 96.4.*

## 248.9. A negative reason is given: 'faute de . . .'

| | |
|---|---|
| **Faute d'argent liquide, l'entreprise a dû déposer son bilan.** | For lack of cash, the firm had to declare itself bankrupt. |
| **Faute de pouvoir augmenter durablement ses ventes à l'extérieur, l'économie britannique continuera à suivre ce processus de croissance lente et irrégulière.** | Because of its inability to increase permanently its sales abroad, the British economy will continue to follow this process of slow, irregular growth. |

## 249.  A restriction is made

### 249.1.  'Dans la mesure où . . .'

| | |
|---|---|
| Je vous aiderai dans la mesure où je pourrai. | I will help you as far as I am able. |
| Les élèves, dans la mesure où leur travail deviendra vraiment indépendant, s'intéressent de plus en plus à l'actualité. | The pupils, to the extent that their work becomes really independent, are more and more interested in current affairs. |
| Ces échecs inquiètent le gouvernement, dans la mesure où ils paraissent se répéter. | These failures are worrying the government, in that they appear to be repetitive. |
| Dans la mesure où l'éducation n'est pas une question politique, on n'investit pas. | In so much as education is not a political question, there is no investment. |

### 249.2.  'A condition que . . ./pourvu que . . ./pour peu que . . .'

| | |
|---|---|
| Il laissait à sa femme une fortune énorme à condition qu'elle ne se remariât pas. | He left his wife an enormous fortune on condition that she did not remarry. |
| Moi, pourvu que je puisse manger à ma faim, ça me suffit. | As for me, provided that I can eat my fill, that is enough for me. |

*(For other examples, see 106.)*

| | |
|---|---|
| Pour peu qu'on ait pratiqué les savants, on s'aperçoit qu'ils sont les moins curieux des hommes. | You have only to have mixed with scholars to realise that they are the least inquisitive of men. |
| Pour peu que les choses soient légèrement différentes de ce qu'elles étaient, ils soupirent: 'Tout a changé!' | Should things be only slightly different from what they were, they sigh: 'Everything has changed!' |

## 250.  Other factors exist

### 250.1.  An opposing factor is disregarded or negated: 'néanmoins . . .; n'en . . . pas moins . . .'

| | |
|---|---|
| Je suis très pressé, néanmoins je tâcherai de trouver quelques minutes pour vous recevoir. | I am in a great hurry, nevertheless I will endeavour to find a few minutes to see you. |
| Les auteurs de cette étude n'en ont pas moins tiré des conclusions inacceptables. | The authors of this study have nonetheless drawn unacceptable conclusions. |
| Les problèmes n'en demeurent pas moins. | The problems nevertheless remain. |
| La question du changement n'en reste pas moins à l'ordre du jour. | The question of change nevertheless remains on the agenda. |

## 250.2. A possible consequence is disregarded: 'quitte à . . .'

| | |
|---|---|
| **Il le fera, quitte à être grondé.** | He'll do it, even at the risk of being scolded. |
| **Il vaut mieux vérifier les comptes, quitte même à perdre du temps.** | It is better to check the accounts, even at the risk of losing time. |

## 250.3. A possible change of plan is envisaged or accepted: 'quitte à . . .'

| | |
|---|---|
| **Nous déjeunerons à Moulins, quitte à nous arrêter plus tôt si la route est mauvaise.** | We will have lunch at Moulins, perhaps stopping earlier if the road is bad. |
| **Tout le monde rit de quelqu'un dont on voit se moquer, quitte à le vénérer dix ans plus tard.** | Everyone laughs at someone who is seen to be made fun of, only to venerate him ten years later. |

## 251. An exception is made: 'à . . . près'

| | |
|---|---|
| **Les élèves n'aiment pas les surveillants, à quelques exceptions près.** | The pupils do not like the supervisors, with a few exceptions. |
| **A quelques secondes près, il sera trop tard.** | Give or take a few seconds, it will be too late. |
| **Il n'en est pas à cent francs près.** | A hundred francs either way won't make any difference to him. |
| **Sa femme et lui se rappelaient, à un franc près, le prix d'achat, enchéri chaque année des intérêts.** | His wife and he could remember, to within a franc, the purchase price, increased each year by the interest. |
| **Les Territoires d'Outre-Mer sont aujourd'hui dotés d'institutions démocratiques semblables, à quelques détails près, à celles de la Métropole.** | The Overseas Territories are today provided with democratic institutions similar to those of the parent state except for a few details. |

## 252. A consequence or result is stated: 'de façon que/de manière que/de sorte que/si bien que' + INDICATIVE

| | |
|---|---|
| **C'est en définitive cette deuxième solution qu'il a choisie, en actionnant lui-même le mécanisme d'éjection, si bien que c'est en parachute libre qu'il a effectué la deuxième phase de son atterrissage.** | It was eventually this second solution which he chose, operating himself the ejection mechanism, so that it was in a free parachute fall that he accomplished the second phase of his landing. |
| **On a vu, pendant quinze ans, un bouleversement perpétuel des programmes, si bien qu'à la fin personne ne savait plus ce qu'un enfant avait à faire.** | For fifteen years we have witnessed a perpetual upsetting of syllabuses, so that in the end nobody knew any more what a child had to do. |

*(For further examples, see 88.1.)*

## 253. An intention or purpose is stated:
### 'de façon que/de manière que/de sorte que' + SUBJUNCTIVE

On a soin de les changer de place chaque jour de manière que toute l'herbe soit utilisée.

Care is taken to change their position each day so that all the grass shall be used.

Je compte sur vous pour faire en sorte que tout aille comme sur des roulettes.

I rely on you to see to it that everything goes like clockwork.

Il réduisit le volume de la sphère de façon qu'elle flottât mollement dans l'espace.

He reduced the volume of the sphere so that it should float slackly in space.

*( For further examples see 88.)*

## 254. An opposition is stated

## 254.1. 'Bien que/quoique' + subjunctive

Bien qu'elle eût assez de lucidité pour voir le patron tel qu'il était, elle l'acceptait.

Although she had enough perspicacity to see the boss as he was, she accepted him.

Il ne pleut pas quoique le ciel soit très nuageux.

It is not raining although the sky is very cloudy.

*( For further examples, see 103.)*

## 254.2. 'Avoir beau . . .'

J'avais beau chercher, je ne trouvais rien.

I sought in vain, I could find nothing.

Il avait beau crier, personne ne vint à son aide.

Shout as he might, nobody came to his aid.

Le décor avait beau changer, il exhalait la même tristesse.

Although the scenery changed, it still exuded the same sadness.

Nous avons beau faire, nous ne pouvons pas être absolument naturels.

Whatever we do, we cannot be absolutely natural.

Dans ce métier d'actrice, on a beau avoir plein de gens autour de soi, on est assez seule en fin de compte.

In this profession of actress, although you have masses of people around you, in the final analysis you are quite alone.

## 254.3. 'Si/pour/quelque/aussi' + adjective + 'que' + subjunctive

Une conférence au sommet, si spectaculaire qu'elle soit, ne suffira pas à donner naissance à un monde plus décent.

A summit conference, however spectacular it may be, will not be enough to give birth to a more decent world.

Les enseignes lumineuses, pour brouillées qu'elles fussent, demeuraient lisibles.

The illuminated signs, however blurred they might be, remained readable.

| | |
|---|---|
| Quelque savants qu'ils soient, il leur reste beaucoup à apprendre. | However learned they may be, there is still a lot for them to learn. |

*(For further examples, see 111 and 111.1.)*

## 254.4. 'Quelque' + noun + 'que' + subjunctive

| | |
|---|---|
| Vous ne lui adresserez plus la parole, sous quelque prétexte que ce soit. | From now on you will not speak to him, under any pretext whatever. |
| Par quelque côté qu'on le prenne, il s'offense toujours. | In whatever way you approach him, he always takes offence. |

*(See also 112.)*

## 254.5. 'Quel que' + subjunctive of 'être/paraître/sembler/devoir/pouvoir' + noun

| | |
|---|---|
| Quelle que soit la marque de votre voiture, faites attention au gonflage de vos pneus. | Whatever the make of your car, pay attention to the tyre pressures. |
| Quel que soit le rôle que tu aies joué dans cette affaire, Ferdinand est l'aîné. | Whatever may be the part you have played in this business, Ferdinand is the elder. |
| Quelle que soit sa rancune envers Louis Martin, elle devrait se rappeler que je suis son fils. | Whatever her rancour towards Louis Martin may be, she ought to remember that I am his son. |

*(See also 113.)*

## 254.6. 'Quoi/qui/où' + 'que' + subjunctive

| | |
|---|---|
| On ne voit jamais les deux époux ensemble quelque part ni d'accord en quoi que ce soit. | The married couple are never seen together anywhere nor in agreement in anything whatsoever. |
| Quoi qu'il advienne, je resterai à vos côtés. | Whatever happens, I will remain by your side. |
| Cela forçait l'estime quoi qu'on pût penser par ailleurs. | That won grudging esteem whatever people might think in another connection. |
| Où que j'aille et quoi que je fasse, c'est toujours à contre-saison. | Wherever I go and whatever I do, it's always at the wrong time of year. |
| Je n'ai de comptes à rendre à qui que ce soit. | I do not have to account for myself to any one at all. |

*(See also 114 and 115.)*

## 254.7. 'Sans que' + subjunctive

| | |
|---|---|
| Il était là sans que personne l'eût entendu. | He was there without anyone having heard him. |

*(See also 104.1.)*

## 254.8. 'Ne . . . pas pour autant/sans . . . pour autant'

Si une pédagogie différente est nécessaire, il ne s'ensuit pas pour autant qu'on doive prévoir un type de professeur différent pour l'appliquer.

If a different style of teaching is necessary, it does not however follow that a different type of teacher must be envisaged in order to apply it.

Il ne renonçait pas pour autant à l'alcool. Tout au contraire.

He was not however giving up alcohol. Quite the reverse.

Il faut donner à la jeunesse du Sahara les moyens et le désir de s'instruire, sans négliger pour autant les adultes.

The youth of the Sahara must be given the means and the desire to educate themselves, without however neglecting the adults.

Ainsi vivait-il un nouveau songe sans, pour autant, oublier l'ancien.

Thus he was living a new dream without however, forgetting the old one.

# The markers of the stages of an argument

## 255. Initial presentation

### 255.1. 'Au préalable'

Au préalable, il faut résoudre la fondamentale et redoutable question : 'Qu'est-ce que la littérature ?'

As a preliminary, we must settle the fundamental and fearful question : 'What is literature ?'

### 255.2. 'Aborder le problème/la question'

Il faut aborder sereinement les grands problèmes moraux.

The great moral problems must be approached dispassionately.

### 255.3. 'Au premier aspect'

Au premier aspect, le problème paraît être des plus simples.

At first glance, the problem appears to be most simple.

### 255.4. 'S'attacher à . . .'

La police nationale à laquelle nous nous attacherons plus particulièrement dans cette étude, compte plus de 105 000 membres.

The national police force with which we shall be particularly concerned in this study, numbers more than 105,000 members.

### 255.5. 'Dans le cadre de . . .'

Dans le cadre de la politique monétaire, étudions le contrôle des changes.

Within the framework of monetary policy, let us study exchange control.

## 255.6. 'Sur le chapitre de . . .'

| | |
|---|---|
| Sur le chapitre des relations Est–Ouest, il n'y aura pas entre les deux chefs d'état de graves divergences de vues. | In connection with East–West relations, there will not be any serious differenc of opinion between the two heads of state. |

## 255.7. 'Dans le domaine (social etc.)/dans le domaine de . . .'

| | |
|---|---|
| L'organisation a pour mission de mettre en oeuvre les programmes généraux de mise en valeur, principalement dans les domaines énergétique, minier, hydraulique, industriel et agricole. | The organisation has as its assignment to implement the general programmes of exploitation of assets, mainly in the spheres of energy, mining, water-power, industry and agriculture. |

## 255.8. 'Sur le plan (politique etc.)/sur le plan de . . .'

| | |
|---|---|
| Les patrons sont rassurés sur le plan politique et un peu moins sur le plan économique. | The employers are reassured in the political sphere and somewhat less in the economic sphere. |
| Sur le plan historique, tout comme sur le plan géographique, l'enseignement de la civilisation française doit être adapté au pays auquel il s'adresse. | In the case of history, just as much as in the case of geography, the teaching of French 'civilisation' must be adapted to the country for which it is intended. |
| La grève des P.T.T. était à mon avis justifiée sur le plan des salaires. | The Post Office strike was justified, in my opinion, as far as wages are concerned. |

## 255.9. 'Cerner . . .'

| | |
|---|---|
| Notre propos est ici de cerner le rapport étroit du langage avec l'instant. | Our intention here is to try and define the close connection between language and the present instant. |

## 256. Restatement

## 256.1. 'Bref . . .'

| | |
|---|---|
| Bref, il accepte. | In short, he accepts. |

## 256.2. 'En d'autres termes . . .'

| | |
|---|---|
| Les idées gouvernent et bouleversent le monde, ou, en d'autres termes, tout le mécanisme social repose finalement sur des opinions. | Ideas rule and upset the world or, in other words, the whole social machinery rests finally upon opinions. |

## 256.3. 'Cela revient à dire que . . .'

| | |
|---|---|
| Si la vie est misérable, cela revient à dire qu'elle est pénible à supporter. | If life is miserable, that is the same as saying that it is painful to bear. |

## 256.4. 'Soit . . .'

| | |
|---|---|
| Des signes qui tombent sous le sens, soit bruit, son, image. | Signs which are obvious, that is to say noise, sound, image. |

## 256.5. 'Autrement dit . . .'

| | |
|---|---|
| Très souvent l'image du narrateur est dédoublée. Autrement dit, dès que le narrateur est représenté dans le texte, nous devons postuler l'existence d'un auteur explicite au texte, celui qui écrit et qu'il ne faut en aucun cas confondre avec la personne de l'auteur en chair et en os. | Very often the image of the narrator is split in two. To put it another way, as soon as the narrator is represented in the text, we have to postulate the existence of an author explicit to the text, the one who is writing and who must on no account be confused with the author as a flesh and blood person. |

## 256.6. 'Autant dire que . . .'

| | |
|---|---|
| Autant dire que seront combinés les inconvénients de l'inflation et de la stagnation. | You might as well say that the disadvantages of inflation and stagnation will be combined. |

# 257.  A turning-point in the argument

## 257.1. 'Or . . .'

| | |
|---|---|
| Les prix des produits alimentaires ont augmenté en un mois de 1,4%. Or, la consommation alimentaire n'entre que pour 22% dans le budget d'un cadre supérieur, alors qu'elle compte pour 35% dans le budget d'un ouvrier et pour 38% dans celui d'un inactif. La hausse des prix va donc aggraver la situation des plus pauvres. | Food prices have increased by 1.4% in the space of a month. Now, spending on food constitutes only 22% of the budget of an executive, whereas it accounts for 35% of a worker's budget and for 38% of a non-worker's. So the price increase is going to worsen the position of the poorer people. |

## 257.2. 'Il découle que . . .'

| | |
|---|---|
| Il ne découle évidemment pas que puissent être surmontées en quelques semaines les profondes différences dogmatiques qui séparent l'Eglise catholique des réformés. | Obviously it does not follow that there can be overcome in a matter of weeks the profound differences in dogma which separate the Catholic church from the Protestants. |

## 257.3. 'Partant . . .'

| | |
|---|---|
| Leur échec n'aurait en effet d'autre résultat que d'accroître la tension et, partant, de relancer la course aux armements. | Their failure would indeed have no other result than to increase the tension and, consequently, to set off the arms race again. |

## 257.4. 'Il est acquis que . . .'

| | |
|---|---|
| Il est désormais acquis que cette réunion sera precédée d'une rencontre des chefs d'état. | It is now established that the meeting will be preceded by a meeting of heads of state. |

## 257.5. 'En outre/de surcroît . . .'

| | |
|---|---|
| Le gouvernement a en outre fait adopter par le Parlement un programme d'équipement électrique. | The government has in addition had a programme for electrical installations voted by the Parliament. |
| L'Algérie trouvera, de surcroît, dans le gaz saharien le moyen de son industrialisation progressive. | Algeria will moreover find in the Sahara natural gas the means for her progressive industrialisation. |

## 257.6. 'Au reste/du reste . . .'

| | |
|---|---|
| Le gouvernement, au reste, n'est pas le seul objet de ressentiment des Européens. | The government, moreover, is not the Europeans' only object of resentment. |
| Du reste, il ne faut rien exagérer. | Besides, we must not exaggerate in any way. |

## 257.7. 'Au demeurant . . .'

| | |
|---|---|
| Il est peu probable au demeurant qu'on donne la politique française en Algérie comme exemple à suivre pour les générations futures. | It is unlikely all the same that French policy in Algeria will be given as an example to be followed for future generations. |
| Ce n'est là qu'un des signes, mineur au demeurant, du changement capital que les élections ont apporté dans la vie politique. | That is only one of the signs, howbeit minor, of the fundamental change which the elections have brought in political life. |

## 257.8. 'Il n'empêche que . . .'

| | |
|---|---|
| Il n'empêche que retenir l'attention des spectateurs durant quatre-vingt-dix minutes avec deux personnages enfermés dans un seul décor représente un tour de force. | Nevertheless it is a fact that to hold the audience's attention for ninety minutes with two characters enclosed in a single stage-set represents a considerable feat. |

## 257.9. 'Faire la part de . . .'

| | |
|---|---|
| Dans ces novations, nous allons tenter de faire la part des circonstances et de déterminer ce qui est accidentel et transitoire de ce qui peut être permanent. | In these innovations, we are going to attempt to allow for circumstances and to differentiate what is accidental and transitory from what may be permanent. |

## 258. The final phase

## 258.1. 'Faire le point'

| | |
|---|---|
| Le conseil des ministres avait décidé d'interrompre provisoirement l'immigration, afin de permettre au gouvernement de faire le point. | The cabinet had decided to put a temporary stop to immigration, in order to allow the government to take stock. |

## 258.2. 'Faire/dresser le bilan'

**Nous allons dresser le bilan de cette expérience.**

We are going to make an overall assessment of this experiment.

**Je vais faire le bilan de la situation.**

I'm going to sum up the situation as it stands.

## 258.3. 'Au total'

**Au total, il ne s'agit pas d'une démonstration de telle ou telle formule technique ou tactique nouvelle, mais d'entraînement.**

All things considered, it is not a matter of demonstrating such and such a technical or tactical formula, but of training.

## 258.4. 'Au bout du compte'

**On trouve au bout du compte que les choses sont bien comme elles sont.**

When all is said and done, people find that things are all right as they are.

## 258.5. 'En fin de compte'

**Les étudiants qui venaient protester contre les Américains ont en fin de compte tourné leur colère contre les Russes.**

The students who came to protest against the Americans finally directed their anger against the Russians.

## 258.6. 'Dans l'ensemble'

**On a enregistré avec satisfaction la reprise des ventes d'automobiles, mais dans l'ensemble, la valeur des expéditions à l'étranger n'a guère monté depuis juillet dernier.**

The recovery in car sales was noted with satisfaction, but, on the whole, the value of exports has hardly risen since last July.

## 258.7. 'Constater'

**Je me contente de constater ce fait.**

I am merely noting this fact.

**Il faut constater que cette tentative a été un échec.**

We have to accept the fact that this attempt was a failure.

**Vous pouvez constater vous-même qu'il n'est pas venu.**

You can ascertain for yourself that he has not come.

## 258.8. 'S'avérer'

**La 'Caravelle' s'est avérée en 1959 le plus économique des avions en service.**

The 'Caravelle' proved to be in 1959 the most economical 'plane in use.

## 258.9. 'On en vient à cette conclusion que . . .'

**On en vient à cette conclusion que la clef du problème est le rapprochement germano-soviétique.**

We are forced to this conclusion that the key to the problem is the reconciliation between Germany and Russia.

# Markers of the type of argument

## 259. Analogical

### 259.1. 'Il en est de même pour . . .'

Un nouveau statut a apporté aux Comores une autonomie interne accrue. Il en est de même pour les Territoires des Afars et des Issars.

A new statute has brought increased internal independence to the Comores. The same holds good for the Afars and Issars Territories.

### 259.2. 'Il en est de . . . comme de . . .'

Il en est du sang comme de toute autre matière.

It is the same with blood as with any other substance.

### 259.3. 'A l'instar de . . .'

Les enfants des grands ensembles projettent, à l'instar de ce que rêvent leurs parents, l'image d'une petite maison individuelle avec jardin et cheminée, refusent leur quartier, ne l'assument pas.

The children in the big housing estates, after the fashion of their parents' dreams, see in imagination the picture of a little detached house, with garden and chimney, reject their own district, refuse to accept it.

### 259.4. 'Avoir trait à . . .'

Tous les groupements qui ont trait à une activité militaire présente ou passée sont dissous.

All groups which have a connection with present or past military activity are disbanded.

### 259.5. 'Se rapprocher de . . .'

La propagande se rapproche de la publicité.

Propaganda is akin to advertising.

## 260. Opposition

### 260.1. 'A la différence de . . ./à l'encontre de . . .'

A la différence des Soviétiques et des Chinois, les communistes indochinois voyaient toujours dans l'impérialisme américain 'l'ennemi numéro un de l'humanité'.

Unlike the Russians and the Chinese, the Indochinese communists still saw in American imperialism 'the number one enemy of humanity'.

A l'encontre de la majeure partie des professions, celle de secrétaire ne se situe dans aucun cadre déterminé.

Unlike the majority of professions, that of secretary cannot be placed in any definite background.

### 260.2. 'A l'inverse . . .'

L'église chrétienne symbolise aux yeux des visiteurs japonais le caractère chrétien de Nagasaki. A l'inverse, pour un visiteur étranger, l'histoire chrétienne de cette ville jette des lueurs saisissantes sur l'âme de ce pays.

In the eyes of Japanese visitors, the Christian church symbolises Nagasaki's Christian character. Contrariwise, for a foreign visitor, this city's Christian history throws striking light on the soul of this country.

### 260.3. 'S'inscrire en faux contre . . .'

| | |
|---|---|
| Je voudrais m'inscrire en faux contre cette interprétation des faits. | I should like to dispute the validity of this interpretation of the facts. |

### 260.4. 'Tout cela est bel et bien mais . . .'

| | |
|---|---|
| Vous avez un accord oral? Tout cela est bel et bien mais rien ne vaut un contrat par écrit. | You have an oral agreement? That's all well and good but nothing is worth a contract in writing. |

### 260.5. 'En être autrement'

| | |
|---|---|
| Il eût été naïf d'espérer qu'il pourrait en être autrement. | It would have been naïve to hope that it could be otherwise. |

## 261. Hypothetical

### 261.1. 'Admettons/supposons que' + subjunctive

| | |
|---|---|
| Admettons que cela soit vrai en gros. | Let us grant that that is true, on the whole. |
| Supposons qu'elle veuille bien accepter ce poste, alors quoi? | Let us suppose that she is willing to accept this job, so what? |

### 261.2. 'Poser que . . .'

| | |
|---|---|
| Posons le cas que cela soit. | Let us suppose that to be the case. |
| Nous poserons que l'objet spécifique de l'histoire littéraire est l'évolution de la littérature et non la genèse des œuvres. | We shall take it for granted that the specific object of literary history is the evolution of literature and not the origin of literary works. |

### 261.3. 'S'il en est ainsi . . .'

| | |
|---|---|
| S'il en est ainsi, le problème se pose tout autrement. | If it is so, the problem presents itself in a quite different way. |

### 261.4. 'Selon cette hypothèse . . .'

| | |
|---|---|
| Selon cette hypothèse, l'enlèvement serait l'œuvre d'une bande internationale. | If this assumption is correct, the kidnapping is the work of an international gang. |

### 261.5. 'Il se pourrait que' + subjunctive

| | |
|---|---|
| Il se pourrait que ce qu'il disait là fût vrai. | It might well be that what he was saying was true. |

## 262. Prudent

### 262.1. 'Si je ne m'abuse . . ./si je ne me trompe . . .'

| | |
|---|---|
| C'est, si je ne m'abuse, la première fois. | It is, if I am not mistaken, the first time. |

## 262.2. 'Il y a toute apparence que . . ./selon toute apparence . . .'

| | |
|---|---|
| **Il y a toute apparence qu'il dit vrai.** | There is every indication that he is telling the truth. |
| **C'est une chose que, selon toute apparence, on ne verra jamais.** | It is a thing which, in all likelihood, will never be seen. |

## 262.3. '(Pour) autant que je sache . . .'

| | |
|---|---|
| **Pour autant que je le sache, ils étaient tres honnêtes et très loyaux.** | As far as I know, they were very honest and very straightforward. |

## 262.4. 'Pour autant qu'on puisse en juger . . .'

| | |
|---|---|
| **Pour autant qu'on puisse en juger, cette prise de contact entre les techniciens français et soviétiques a été fructueuse.** | As far as one can see, this meeting between the French and Russian technicians has been fruitful. |

## 262.5. 'Il n'est pas exclu que . . .'

| | |
|---|---|
| **Il n'est pas exclu que les syndicats et les travailleurs du secteur privé s'orientent vers des grèves 'dures'.** | It is not out of the question that the trades unions and the workers in the private sector should move towards 'hard' strikes. |

## 262.6. 'A en juger par . . .'

| | |
|---|---|
| **A en juger par les extraits de la presse de Pékin parvenus ici, la Chine communiste a joint très vite sa voix au concert d'approbations déclenché par les autres capitales amies.** | Judging by press extracts from Peking reaching here, communist China has quickly joined in the chorus of approval launched by the other friendly capitals. |

## 262.7. 'Il y a tout lieu de penser que . . .'

| | |
|---|---|
| **Il y a tout lieu de penser qu'effectivement la polémique continuera de se développer entre les deux camps.** | There is every reason for thinking that the argument will indeed continue to develop between the two sides. |

## 262.8. 'Selon toute évidence . . .'

| | |
|---|---|
| **Selon toute évidence, le gouvernement russe s'est servi au maximum de ses importations massives de céréales pour attirer l'attention des citoyens soviétiques sur son souci de leur bien-être.** | To all appearances, the Russian government has used to the utmost its massive cereal imports to draw the attention of Soviet citizens to its concern for their well-being. |

## 262.9. 'Le moins qu'on puisse en dire . . .'

| | |
|---|---|
| **Le moins qu'on puisse en dire est que ces avertissements ont peu d'effet.** | The least that can be said is that these warnings have little effect. |

## 262.10. 'Porter à penser que . . .'

| | |
|---|---|
| Tout porte à penser que Hitler a envisagé la possibilité d'une guerre avec les Occidentaux. | Everything leads one to think that Hitler envisaged the possibility of a war with the Western powers. |

## 262.11. 'Il reste à savoir si . . .'

| | |
|---|---|
| Il reste à savoir si un membre du gouvernement, pour un acte commis dans l'exercice de ses fonctions, relève seulement de la Haute Cour ou s'il peut être également traduit devant les tribunaux ordinaires. | It remains to be seen whether a member of the government, for an act committed in the discharge of his duties, comes only under the jurisdiction of the High Court or whether he can also be brought before the ordinary courts. |

# 263.  Restrictive

## 263.1. 'Faire abstraction de . . ./abstraction faite de . . .'

| | |
|---|---|
| Si l'on fait abstraction des lointains précurseurs, on peut dire qu'une première phase a commencé il y a un demi-siècle. | If we set aside the distant fore-runners, it can be said that a first phase began half a century ago. |
| Abstraction faite de son âge, il n'est pas vraiment apte à ce poste. | Setting aside his age, he is not really suitable for this post. |

## 263.2. 'Autant que faire se peut . . .'

| | |
|---|---|
| Autant que faire se peut, nous essaierons d'éviter des licenciements de personnel. | As far as is possible, we will try to avoid the laying-off of staff. |

## 263.3. 'Dans (toute) la mesure du possible . . .'

| | |
|---|---|
| Les Français ont voulu rétablir la paix et, dans toute la mesure du possible, la coopération et l'amitié avec une Algérie devenue indépendante. | The French wanted to re-establish peace and, as far as is humanly possible, co-operation and friendship with an Algeria having become independent. |

## 263.4. 'Autrement' + adjective

| | |
|---|---|
| Ils exigeront que la paix future soit assurée par des garanties matérielles autrement solides que celles qui ont permis en vingt-cinq ans deux guerres. | They will demand that the future peace be secured by much firmer material guarantees than those which allowed two wars in the space of twenty-five years. |

## 263.5. 'Au premier chef'

| | |
|---|---|
| Les renseignements scientifiques sur l'espace fournis par les satellites interéssent au premier chef les spécialistes militaires. | The scientific information about space provided by the satellites is of the greatest interest to military specialists. |

## 263.6. 'De toute façon . . .'

| | |
|---|---|
| De toute façon, un tel processus devient désormais inapplicable. | In any case, such a process becomes inapplicable henceforth. |

## 263.7. 'Dans cette optique . . ./dans cette perspective . . .'

| | |
|---|---|
| Dans cette optique, le colloque, avec toutes ses imperfections, n'est qu'une étape dans un processus général de discussions qui doit continuer à la base et au sommet. | From this point of view, the conference, with all its shortcomings, is only one stage in a general process of discussions which must continue at the grass-roots level and at the summit. |
| Dans cette perspective, chaque unité ne peut se définir que par le système dont elle fait partie. | From this point of view, each unit can be defined only by the system to which it belongs. |

## 263.8. 'A proprement parler . . .'

| | |
|---|---|
| En effet, il n'existe pas à proprement parler de presse spécifiquement parisienne et les quotidiens de Paris sont avant tout des journaux nationaux. | Indeed, strictly speaking, there does not exist a specifically Parisian press and the Paris dailies are first and foremost national newspapers. |

## 263.9. 'Voire . . .'

| | |
|---|---|
| Nombreux sont ceux qui prévoient pour le nouveau ministre, voire pour le régime, des jours difficiles. | There are many who foresee difficult days ahead for the new minister, and even for the régime. |

## 264. Persuasive

### 264.1. 'Point n'est besoin d'insister'

| | |
|---|---|
| Point n'est besoin d'insister sur cette question. Les faits parlent d'eux-mêmes. | There is no need to insist on this question. The facts speak for themselves. |

### 264.2. 'C'est dire . . .'

| | |
|---|---|
| On considère à Londres que c'est essentiellement de la France que dépend le succès des négociations qui vont s'ouvrir au mois de septembre. C'est dire l'intérêt de la rencontre qu'auront dans le courant de l'été les deux chefs de gouvernement. | It is considered in London that the success of the negotiations about to open in September depends essentially on France. This highlights the interest of the meeting which the two heads of government will have in the course of the summer. |

### 264.3. 'Force (nous) est de constater que . . .'

| | |
|---|---|
| Force est de constater qu'en effet, bien souvent, l'information ne passe pas. | You have to face up to the fact that very often, the information does not get across. |

| | |
|---|---|
| Force nous est de constater que tous les enfants du même âge ne parviennent pas dans le même temps à assimiler la même quantité de connaissances. | We have to realise that all children of the same age do not manage to assimilate the same quantity of knowledge in the same time. |

### 264.4. 'Il y a fort à penser que . . .'

| | |
|---|---|
| Il y a fort à penser que le gouvernement soviétique ne l'entend pas exactement de cette manière. | The likelihood is that the Russian government does not understand it in exactly this way. |

### 264.5. 'Il est de notoriété publique que . . .'

| | |
|---|---|
| Il était de notoriété publique que le président de la République avait coutume de se rendre en fin de semaine dans sa propriété. | It was a well-known fact that the President of the Republic was accustomed to retire at the week-end to his estate. |

### 264.6. 'Cela saute aux yeux que . . ./cela crève les yeux que . . .'

| | |
|---|---|
| C'est une évidence qui saute aux yeux. | It is an obvious fact which hits you in the eye. |
| L'évolution vers la guerre civile crève les yeux. | The evolution towards civil war is blatantly obvious. |

### 264.7. 'Comme on pourrait s'y attendre . . .'

| | |
|---|---|
| Comme on pourrait s'y attendre, de telles transformations sont devenues la règle. | As you might expect, such transformations have become the rule. |

### 264.8. 'Il ne faut donc s'étonner si . . .'

| | |
|---|---|
| Il ne faut donc s'étonner si on le laisse de côté, il est si mauvais joueur. | It is no wonder that he is passed over, he is such a bad loser. |

# Attention markers

## 265. Attention is directed to a certain point

### 265.1. 'L'essentiel est de/que . . .'

| | |
|---|---|
| Et après tout, l'essentiel n'est pas de mettre fin aux attaques de propagande, mais de permettre la libre expression des points de vue. | And after all, the essential thing is not to put an end to propaganda attacks, but to allow free expression of points of view. |

### 265.2. 'Il est à noter que . . .'

| | |
|---|---|
| Il est à noter qu'il était encore bien jeune. | It is to be noted that he was still very young. |

### 265.3. 'Il ne faut pas oublier que . . .'

| | |
|---|---|
| Il ne faut pas oublier que cette étude ne porte que sur un nombre limité d'enfants. | It must not be forgotten that this study is based on only a limited number of children. |

### 265.4. 'On ne saurait manquer de relever . . .'

| | |
|---|---|
| On ne saurait manquer de relever cette contradiction. | This contradiction must be pointed out. |

### 265.5. 'Il faut tenir compte de . . .'

| | |
|---|---|
| Il faut tenir compte de son dévouement. | His devotion must be taken into account. |

### 265.6. 'Il faut souligner . . .'

| | |
|---|---|
| Il faut souligner l'importance de cet événement. | The importance of this event must be emphasised. |

### 265.7. 'Prenons garde que . . .'

| | |
|---|---|
| Prenons garde que, comme témoin, il est sujet à caution. | Let us take good note of the fact that, as a witness, he is unreliable. |

### 265.8. 'Ce qu'il y a de plus remarquable, c'est . . .'

| | |
|---|---|
| Ce qu'il y a de plus remarquable, c'est que ces deux-là ne se soient jamais rencontrés. | The most noteworthy thing is that those two never met. |

## 266. Reference back

### 266.1. 'On a établi que . . .'

| | |
|---|---|
| On a établi que le voyage à la lune est possible. | It has been proved that the journey to the moon is possible. |

### 266.2. 'Comme nous le savons déjà . . .'

| | |
|---|---|
| Comme nous le savons déjà, c'était un véritable tour de force. | As we are already aware, it was a real achievement. |

### 266.3. 'On se souvient que . . '

| | |
|---|---|
| On se souvient qu'il avait pris part a cette réunion. | It will be remembered that he had taken part in this meeting. |

### 266.4. 'On a vu que . . .'

| | |
|---|---|
| On a vu qu'une augmentation des salaires entraîne des hausses de prix et l'inflation galopante. | We have seen that an increase in wages brings in its wake price rises and galloping inflation. |

## 267. Reference forward

### 267.1. 'On peut donc prévoir que . . .'

On peut donc prévoir que l'Etat construira cent mille logements.

It can therefore be anticipated that the State will build one hundred thousand homes.

### 267.2. 'Nous y reviendrons'

La vente d'armes est un phenomène massif, aveuglant, auquel les Eglises de France ont consacré des études et des documents essentiels. Nous y reviendrons.

The sale of arms is a huge, blinding phenomenon, to which the Churches of France have devoted essential studies and documents. We shall return to this later.

### 267.3. 'Comme nous le verrons par la suite'

Nous faisons abstraction des facteurs sociaux et économiques dont le rôle est, hélas, déterminant, comme nous le verrons par la suite.

We are setting aside the social and economic factors, whose rôle is, sadly, crucial, as we shall see later.

# VOCABULARY VISTAS

## 268. To the English speaker, French vocabulary in everyday use appears more 'learned' or 'literary' than English

*This is partly because English draws on two stocks of vocabulary, the Anglo-Saxon and the Latin (sometimes derived via Anglo-Norman), which often provide a pair of synonyms, one for everyday language, one for more elevated style (e.g. 'go up to' vs 'approach'). There is nothing in French which corresponds to the availability in English of this dual register; 'doublets' like 'écouter' vs 'ausculter' are not usually interchangeable.*

| | |
|---|---|
| **Le week-end** s'annonce **froid**. | The week-end looks like being cold. |
| **Il** s'approcha **de la fenêtre**. | He went up to the window. |
| **La ligne est difficilement** audible. | The (telephone) line is not very clear. |
| **Il y a eu vingt morts** carbonisés **dans l'appareil**. | There were twenty people burned to death in the aircraft. |
| **Presque aussitôt, la fièvre** s'est déclarée. | Almost immediately, fever broke out. |
| **Je** me suis engagé **dans le sentier qui mène à la route**. | I turned into the path leading to the road. |
| **Le trafic est un peu plus** important **qu'hier**. | The traffic is a little heavier than yesterday. |
| **Si le temps** se maintient, **il y aura concert au jardin public**. | If the weather holds, there will be a concert in the park. |
| **Une fine** pellicule **de neige**. | A thin layer of snow. |
| **Il** se précipita **dans la maison**. | He dashed into the house. |
| **Une** pénurie **de devises étrangères**. | A shortage of foreign currencies. |
| **Ils voudraient renvoyer l'accord final à une date** ultérieure. | They would like to defer the final agreement to a later date. |
| **Le moindre de ses propos a été** répercuté. | His most insignificant remark has been bandied about. |
| **L'Afrique** australe. | Southern Africa. |
| **Les** Méridionaux. | Southerners. |
| **L'Europe** occidentale. | Western Europe. |
| **Les Pyrénées** orientales. | The Eastern Pyrenees. |
| **Les** Septentrionaux. | Northerners. |

*For some words and phrases, there is a choice of a more 'learned' or less 'learned' alternative in English, depending on the context.*

| | |
|---|---|
| **Nous allons** nous adresser **à quelqu'un d'autre.** | We are going to speak/apply to someone else. |
| **Une année** s'est écoulée. | A year went by/elapsed. |
| **La conduite en état d'**ébriété. | Drunken driving/Driving while under the influence of alcohol. |
| **Les négociants** indélicats **sont connus de tous et les clients ne reviennent pas.** | Shady dealers/Unscrupulous traders are known to all and customers do not come back. |
| **Le salon de coiffure est ouvert** sans interruption **de 9h.30 à 18h.30.** | The hairdressing salon is open without a break/continuously from 9.30 a.m. to 6.30 p.m. |
| **Le président** remettra **les prix aux vainqueurs.** | The president will give/present the prizes to the winners. |

*The 'agglutinative' device of English in forming compound nouns (washing machine, time-table, overtime) is, as we have seen, not exactly paralleled in French (sections 16, 17, 18). To the English compound often corresponds a noun + an adjective of learned formation or derivation, but in common use in French.*

| | |
|---|---|
| **Une teinture** capillaire. | A hair dye. |
| **Les empreintes** digitales. | Finger prints. |
| **Les temperatures** diurnes **sont en baisse.** | Day temperatures are falling. |
| **Du gaz** lacrymogène. | Tear gas. |
| **Le boulevard** périphérique. | The outer ring road. |
| **L'eau** potable. | Drinking water. |
| **Des heures** supplémentaires. | Overtime. |
| **Une région** limitrophe. | A border area. |
| **La production** vivrière. | Food production. |

*Sometimes a French noun, often of learned formation or derivation, in common use, corresponds to the English compound expression.*

| | |
|---|---|
| **Les** intempéries **se succèdent.** | The bad weather is coming in waves. |
| **Instructions pour** la manœuvre. | Working instructions. |
| L'orthophonie. | Speech therapy. |
| **Un** pyromane. | A fire-raiser. |
| **Regardez dans le** rétroviseur. | Look in the rear-view mirror. |
| **Attendez la** tonalité. | Wait for the dialling tone. |
| **Un** toxicomane. | A drug addict. |

| | |
|---|---|
| **Un** vacataire. | A temporary worker. |
| **Un** vigile. | A night security guard. |

## 269. Nominalisation

### 269.1. Simple nominalisation may be observed in official notices

| | |
|---|---|
| **Lavage de voitures interdit.** | Car washing forbidden. |
| **Décharge interdite.** | No tipping. |
| **Descente à la plage.** | This way down to the beach. |
| **Attendez l'arrêt complet du train.** | Wait until the train stops. |
| **Entrée interdite, sauf aux riverains.** | No entry, except for residents. |

### 269.2. Nominal transformations preceded by a preposition often correspond to a circumstantial clause in English

| | |
|---|---|
| **A mon réveil.** | When I awakened. |
| **Après l'arrivée des invités.** | After the guests had arrived. |
| **Lors de l'atterrissage de Concorde.** | At the time Concorde was landing. |

*(For other examples, see 22.)*

### 269.3. In contemporary French, and particularly in journalistic style, there is a tendency to use these nominal transformations, embedded in simple sentences, rather than subordinate clauses

| | |
|---|---|
| **On s'attend, à la fin de l'été, à la** reprise **de la guerre du lait.** (On s'attend à ce que la guerre du lait reprenne à la fin de l'été.) | At the end of the summer, it is expected that the milk war will begin again. |
| **La** diminution **du pouvoir d'achat provient de** l'augmentation **des prix.** (Les prix ont augmenté, par conséquent le pouvoir d'achat a diminué.) | The reduction in purchasing power has its origin in the rise in prices. |
| **Le désir du Président du Conseil d'introduire des réformes s'est heurté à** la résistance **de quelques députés de son parti.** (Le Président du Conseil désirait introduire des réformes, mais quelques députés de son parti y ont résisté.) | The Prime Minister's desire to introduce reforms came up against the resistance of a few M.P.s of his party. |

| | |
|---|---|
| Le bond **en avant du prix de l'alimentation ne peut donc que donner plus de force à** la revendication **des 2000 Francs par mois que les syndicats entendent relancer à** la rentrée. (Le prix de l'alimentation a bondi en avant, ce qui ne peut que donner plus de force à l'argument des syndicats qui ont l'intention de revendiquer encore une fois les 2000 Francs par mois, quand tout le monde sera rentré de vacances.) | The escalation of food prices can only reinforce the claim for 2000 Francs a month which the trades unions intend to put forward again when the holiday is over. |

## 269.4.  It is possible to have a series of successive embeddings

| | |
|---|---|
| **La manifestation est interdite.** | The demonstration is banned. |
| **L'interdiction de la manifestation est levée.** | The banning of the demonstration is lifted. |
| **La levée de l'interdiction de la manifestation est annoncée.** | The lifting of the ban on the demonstration is announced. |
| **L'annonce de la levée de l'interdiction de la manifestation a détendu les esprits.** | The announcement of the lifting of the ban on the demonstration has reduced the tension. |

*It will be seen that the limit of easy intelligibility is soon reached: two or three embeddings in immediate succession.*

## 270.  Patterns of relationship between the verb and the noun corresponding to it

*In section 269, the following nominalisations were observed:*
laver→**le lavage**; décharger→**la décharge**; descendre→**la descente**; s'arrêter→**l'arrêt**; entrer→**l'entrée**; se réveiller→**le réveil**; arriver→**l'arrivée**; atterrir→**l'atterrissage**; reprendre→**la reprise**; diminuer→**la diminution**; augmenter→**l'augmentation**; désirer →**le désir**; résister →**la résistance**; bondir→**le bond**; revendiquer→**la revendication**; rentrer→**la rentrée**; interdire→**l'interdiction**; lever→**la levée**; annoncer→**l'annonce**.

*In an attempt to codify the different patterns of morphological relationship between a verb and its corresponding noun having the meaning: 'the action of washing, tipping, going down, stopping . . . etc.', the 3,000 words in Gougenheim's 'Dictionnaire Fondamental de la Langue Française' (Didier, Paris, 1958) were examined.*

## 270.1.  The most frequently occurring pattern is that of verbs with infinitive in '-er' and nominal form in '-ement'

*There are 82 such verbs out of the total of 718 verbs considered, that is 11% of the total:*

| | | |
|---|---|---|
| abaisser | arranger | décharger |
| aboyer (**aboiement**) | brouter | déchirer |
| accompagner | changer | déménager |
| achever (**achèvement**) | classer | dépasser |
| agréer | combler | déplacer |
| amuser | commencer | dépouiller |
| armer | cracher | déranger |
| arracher | croiser | détacher |

| | | |
|---|---|---|
| détourner | frapper | ranger |
| développer | frotter | rapprocher |
| dévouer | glisser | rassembler |
| éclater | gouverner | réchauffer |
| écraser | habiller | recommencer |
| effacer | hurler | relever (**relèvement**) |
| éloigner | juger | remercier |
| embrasser | lancer | remplacer |
| empêcher | loger | remuer |
| enfoncer | manquer (**manquement** | renverser |
| engager | = *dereliction*; *lapse*) | rouler |
| enlever (**enlèvement**) | ménager (**ménagement** | secouer |
| enregistrer | = *attention*; *care*) | serrer |
| enseigner | panser | siffler |
| enterrer | payer (**paiement**) | soulever (**soulèvement**) |
| entraîner | percer | tasser |
| envelopper | pincer | traîner |
| équiper | placer (**placement** | traiter |
| étouffer | = *investment*; *job-* | trembler |
| étrangler | *finding*) | verser (**versement** |
| flotter | raisonner | = *payment*) |

## 270.2. Another numerous category is that of verbs with infinitive in '-er' and nominal form in '-ation'

*There are 78 in all, 11% of the total:*

| | | |
|---|---|---|
| accepter | désoler | observer |
| administrer | exagérer | occuper |
| admirer | exporter | opérer |
| affirmer | fabriquer (**fabrication**) | organiser |
| agiter | figurer | orienter |
| améliorer | fixer | pénétrer |
| animer | fonder | planter |
| appliquer (**application**) | former | précipiter |
| associer | fréquenter | préparer |
| augmenter | habiter | présenter |
| célébrer | hésiter | priver |
| cesser | illustrer | prononcer |
| civiliser | imaginer | (**prononciation**) |
| communiquer | imiter | protester |
| (**communication**) | importer | provoquer (**provocation**) |
| compliquer | incliner | réaliser |
| (**complication**) | indiquer (**indication**) | réclamer |
| condamner | informer | recommander |
| conserver | inonder | réparer |
| considérer | installer | représenter |
| consoler | interroger | réserver |
| continuer | inviter | respirer |
| créer | mutiler | révéler |
| cultiver | naturaliser | séparer |
| déclarer | naviguer (**navigation**) | transformer |
| décorer | noter | utiliser |
| désigner | obliger | varier |

## 270.3. Many verbs with infinitive in '-er' have a nominal form in '-age'

*This category includes many technical terms:*

| | | |
|---|---|---|
| accrocher | arracher (*also* | assembler |
| allier (*also* **alliance**) | **arrachement**) | balayer |
| allumer | arroser | barrer |

bloquer (**blocage**)
boucher
boutonner
brosser
brouiller
brûler
chauffer
chômer
coller
coucher
couler
 (*also* **coulée**)
creuser
débloquer
 (**déblocage**)
décoller
découper
déshabiller
détacher
dresser
éclairer

élever
essuyer
étaler
filer
forger (**forgeage**)
freiner
gonfler
guider (*as in*
  **radioguidage**)
lâcher
laver
lever
lier
limer
marier
marquer
masser
moucher
mouiller
nettoyer
passer

peigner (**peignage**
  = *carding*)
percer
piocher
plier
raccommoder
ramasser
raser
rater
relier
repasser
scier
sécher
témoigner
tisser
tourner
trancher
tremper
trier
tricoter
user (*also* **usure**)

*These 67 verbs represent 9% of the total.*

## 270.4. Verbs with infinitive in '-er', whose stem is the nominal form

abuser
abandonner (**abandon**)
accorder
appeler
apporter
appuyer (**appui**)
arrêter
briser
calculer
chanter
conseiller (**conseil**)
coûter
crier
débuter
désirer
dessiner
donner (**don**)
écarter
embarrasser (**embarras**)

employer (**emploi**)
emprunter
s'envoler
envoyer (**envoi**)
essayer (**essai**)
examiner (**examen**)
geler
heurter
jeter
labourer (*also* **labourage**)
mépriser
moissonner (**la moisson**)
oublier
pardonner (**pardon**)
porter
prêter
profiter
rappeler
rapporter

reculer
refuser
regarder
regretter (**regret**)
renvoyer (**renvoi**)
se reposer
respecter
retarder
rêver
réveiller (**réveil**)
saluer (**le salut**)
sauter
souhaiter
tirer
transporter
travailler (**travail**)
voler (*to fly*)
voler (*to steal*)

*These 56 verbs are 8% of the total.*

## 270.5. For other verbs with infinitive in '-er', the nominal form is the stem of the infinitive + 'e mute'

aider
annoncer
approcher
attaquer
avancer
baisser
casser

causer
charger
chasser
compter (**le compte**)
couper
danser
demander

dépenser
disputer
divorcer (**le divorce**)
douter (**le doute**)
échanger (**un échange**)
écouter
épargner

estimer
excuser
garder
lutter
marcher
mélanger (**le mélange**)
menacer
mesurer (*also* **mesurage**
—*technical*)
murmurer (*le* **murmure**)

nager (*also* **natation**)
partager (**le partage**)
pêcher
poser
pratiquer
presser (**presse** = *action de*
*se presser*)
ravager (**le ravage**)
rechercher
récolter

réformer
rencontrer
ruiner
souffler (**le souffle**)
tailler
visiter
voter (**le vote**)
voyager (**le voyage**)

*ALSO* offrir—**offre**

*These 48 verbs constitute 6% of the total.*

## 270.6. Of regular verbs with infinitive in '-ir', the only numerically important category is that with the nominal form in '-issement'

aboutir
accomplir
agir
avertir
endormir
enrichir
établir
étourdir

franchir
gémir
grandir
grossir
jaillir
jaunir
maigrir

pourrir
raccourcir
rafraîchir
refroidir
retentir
rougir
vomir

*These 22 verbs are 3% of the total.*

## 270.7. Verbs with infinitive in '-er' and nominal form in '-ée'

*There are 17 such verbs, 2% of the total:*

aller (*also* **un aller**)
arriver
assembler
couler (*also* **coulage**)
durer
entrer

lever
monter
penser
peser
plonger (*also* **plongeon**)
pousser

remonter
rentrer
retomber
tomber (**'la tombée du
soir'**; *also* **la chute**)
traverser

## 270.8. Verbs with infinitive in '-er' and nominal form in '-ance' or '-ence': 14 verbs, 2% of the total

*'-ance'*
assister
assurer
attirer (*also* **attraction**)
confier
espérer (*also* **espoir**)

ignorer
insister
résister
ressembler
surveiller
venger

*'-ence'*
négliger
préférer
présider

## 270.9. For 13 verbs, the infinitive is used as the nominal form, 2%

avoir
déjeuner
devoir
dîner
dire

devenir
être
pouvoir
se repentir (**le repentir**)

rire
sourire
se souvenir (**le souvenir**)
toucher

## 270.10.  All other categories consist of 7 verbs or fewer, each category representing less than 1% of the total

*There is, for example, the group of verbs with infinitive in -uire and nominal form in -uction:*

| | | |
|---|---|---|
| construire — | instruire — **l'instruction** | produire — |
| **la construction** | introduire — | **la production** |
| détruire — | **l'introduction** | réduire — **la réduction** |
| **la destruction** | | traduire — **la traduction** |

*But the equivalent for 'conduire' is 'la CONDUITE', although 'la conduction d'eau' exists in a technical sense and one speaks of 'la reconduction d'une politique/d'un budget'.*

*The regular verbs with infinitive in -dre show the inconsistencies of the patterns of relationship:*
*'-dre' → '-te'*
attendre, descendre, entendre (*specialised sense, 'understanding'*), perdre, pondre, vendre

*'-dre' → '-dance'*
correspondre, depéndre

*'-dre' → '-dage'*
fendre. tondre

*'-dre' → '-nse'*
répondre

*'-dre' → '-dement'*
rendre (*limited sense: 'yield, output'*)

*'-dre' → '-daison'*
pendre, *but* suspendre — la suspension

*'-dre' → '-sion'*
tendre, *but* prétendre — la prétention

*Even compounds of the same basic verb differ in their nominal forms!*

## 270.11.  There are many cases in which the morphological connection is not immediately obvious or does not exist

| | | |
|---|---|---|
| acheter — **achat** | échouer — **échec** | ouvrir — **ouverture** |
| acquérir — **acquisition** | s'efforcer — **effort** | partir — **départ** |
| apparaître — **apparition** | s'élancer — **élan** | peindre — **peinture** |
| apprendre — | éteindre — **extinction** | perdre — **perte** |
| **apprentissage** | exercer — **exercice** | permettre — **permission** |
| approuver — | exposer — **exposé** | prendre — **prise** |
| **approbation** | fermer — **fermeture** | prévoir — **prévision** |
| attirer — **attraction** | se fiancer — **fiançailles** | prier — **prière** |
| avouer — **aveu** | fleurir — **floraison** | promettre — **promesse** |
| bouillir — **ébullition** | fuir — **fuite** | próteger — **protection** |
| céder — **cession** | gagner — **gain** | refaire — **réfection** |
| chercher — **recherche** | guérir — **guérison** | réfléchir — **réflexion** |
| choisir — **choix** | joindre — **jonction** | remettre — **remise** |
| comprendre — | lire — **lecture** | répéter — **répétition** |
| **compréhension** | louer (1) — **location** | reprendre — **reprise** |
| conquérir — **conquête** | louer (2) — **louange** | réprouver — **réprobation** |
| coudre — **couture** | mêler — **mélange** | retenir — **rétention** |
| courir — **course** | mettre — **mise** | se retirer — **retraite** (*also* |
| cueillir — **cueillette** | mordre — **morsure** | **retrait**) |
| cuire — **cuisson** | mourir — **mort** | retourner — **retour** |
| décider — **décision** | nommer — **nomination** | réunir — **réunion** |
| décrire — **description** | ( = '*appointment*') | réussir — **réussite** |
| déposer — **dépôt** | obtenir — **obtention** | rompre — **rupture** |

| | | |
|---|---|---|
| satisfaire — **satisfaction** | signer — **signature** | tenter — **tentative** |
| sauver — **sauvetage** | soigner — **soin** | trahir — **trahison** |
| secourir — **secours** | souffrir — **souffrance** | unir — **union** |
| semer — **semailles** | teindre — **teinture** | venir — **venue** |
| servir — **service** | | |

*In six cases, there is no morphological link:*

| | | |
|---|---|---|
| cacher — **dissimulation** | goûter — **dégustation** | raconter — **relation** |
| entendre — **audition** | nier — **démenti** | tomber — **chute** |

*This 'non-category' is equal in size to the most numerous of the categories: 83 verbs, 11% of the total.*

## 271. Patterns of relationships between nouns and adjectives and between verbs and adjectives

*There is a tendency in contemporary French and again, particularly in journalistic style, to use the structure 'Noun + Adjective' in place of 'Noun + de + Noun', e.g. 'la crise énergétique' instead of 'la crise de l'énergie'. For further examples, see 16.*

### 271.1. A very large category is composed of relationships that are far from obvious

*96 out of the 605 adjectives corresponding to nouns and verbs listed in 'Le Dictionnaire Fondamental', or 15% of the total:*

*Nominal stem*

| | | |
|---|---|---|
| bruit — **bruyant** | goût — **gustatif** | patrie — **patriote** |
| cercle — **circulaire** | grammaire — | père — **paternel** |
| champ — **champêtre** | **grammatical** | peuple — **populaire** |
| chat — **félin** | guerre — *1.* **belliqueux** | pluie — **pluvieux** |
| chien — **canin** | *2.* **guerrier** | poésie — **poétique** |
| ciel — **céleste** | heure — **horaire** | port — **portuaire** |
| cité — **citadin** | histoire — **historique** | préfet — **préfectoral** |
| corps — **corporel** | homme — **masculin** | printemps — **printanier** |
| crime — **criminel** | honneur — **honorable** | radio — **radiophonique** |
| défaut — **défectueux** | instant — **instantané** | rectangle — |
| dimanche — **dominical** | jeu — **ludique** | **rectangulaire** |
| Dieu — **divin** | jour — *1.* **quotidien** | santé — **sanitaire** |
| eau — **aqueux** | *2.* **diurne** | science — **scientifique** |
| école — **scolaire** | jus — **juteux** | semaine — |
| effet — **effectif** | lac — **lacustre** | **hebdomadaire** |
| église — **ecclésiastique** | langue — **linguistique** | siècle — **séculaire** |
| élection — **electoral** | lieu — **local** | société — **social** |
| énergie — **énergétique** | loi — *1.* **légal** | soir — **vespéral** |
| enfant — *1.* **enfantin** | *2.* **légitime** | soleil — **solaire** |
| *2.* (**maladie**) | loin — **lointain** | spectacle — |
| **infantile** | main — **manuel** | **spectaculaire** |
| espace — **spatial** | matière — **matériel** | style — **stylistique** |
| esprit — **spirituel** | mémoire — **mémorable** | sud — **méridional** |
| est — **oriental** | mer — **maritime** | système — **systématique** |
| étude — **studieux** | mère — **maternel** | talent — **talentueux** |
| fable — **fabuleux** | miracle — **miraculeux** | télévision — **télévisuel** |
| femme — **féminin** | moment — **momentané** | terre — **terrestre** |
| fleur — **floral** | nez — **nasal** | triangle — **triangulaire** |
| fleuve — **fluvial** | nom — **nominal** | vêtement — |
| foire — **forain** | nord — **septentrional** | **vestimentaire** |
| forêt — **forestier** | nuit — **nocturne** | victoire — **victorieux** |
| frère — **fraternel** | œil — **oculaire** | ville — **urbain** (**citadin**) |
| géant — **gigantesque** | ouest — **occidental** | volume — **volumineux** |
| gloire — **glorieux** | paradis — **paradisiaque** | |

*Verbal stem*

disposer — **disponible**  éteindre — **extincteur**  voir — **visible**
entendre — **audible**  sentir — **sensible**

## 271.2.  The adjectival form of 97 verbs is the present participle, 16% of the total

absorber
amuser
attacher
attirer
aveugler
blesser
bouillir
briller
brûler
calmer
casser
changer — **changeant**
chanter
charmer
coller
conclure
confier
consoler
correspondre
couler
couper
courir (eau **courante**)
crever
crier
cuire
danser (un reflet **dansant**)
déchirer
dépendre
déplaire
descendre (la marée **descendante**)
désoler
dévorer

éclairer
éclater
écraser
effrayer
embarrasser
étouffer
exiger (**exigeant**)
exister
fatiguer (**fatigant**)
frapper
gagner
gêner
hésiter
ignorer
impressionner
insister
intéresser
irriter
lier
luire
manquer
marquer (un événement **marquant**)
menacer
monter (le train **montant**)
mordre
nourrir
obéir
obliger
pendre
pénétrer
peser

piquer
plaire
plier
porter (bien/mal **portant**)
presser
provoquer (**provocant**)
rafraîchir
ramper
rayonner
reconnaître
regarder (**regardant** sur la dépense)
régner
remonter
remuer
reposer
résister
ressembler
retentir
rouler
saisir
salir
satisfaire
siffler
souffrir
sourire
suffire
suivre
surprendre
traîner
trembler
troubler
vivre

## 271.3.  The past participle of 93 verbs can be used as an adjective, 15% of the total

absorber
accomplir
accuser (des traits **accusés**)
acquérir
agiter (une vie **agitée**)
amuser
animer
appliquer
armer
assurer
attacher (**attaché à . . .**)
avancer
avertir (un homme **averti**)
barrer (une route **barrée**)

beurrer
blesser
casser
charmer
chauffer
chausser
clouter
coiffer
coller
couronner
cuire
déchirer
déplacer
désoler
détourner (un chemin **détourné**)

devoir
dévouer (un ami **dévoué**)
écraser
effacer
effrayer
élever
embarrasser
envelopper
établir (le gouvernement **établi**)
étouffer
exagérer
exercer (un œil **exercé**)
fatiguer
finir
garantir

gêner
hâcher
impressionner
instruire
interdire
intéresser
irriter
limiter
manquer
mesurer
mouiller
mourir
occuper
opposer
ordonner (un élève
  **ordonné**)
peindre (le papier **peint**)
pénétrer (**pénétré** de son
  importance)

polir
pourrir
presser
ramasser (un hameau
  **ramassé**)
ranger (un garçon **rangé**)
raser
reconnaître (un fait
  **reconnu**)
recueillir (d'un air
  **recueilli**)
réfléchir
relever (un mets très
  **relevé**)
réussir (une photo
  **réussie**)
risquer
ruiner
saler

satisfaire
séparer
serrer (le cœur **serré**)
situer
soigner
suivre (un effort **suivi**)
surprendre
tacher
teindre
terminer
tremper
troubler
unir
user
varier
verser (**versé** dans les
  lettres)
vivre (un roman **vécu**)

## 271.4. Verb stem + '-able', or noun + '-able': 73 adjectives, 12 % of the total

*Verb stem + '-able'*

aborder (**un prix
  abordable**)
admirer
aimer
appliquer (**applicable**)
approcher
arranger
augmenter
communiquer
  (**communicable**)
comparer
concevoir
considérer
consoler
convenir
croire (**croyable**)
cultiver
désirer
détacher
discuter
distinguer
durer
employer
estimer
éviter
excuser
faire (**faisable**)

franchir (un col
  **franchissable** en été)
gonfler
guérir (**guérissable**)
habiter
haïr (**haïssable**)
imposer (**imposable**
  = *taxable*)
incliner
jeter (**jetable** = *disposable*)
laver
livrer
louer
manger (**mangeable**)
mépriser
mettre
naviguer (**navigable**)
payer
pardonner
périr (**périssable**)
préférer
profiter
raccommoder
réaliser
recevoir
recommander
reconnaître
  (**reconnaissable**)

redouter
refuser
régler (sièges **réglables**
  d'une voiture)
regretter
remarquer
remplacer (**remplaçable**)
respirer
secourir
servir (**serviable**
  = *obliging*)
séparer
sortir
souhaiter
soutenir
supporter
supprimer
tenir
transporter
trouver
utiliser

*Noun + '-able'*
confort — **confortable**
dommage —
  **dommageable**
misère — **misérable**
raison — **raisonnable**

## 271.5. Noun stem + '-eux': 55 out of 605 adjectives, 9 % of the total

*The nouns are abstract or names of substances :*

amour
besogne

boue
brume

charbon (**charbonneux**)
cire

colère (**coléreux**)
coton (**cotonneux**)
courage
coût
craie (**crayeux**)
crème (**crémeux**)
danger
douleur (**douloureux**)
doute
ennui (**ennuyeux**)
fièvre (**fiévreux**)
gaz (une boisson
   **gazeuse**)
graisse
haine
hasard
herbe
honte

huile
joie (**joyeux**)
laine
lait
malheur
merveille
miel (**mielleux**)
montagne
mousse
neige
nerf (**nerveux**)
nombre
nuage
ombre
orage
orgueil (**orgueilleux**)
paresse

péril (**périlleux**)
peur
pierre
poisson (un lac
   **poissonneux**)
poudre
précaution
   (**précautionneux**)
roche
sable
soie (**soyeux**)
soin (**soigneux**)
souci
vapeur (**vaporeux**)
vase
vertu
vigueur (**vigoureux**)

## 271.6.  Noun + '-é' gives 28 adjectives: 4% of the total

accident
affaire
âge
aile
angoisse
cendre
charpente
chiffre
ciment
cuivre

étoile
fer (**ferré**)
fortune
fruit
gant
image
mouvement
orange
plomb

poivre
retraite
ruse
sens
sucre
usage
vallon (**vallonné**)
vitre
voile

## 271.7.  Noun + '-al'/noun + consonant + '-al' gives 23 adjectives, 3% of the total

automne
brute
centre
expériment
fin (**final**)
gouvernement
machine
matin
médecine

musique (**musical**)
nation
occident
orient
origine
poste
région
roi (**royal**)
verbe

*Noun + consonant + '-al'*
ami — **amical**
chirurgie — **chirurgical**
hiver — **hivernal**
mari — **marital**
vie — **vital**

## 271.8.  Seventeen nouns in '-tion' have related adjectives in '-tif': 2%

administration —
   **administratif**
affirmation
attention
communication
déclaration

décoration
digestion
distribution
éducation
émotion
introduction

imagination
imitation
indication
invention
relation
représentation

## 271.9.  The adjective is the noun stem + '-ique', in 17 cases: 2%

chimie — **chimique**          cinéma(tographie) — **cinématographique**

| | | |
|---|---|---|
| climat | métal (**métallique**) | période |
| économie | méthode | photographie |
| énergie *(but also)* | numéro (**numérique**) | télégraphe |
| '**énergétique**' | océan | téléphone |
| film | organe | touriste |
| géographie | | |

## 271.10. Seventeen adjectives correspond to noun or noun stem + 'aire': 2%

| | | |
|---|---|---|
| aliment — **alimentaire** | incendie | supplément |
| banque (**bancaire**) | lune | tarif |
| budget (**budgétaire**) | régiment | publicité (**publicitaire**) |
| complément | révolution | université |
| dent | (**révolutionnaire**) | (**universitaire**) |
| élément | salut | volonté (**volontaire**) |
| exemple | | |

## 271.11. Noun + '-if' noun stem + '-if' gives 13 adjectives: 2% of the total

| | | |
|---|---|---|
| crainte — **craintif** | tard *(adverb)* — **tardif** | explosion |
| défense | action — **actif** | expression |
| faute | compréhension | possession |
| masse | construction | production |
| sport | | |

## 271.12. Ten adjectives consist of a noun stem or verb stem + '-ible': 1%

| | | |
|---|---|---|
| compréhension — **compréhensible** | division — **divisible** | réduction — **réductible** |
| | paix — **paisible** | lire — **lisible** |
| destruction — **destructible** | peine — **pénible** | nuire — **nuisible** |
| | prévision — **prévisible** | rire — **risible** |

## 271.13. Some nouns in '-ation' have an adjectival form in '-ateur/-atrice' (1%)

| | | |
|---|---|---|
| approbation | exportation | interrogation |
| création | importation | réparation |
| direction | indication | |

## 271.14. Noun stem minus final mute 'e' + '-ier': nine adjectives, 1%

| | | |
|---|---|---|
| dépense | hôtel | prince |
| garçon (**garçonnier**) | pétrole | route |
| guerre | police | saison (**saisonnier**) |

## 271.15. Noun stem minus final mute 'e' + '-ial': nine adjectives, 1%

| | | |
|---|---|---|
| commerce | génie | province |
| famille (**familial**) | monde | race |
| glace | proverbe | seigneur |

## 271.16.  Noun stem or verb stem + '-eur': eight adjectives, 1%

| | | |
|---|---|---|
| bataille | moquer | rêver |
| crédit (un solde | promettre | ronger |
| **créditeur**) | railler | songer |

## 271.17.  Noun stem + '-el': eight adjectives, 1%

| | | |
|---|---|---|
| condition | individu | nature |
| constitution | industrie | occasion (**occasionnel**) |
| (**constitutionnel**) | intention (**intentionnel**) | personne |

## 271.18.  Noun stem minus final mute 'e' + '-u': seven adjectives, 1%

| | | |
|---|---|---|
| barbe | fourche | pointe |
| cheveu (**chevelu**) | poil | ventre |
| feuille | | |

## 271.19.  Noun stem or verb stem minus final mute 'e' + '-ard': six adjectives (less than 1%)

| | | |
|---|---|---|
| campagne — | veine — **veinard** | se débrouiller — |
| **campagnard** | crier — **criard** | **débrouillard** |
| chance — **chançard** | | pleurer — **pleurard** |

**271.20.**  *The above listed categories account for over 81% of the 605 adjectives considered. All other categories are very small, with 5 or fewer members, and some nouns do not have any adjectival form, for example 'soeur'.*

### 272.  Patterns of relationship between nouns and verbs and between adjectives and verbs

## 272.1.  By far the largest category, 145 verbs out of 314 (46%), is constituted by the relationship noun + '-er' or noun + consonant + '-er'

| | | |
|---|---|---|
| abri — **abriter** | bord | conte |
| accord — (**s'**)**accorder** | branche | courbe |
| action — **actionner** | brosse | couronne |
| addition — **additionner** | bouton — **boutonner** | cri |
| adresse — (**s'**)**adresser** | camp | croix — **croiser** |
| affection — **affectionner** | cause | cuisine |
| affiche | chagrin | date |
| aide | chemin | début |
| aliment | ciment | désert |
| ancre | classe | dispute |
| annonce | colle | distance |
| arme | collection — | émotion — **émotionner** |
| avantage | **collectionner** | enveloppe |
| avis — **aviser** | compartiment | envie |
| balai — **balayer** | condition — | épingle |
| bataille | **conditionner** | éponge |
| beurre | conseil — **conseiller** | espace |

étoile
excursion —
   **excursionner**
excuse — **(s')excuser**
fatigue
fer — **ferrer**
fête
figure
film
finance
fonction — **fonctionner**
force
forme
fourmi — **fourmiller**
fraude
frein
fusil — **fusiller**
gomme
goût
graisse
griffe
groupe
guide
huile
impôt — **imposer**
impression —
   **impressionner**
incendie
influence
juge
lessive
limite
manoeuvre

marque
mélange
menace
mesure
meuble
moisson — **moissonner**
mur
murmure
nom — **nommer**
oeuvre
outil — **outiller**
pardon — **pardonner**
paresse
parfum
passion — **passionner**
patient
patron — **patronner**
pédale
peigne
peine
pilote
pioche
plafond — **plafonner**
plante
pompe
prétexte
profit
question — **questionner**
raison — **raisonner**
rame
rang — **ranger**
rapport
rayon — **rayonner**

récolte
récompense
règle — **régler**
reproche
respect
retard
rêve
sable
savon — **savonner**
scie
section — **sectionner**
serpent
série
siège — **siéger**
signal
signe
sommeil — **sommeiller**
sucre
supplément
tâche
tapis — **tapisser**
téléphone
témoin — **témoigner**
timbre
trace
trou
usine
verrou — **verrouiller**
vitre
voile (*m*)
voisin
voyage

## 272.2. Unpredictable connections between noun or adjective and verb account for 43 of the 314 cases, 13%

accent — **accentuer**
aigu — **aiguiser**
bas — **baisser**
bref — **abréger**
chaud — **chauffer**
   — **réchauffer**
cher — **renchérir**
clair — **éclaircir**
coupable — **culpabiliser**
court — **raccourcir**
dur — **endurcir**
effort — **s'efforcer**
étroit — **rétrécir**
expérience —
   **expérimenter**
faim — **affamer**

familier — **familiariser**
faux (*nf*) — **faucher**
faveur — **favoriser**
fort — **renforcer**
français — **franciser**
froid — **refroidir**
geste — **gesticuler**
gras — **engraisser**
gris — **grisonner**
guerre — **guerroyer**
haut — **hausser**
honneur — **honorer**
humide — **humecter**
joli — **enjoliver**
léger — **alléger**
libre — **libérer**

long — **allonger**
meilleur — **améliorer**
main — **manier**
   — **manipuler**
net — **nettoyer**
noeud — **nouer**
noir — **noircir**
nouveau — **renouveler**
obscur — **obscurcir**
preuve — **prouver**
râteau — **râtisser**
saint — **sanctifier**
sel — **saler**
vert — **verdir**
   — **reverdir**

## 272.3. The category 'en-/em-' + noun/adjective + '-er' has 22 members, 7%

cercle — **encercler**
chaîne — **enchaîner**
courage — **encourager**
dette — **s'endetter**

deuil — **endeuiller**
dimanche —
   **s'endimancher**
dos — **endosser**

dommage —
   **endommager**
fièvre — **s'enfiévrer**
fil — **enfiler**

| grange — **engranger** | poing — **empoigner** | tas — **entasser** |
|---|---|---|
| paille — **empailler** | poison — **empoisonner** | terre — **enterrer** |
| pile — **empiler** | prison — **emprisonner** | ivre — **s'enivrer** |
| poche — **empocher** | registre — **enregister** | pire — **empirer** |

## 272.4.  Noun/adjective + '-iser': 18 cases, 5% of the total

| alcool | féminin | ridicule (**ridiculiser**) |
|---|---|---|
| canal | général | social |
| caractère (**caractériser**) | immobile (**immobiliser**) | spécial |
| climat | maître | total |
| économie (**économiser**) | moderne | tranquille (**tranquilliser**) |
| central | national | utile (**utiliser**) |

## 272.5.  The category 'a-' + adjective + '-ir' has 17 members, 5%

| bête | profond (**approfondir**) | *Feminine adjective* |
|---|---|---|
| faible (**affaiblir**) | rond (**arrondir** | doux — **adoucir** |
| ferme (**affermir**) | sage (**s'assagir**) | mou — **amollir** |
| grand | sombre (**assombrir**) | sain — **assainir** |
| lourd | souple (**assouplir**) | |
| mince | sourd (**assourdir**) | |
| plat | tiède (**attiédir**) | |

## 272.6.  There is another category: masculine adjective + '-ir'/feminine adjective + '-ir' which contains 16 members, 5%

| aigre — **aigrir** | rouge — **rougir** | épais — **épaissir** |
|---|---|---|
| bleu — **bleuir** | sale — **salir** | grand — **grandir** |
| gauche — **gauchir** | blanc — **blanchir** | gros — **grossir** |
| jaune — **jaunir** | brun — **brunir** | roux — **roussir** |
| maigre — **maigrir** | blond — **blondir** | vieux — **vieillir** |
| raide — **raidir** | | |

## 272.7.  A small category masculine adjective + '-er'/feminine adjective + '-er' consists of 15 members, 4%

| aveugle | égal | faux — **fausser** |
|---|---|---|
| calme | inquiet (**inquiéter**) | jaloux — **jalouser** |
| célèbre (**célébrer**) | mécontent | précis — **préciser** |
| complet (**compléter**) | vide | sec — **sécher** |
| content | violent | |
| double | | |

**272.8.**  *The above listed categories account for 85% of the total 314 items. All other categories are very small in number.*

## 273.  The transposition of verb into noun, noun or verb into adjective, and noun or adjective into verb is often a useful technique in translation, as the following examples will show:

a) *French — English*
*Verb → Noun*

| **La liberté de** s'exprimer. | Freedom of **expression**. |
|---|---|

Avec le temps qui passe.

With the **passage** of time.

*Noun→ Verb*
**La** circulation **des autobus et des autos se rétablit.**

The buses and cars started **running** again.

**A l'**audition **de cette œuvre musicale.**

When you **hear** this musical work.

**Au** déclin **de l'été.**

As summer **wanes.**

**Un débarquement sur la lune requiert un** fonctionnement **aussi parfait du compartiment lunaire que de la cabine.**

A moon landing demands that the lunar module **should function** as flawlessly as the cabin.

b)  *English — French*
*Noun→ Verb*
He took delight in the **detection** and **scrutiny** of a piece of truth.

**Il prit plaisir à** découvrir **et à** examiner à fond **une vérité.**

The only purpose for which power can be rightfully exercised over any member of a civilised community is to prevent **harm** to others.

**Le seul but dans lequel on puisse légitimement user de force contre un membre d'une communauté civilisée est de l'empêcher de** nuire **aux autres.**

*Noun→ Adjective*
The spirit of the **game.**

**L'esprit** sportif.

**Earth** tremors.

**Des secousses** telluriques.

*Verb→ Noun*
They couldn't bear **being teased.**

**Ils ne supportaient pas** la taquinerie.

After the principal business **was settled.**

**Après** le règlement **de la principale affaire.**

'Colonies are like fruits which only cling till they **ripen**', said Turgot.

**'Les colonies sont semblables aux fruits qui ne tiennent à l'arbre que jusqu'à leur** maturité**' a dit Turgot.**

# INDEX